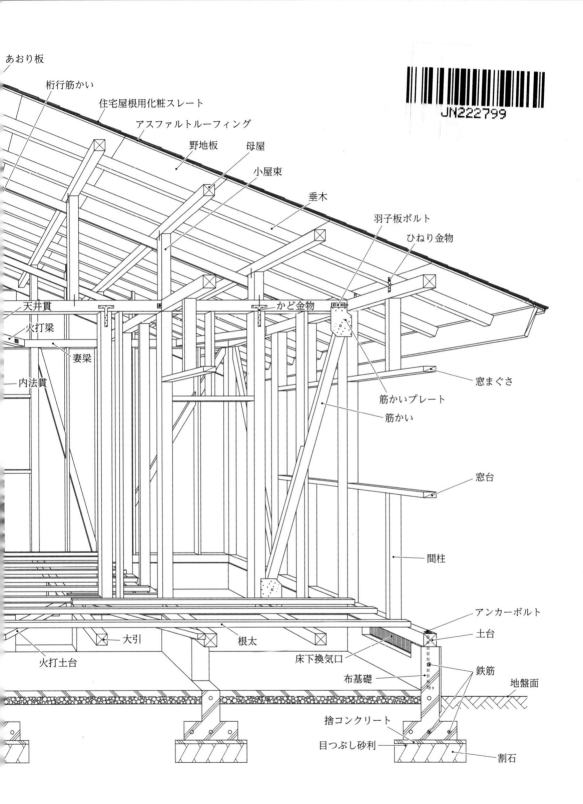

# 在来軸組構法の断面詳細例

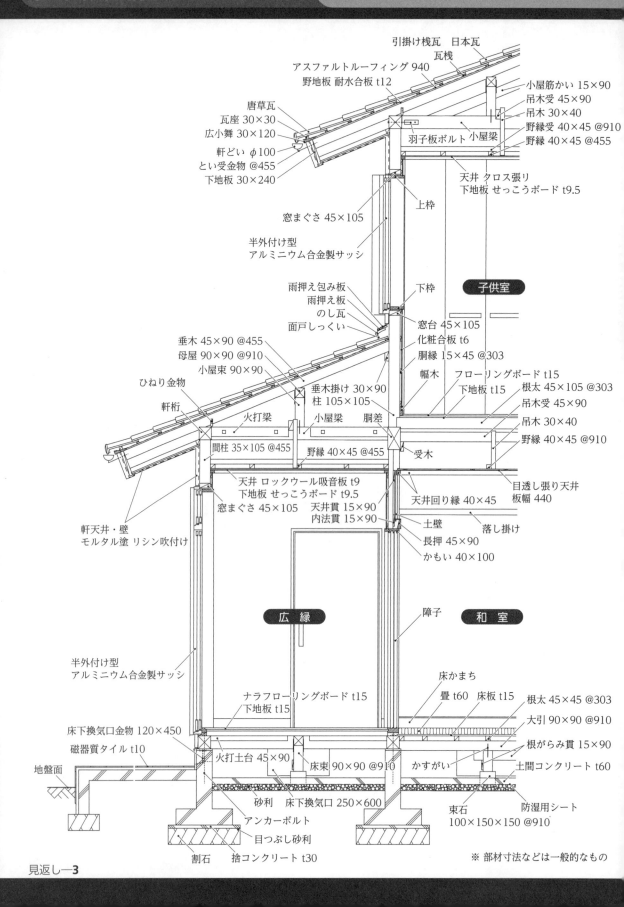

First Stage シリーズ

# 新訂建築構造概論

実教出版

# 目次 Contents

本書を学ぶにあたって ――――――― 4
 1. 建築物とは ……… 4
 2. 建築構造とは ……… 5
 3. 建築構造で学ぶこと ……… 6

## 第1章 建築構造のあらまし

**1 建築構造の歴史的発達** ――――― 8
 1. 自然の材料を用いた建築構造 ……… 8
 2. 工業生産材料と近代の建築構造 ……… 8
 3. 現代の建築構造とこれからの建築物 ……… 9

**2 建築構造のなりたち** ――――――― 11
 1. 建築構造の構成 ……… 11
 2. 建築構造の各部 ……… 11

**3 建築構造の分類** ―――――――― 13
 1. 材料による分類 ……… 13
 2. 形による分類 ……… 14

**4 建築物に働く力** ―――――――― 15
 1. 建築物に働く力の種類 ……… 15
 2. 部材に生じる力 ……… 16
 3. 自然災害と建築物 ……… 16

**5 関連する法規と規準** ―――――― 18
 1. 法規や規準の目的 ……… 18
 2. 建築基準法および関連する法規 ……… 18
 3. 技術的基準 ……… 19
 4. 建築材料と規格 ……… 19

■ 章末問題 ……… 20

## 第2章 木構造

● この章で学ぶことがら ……… 22

**1 構造の特徴と構造形式** ――――― 23
 1. 構造の特徴 ……… 23
 2. 構造形式 ……… 24

**2 木材** ――――――――――――― 27
 1. 建築用木材 ……… 27
 2. 木材の性質 ……… 30
 3. 木質材料 ……… 33

**3 木材の接合** ―――――――――― 37
 1. 接合の方法 ……… 37
 2. 接合金物 ……… 39

**4 基礎** ――――――――――――― 40
 1. 地盤 ……… 40
 2. 基礎のあらまし ……… 41
 3. 地業 ……… 42
 4. 基礎の種類 ……… 43

**5 軸組** ――――――――――――― 45
 1. 軸組のあらまし ……… 45
 2. 土台 ……… 47
 3. 柱 ……… 48
 4. 筋かい ……… 49
 5. 胴差 ……… 51
 6. 桁・梁・火打梁 ……… 52
 7. 間柱・貫 ……… 53
 8. 耐震・耐風計画 ……… 54

**6 小屋組** ―――――――――――― 60
 1. 屋根と小屋組 ……… 60
 2. 和小屋 ……… 61
 3. 洋小屋 ……… 65

**7 床組** ――――――――――――― 68
 1. 床と床組 ……… 68
 2. 束を立てる床組 ……… 69
 3. 束を立てない床組 ……… 71

**8 階段** ――――――――――――― 74
 1. 階段の構成 ……… 74
 2. 階段の形式 ……… 75

**9 外部仕上げ** ―――――――――― 76
 1. 外部に適した仕上げ ……… 76
 2. 屋根 ……… 76
 3. 軒天井 ……… 82
 4. ひさし(庇) ……… 83
 5. とい(樋) ……… 84
 6. 外壁 ……… 85
 7. 断熱 ……… 88
 8. 開口部 ……… 89

**10 内部仕上げ** ――――――――― 96
 1. 内部に適した仕上げ ……… 96
 2. 床 ……… 97
 3. 内壁 ……… 99
 4. 天井 ……… 103
 5. 間仕切壁開口部 ……… 107
 6. 床の間・床脇・書院 ……… 111
 7. 押入・物入れ ……… 112
 8. 縁側 ……… 113

**11 木造枠組壁構法** ―――――――― 116
 1. 木造枠組壁構法の特徴 ……… 116
 2. 構造材 ……… 117
 3. 躯体の構成 ……… 119

■ 章末問題 ……… 122

# 第3章 鉄筋コンクリート構造

- ● この章で学ぶことがら ……… 124
- **1 構造の特徴と構造形式 ── 125**
  1. 構造の特徴 ……… 125
  2. 構造形式 ……… 126
- **2 鉄筋 ── 127**
  1. 鉄筋の形状・寸法 ……… 127
  2. 鉄筋の品質・表示 ……… 128
- **3 コンクリート ── 129**
  1. コンクリートのあらまし ……… 129
  2. コンクリートの材料 ……… 130
  3. フレッシュコンクリート ……… 133
  4. 硬化後のコンクリート ……… 137
  5. コンクリートの調合 ……… 141
  6. レディーミクストコンクリート ……144
  7. いろいろなコンクリート ……… 145
  8. コンクリート製品 ……… 146
- **4 基礎 ── 149**
  1. 基礎の形式 ……… 149
  2. 基礎の計画 ……… 152
- **5 躯体 ── 154**
  1. 躯体の構成 ……… 154
  2. 耐震計画 ……… 159
  3. 配筋 ……… 162
- **6 仕上げ ── 176**
  1. 外部仕上げ ……… 176
  2. 内部仕上げ ……… 181
  3. 開口部 ……… 188
  4. 階段 ……… 189
- **7 壁式構造 ── 191**
  1. 壁式鉄筋コンクリート構造 ……… 191
  2. 壁式プレキャスト鉄筋コンクリート構造 …… 193
  3. 補強コンクリートブロック構造 …… 195
  4. 補強コンクリートブロック構造の塀 … 198
- **8 プレストレストコンクリート構造 ── 199**
  1. 構造のしくみと特徴 ……… 199
  2. プレストレスの与え方 ……… 200
  3. 材料 ……… 200
  4. プレストレストコンクリートを用いた建築物 ……… 201
- ■ 章末問題 ……… 202

本書は，高等学校用教科書「工業714 建築構造」（令和6年発行）を底本として製作したものです。

# 第4章 鋼構造

- ● この章で学ぶことがら ……… 204
- **1 構造の特徴と構造形式 ── 205**
  1. 構造の特徴 ……… 205
  2. 構造形式 ……… 206
- **2 鋼と鋼材 ── 208**
  1. 鋼 ……… 208
  2. 構造用鋼材 ……… 211
- **3 鋼材の接合 ── 215**
  1. 接合方法 ……… 215
  2. 高力ボルト接合 ……… 215
  3. ボルト接合 ……… 218
  4. 高力ボルト・ボルトの配置 ……… 219
  5. 溶接 ……… 220
- **4 基礎と柱脚 ── 226**
  1. 基礎 ……… 226
  2. 柱脚 ……… 227
- **5 骨組 ── 229**
  1. 骨組の構成 ……… 229
  2. 骨組の部材 ……… 231
  3. 柱 ……… 233
  4. 梁 ……… 238
  5. 床 ……… 243
  6. 階段 ……… 245
  7. 耐火被覆 ……… 246
  8. 耐震・耐風計画 ……… 247
- **6 仕上げ ── 249**
  1. 外部仕上げ ……… 249
  2. 開口部 ……… 253
- **7 軽量鋼構造と鋼管構造 ── 254**
  1. 軽量鋼構造 ……… 254
  2. 鋼管構造 ……… 256
- ■ 章末問題 ……… 258

# 第5章 合成構造

- **1 構造のあらまし ── 260**
  1. 合成構造の建築物 ……… 260
  2. 合成部材 ……… 260
- **2 鉄骨鉄筋コンクリート構造 ── 262**
  1. 構造の特徴 ……… 262
  2. 柱と梁の構造用材料 ……… 263
  3. 躯体 ……… 263
- **3 コンクリート充填鋼管構造 ── 265**
  1. 構造の特徴 ……… 265
  2. 柱の構造用材料 ……… 266
  3. 躯体 ……… 266
- ■ 章末問題 ……… 268
- ● 索引 ……… 269
- ● 問題解答 ……… 271

# 本書を学ぶにあたって

## 1 ● 建築物とは

人の手によって地面に固定され，屋根・柱・壁などで空間をつくり出す図1のようなものを建築物❶という。

わたしたちのまわりには，住宅をはじめ学校・商店・事務所・工場など多くの建築物がある。これらの大きさや形はさまざまであるが，だれもが安全で快適に利用できるようにすることは共通する。

建築物をとりまく環境は，つねに穏やかとはかぎらない。日差しや雨，風は日常的なことであるが，ときには，人々をおびやかす地震や暴風，豪雨，火災などが起きる。これらから人々の安全を守ることが，建築物に求められる。

また，暑さや寒さ，騒音，粉じんなどは建築物の内部にも影響を及ぼす。これらの影響を調節して，内部空間を快適にすることも建築物の役割である。そして，安全や快適さを保つ機能を，長期間にわたり安定して維持する耐久性も必要になる。

これ以外に，すべての利用者が使いやすいようにすることや，エネルギーの消費が少ない建築物にすることもたいせつである。

図1　建築物

❶ building

## 2　建築構造とは

建築物は，多くの材料の組合せによりつくられる。図2のように，木材・コンクリート・鋼材など各種の材料がさまざまな箇所に用いられる。

このように，材料を組み合わせて，一つの建築物にするしくみや方法，あるいは組み立てられたものを**建築構造**❶という。

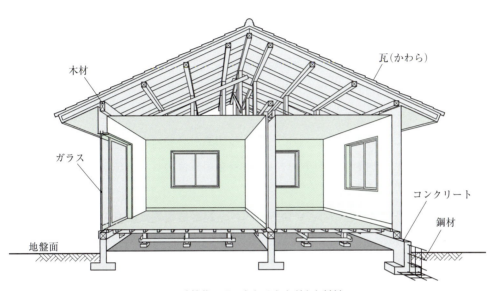

図2　建築物に用いられるさまざまな材料

建築物は図3に示すような過程でつくられる。このうち，本書「建築構造」は，おもに計画・設計・施工に関係する。使用目的に合った合理的なしくみを考えるところが計画に，しくみを図や文書として具体化するところが設計に，細部における材料の構成や組立方法を決めるところが施工にかかわる。

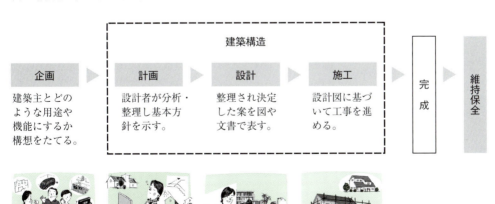

図3　建築物がつくられる過程

❶ building structure

## 3 ── 建築構造で学ぶこと

わたしたちのまわりには，いろいろな建築物がある。屋根だけ比べてもさまざまな形があり，使われている材料も多種多様である。屋根はどうしてこのような形になり，なぜ，このような材料が使われているのであろうか。

この理由を知るためには，まず，建築物のそれぞれの部分にどのような機能が求められるか知らなければならない。たとえば，屋根の最も重要な機能は，雨や日差しを防ぐことであろう。そして，雨や日差しに強い材料は何かと考える。金属板なら雨に強いと考えるが，同時に金属板は，さびやすく熱を伝えやすいことに気づき，対策を検討しなければならない。さらに，金属板を屋根に取り付けるには，どのような構造が適しているかを考える必要がある。

このように，一つの部分についても多くの知識が必要になる。本書では，建築物の各部に求められる機能，適切な材料，材料を組み合わせる方法などを，表1に示す内容で学ぶ。

あわせて，建築物を建てるさいに守るべき法規や技術的な規準の学習を通し，技術者としてもつべき心構えも学ぶ。

表1　本書で学ぶことがら

| | |
|---|---|
| 第1章<br>建築構造のあらまし | 建築構造の歴史的発達，建築構造の種類や分類，建築物に働く力，建築に関する法律や技術的規準の概略を学ぶ。 |
| 第2章<br>木構造 | 木構造に用いる木材・木質材料の性能を知り，それを安全に合理的に組み合わせる方法を，住宅を例に学ぶ。あわせて住宅の仕上げ方法についても学ぶ。 |
| 第3章<br>鉄筋コンクリート構造 | 鉄筋コンクリート構造に用いるコンクリートや鉄筋などの材料の性能を知り，それを安全に合理的に組み合わせる方法を，2～3階建の建築物を例に学ぶ。 |
| 第4章<br>鋼構造 | 鋼構造に用いる鋼材などの材料の性能を知り，それを安全に合理的に組み合わせる方法を，2～3階建の建築物を例に学ぶ。 |
| 第5章<br>合成構造 | 合成構造の種類やしくみについて概要を知り，この構造に使われるおもな材料や躯体の構成を学ぶ。 |

---

**本書の長さの表し方**

○ 単位が示されていない数値は，[mm]とする。
　　[例]　120　→　120 mm
○ 単位が示されている数値は，それによる。

# 第 1 章
# 建築構造のあらまし

Chapter 1

## Introduction

　人びとは建築物に多くのことを求める。たとえば，住宅に求めることは，第一に建築物の中で安心して生活できることであろう。次に，使いやすさであり，快適さであろう。
　地震や暴風，火災などの災害に強く，安全で快適な生活を営める建築物とはどのようなものなのだろうか。このような建築物がどのように構成され，各部がどのような働きをもつのかを理解するために，本書で建築構造について詳しく学ぶ。
　本章では，まず歴史的発達，次に建築構造のなりたち，そして建築構造の分類，建築物に作用する力を学ぶ。また，建築物にかかわる法規や規準の概略も学ぶ。

Chapter 1

# 1節 建築構造の歴史的発達

建築構造は，その土地の気候・風土に合うように進歩してきた。工業が急速に発達した時期を境にして，現代でも使われている材料と組立方法が発達した。ここでは，建築構造の歴史的発達について学ぶ。

## 1 自然の材料を用いた建築構造

図1　登呂の住居（復元）

太古の人類は，生活の場を雨や風から守るために，自然の材料を利用してさまざまな住居をつくった。図1の竪穴住居のように屋根だけのもの，動物の皮を張ったテント形式のもの，木の枝や葉でつくった小屋など，簡単な道具を用いて身近にある自然の材料で住居をつくった。

(a) **木材を用いた構造**　日本・中国・東南アジア・北ヨーロッパなど森林の多い地域では，木材を用いた建築物がおもにつくられた。わが国では，豊富な木材を用いた建築物が中国の影響を受けて発達した（図2）。その技術は，現在も社寺建築や住宅建築に受け継がれている。

図2　法隆寺金堂（708年ころ）

(b) **れんが・石材を用いた構造**　乾燥地域の西アジア，石材が豊富なギリシアやローマでは，れんがや石材を積み上げた構造が発達した（図3）。

図3　パルテノン神殿（紀元前400年ころ）

## 2 工業生産材料と近代の建築構造

❶ 18世紀から19世紀にかけてイギリスで起きた生産方式の機械化による産業および社会のしくみの変化。

産業革命❶により，おもに手工業で行われていた工業生産が，工場で機械を用いた大量生産に変わった。それにともない，工場がある都市部へ人口が集中し，労働者を中心にした都市生活者が急激に増えた。このため，工場や倉庫など工業生産に必要な建築物のほか，都市生活者のための共同住宅，生活を支えるさまざまな施設など，これまでになかった用途や規模の建築物が求められるようになった。このような社会的要請から，19世紀にはいり工業生産されるようになった鋼やコンクリート，ガラスなどの材料を用いた建築物が普及しはじめた。

(a) **鉄材や鋼材を用いた構造**　鉄や鋼を用いた構造が現れたのは19世紀なかばのことである。イギリスで鉄の橋がつくられたのをはじめ，やがて建築物の骨組にも鉄や鋼が用いられるようになった。イギリス

8　第1章　建築構造のあらまし

で開かれた万国博覧会では、鉄の骨組にガラスを張りめぐらせたクリスタル・パレス（図4）が注目を集めた。

19世紀末から20世紀初頭にかけて、高さ100 mをはるかに超える超高層建築物がつくられるようになった。1931年には図5のエンパイアステートビルディング（102階，381 m）がつくられ、その後，半世紀近くにわたり世界一の高さを誇った。

(b) **鋼材とコンクリートを組み合わせた構造** 鋼とコンクリートを材料とする鉄筋コンクリート構造は、19世紀のなかばに床など建築物の一部に用いられることからはじまった。コンクリートの材料となるセメント、および鋼の工業生産とともにヨーロッパを中心に、この構造は発達した。コンクリートの中に鋼を入れれば強い構造になるという経験的な技術から出発したが、20世紀にはいると構造理論が発達し、多くの建築物に用いられるようになった。図6は、この構造がはじまったころの代表的な例である。

(c) **わが国における洋風建築の発達** わが国には明治時代に、木材・石材・れんがを用いた洋風の構造が海外から伝わり、さらにヨーロッパやアメリカで発達して間もない鋼やコンクリートの構造も伝わってきた（図7）。石材やれんがの構造は1923年（大正12年）の関東大地震で多くが倒壊した。以後、地震や火災に強い鋼やコンクリートの構造が普及した。

## 3　現代の建築構造とこれからの建築物

建築構造は、経済の発展やそれにともなう社会の変化により、わが国でもさまざまに発達した。

(a) **わが国における現代の建築構造** 第二次世界大戦により、わが国は都市部を中心に戦災で多くの建築物を失った。戦災からの復興はただちにはじまったが、建築材料の不足や経済の混乱から簡素な構造の建築物が多かった。

1950年以降、社会が落ち着き経済活動が活発化しはじめ、事務所や工場などの経済活動に必要な建築物が都市を中心に多く建てられるようになった。これらは、密集した都市の不燃化を進めるため、鉄筋コンクリート構造や鋼構造で建てられることが多かった。

図4　クリスタル・パレス（1851年）

図5　エンパイアステートビルディング（1931年）

図6　フランクリン街のアパート（1903年）

図7　大阪造幣寮（1871年）

やがて，わが国は高度経済成長期に入り，大都市圏への人口集中が加速した。1955年に日本住宅公団❶が発足し，耐火性や耐久性のある鉄筋コンクリート構造の共同住宅が数多く建てられた。1960年ころ，木質系と鉄鋼系，続いてコンクリート系の工業化住宅❷が普及しはじめ，多くの人びとの住まいとなった。

1964年には東京オリンピック（図8），1970年には日本万国博覧会などが開かれ，多彩な建築物が建てられた。このころ発達したコンピュータによる構造解析技術が，その後の自由な形の建築物の実現を可能にしたのである。

図8　国立屋内総合競技場（1964年）

1968年に，超高層建築物の霞が関ビルディング（147m）が建てられた。そのころまでは，建築物の高さは原則として31m以下に制限❸されていたが，1970年に法律が改正され制限は撤廃された。これ以降，各地に高層の建築物が建てられるようになった。

1973年に起きたオイルショック❹は，物不足と価格の高騰をまねき，建築材料も不足した。建築費が高騰したこともあり，省資源や省力化できる構造の開発がこれまで以上に進められた。同時に，省エネルギーの考えが建築に取り入れられるようになった。

1980年代には，温室効果ガスによる地球温暖化が問題となり，温室効果ガス排出量の削減を目指すことが国際的に求められるようになった。わが国でも建築を含めたさまざまな産業や生活の場で対策が進められている。

**(b) これからの建築物**　　これからの建築物は，地球環境への負荷をいかに少なくするかを考えなければならない。建築物をつくるために使う資源の最少化，建築物の生産や使用する過程での消費エネルギーの低減，役目を終えた建築物の再資源化など，さまざまな技術がこんにちにおいても開発されている。今後は，ロボット技術❺やコンピュータ技術❻なども活用して，これらをさらに推し進めることが望まれる。

---

❶ 1981年に解散し，現在，業務は独立行政法人都市再生機構に移管されている。
❷ プレファブ住宅ともいう。→p.25
❸ 特定の地区では他の制限を受けることで，高さの制限が解除されていた。
❹ 原油の供給の減少と価格の高騰を要因とする世界規模の経済混乱。1979年に第二次オイルショックがあった。
❺ →p.237
❻ コンピュータ上に作成した立体的な建築物に各種の情報を加え，それにより計画・設計・施工・維持保全などを検討するBIM（Building Information Modeling）などがある。

## 2節　建築構造のなりたち

建築構造は，さまざまな部分よりなりたっている。ここでは，建築構造のおもな部分の構成について学ぶ。

### 1　建築構造の構成

建築物をなりたたせる各部分は，**基礎**❶や**屋根**❷・**壁**❸・**床**❹・**天井**❺などであり，これらによって図1のような内部空間がつくられる。

床や壁，天井などで建築物の表面に表れる部分を**仕上げ**❻といい，仕上げの内側には，建築物の形を支える**躯体**❼がある。最下部には，建築物を地盤に固定する役割の基礎がある。

❶ foundation
❷ roof
❸ wall
❹ floor
❺ ceiling
❻ finish
❼ building frame, skeleton

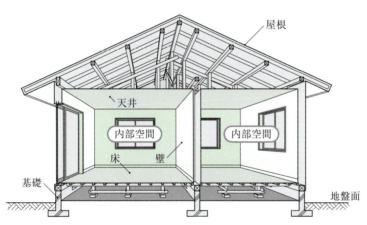

図1　建築構造の構成

### 2　建築構造の各部

#### 1　躯体

図2のように建築物そのものを形づくり，建築物がさまざまな力の働きによって，大きく変形したり，こわれたりしないように支える骨格にあたる部分を躯体という。躯体は，位置・働き・形状により，柱・梁・壁・スラブ❽などの**部材**❾からなりたっている。

躯体のうち，細長い材料を組み合わせ接合した図(b)のようなものを**骨組**❿という。

❽ ➡p.156
❾ member：建築構造を構成する部品。
❿ frame, skeleton

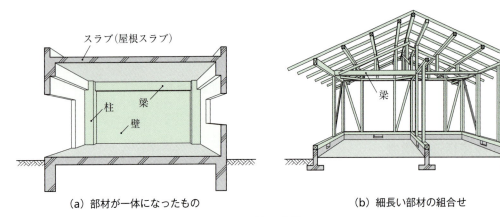

（a）部材が一体になったもの　　　　（b）細長い部材の組合せ

図2　躯体

### 2　仕上げ

図3のような，屋根・壁・床・天井などの表面をなりたたせている部分を**仕上げ**という。仕上げは，建築物の外側に取り付ける**外部仕上げ**と，室内側に取り付ける**内部仕上げ**に分けられる。

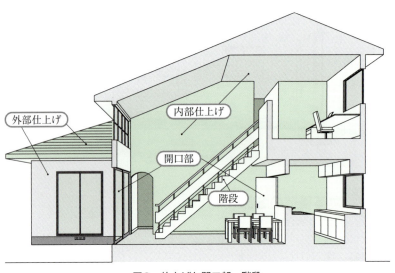

図3　仕上げと開口部・階段

### 3　開口部・階段

壁・屋根には，採光や通気のための窓や，人や物の出入りのための出入口がつくられる。これらをまとめて**開口部**❶という。

2階建以上の建築物や地下階のある建築物には，上下階の連絡通路として**階段**❷が設けられる。

❶ opening
❷ stair

# 3節 建築構造の分類

躯体をつくるおもな材料の種類により建築構造を分類することが一般的であるが，形やつくり方による分類もある。ここでは，これら建築構造の分類について学ぶ。

## 1 材料による分類

柱・梁・スラブなど躯体に用いるおもな材料の種類により，図1のように**木構造**，**鉄筋コンクリート構造**，**鋼構造**に分けられる。これ以外に，コンクリートブロックや石，れんがなどを積み上げて躯体にする構造❶もある。

❶ 組積式構造といい，この分類はつくり方による分類になる。つくり方による分類は，このほか鉄筋コンクリート構造のような一体式構造，木構造や鋼構造のような架構式構造などがある。

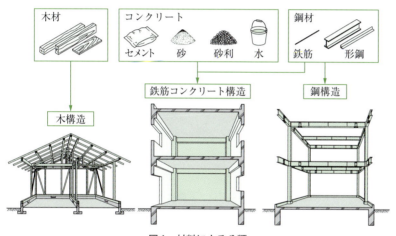

図1　材料による分類

このほか，異なる種類の材料を組み合わせ，部材や躯体とする**合成構造**❷がある。適する材料を適する位置に用いる構造で，図2(a)のように異種の材料を組み合わせ部材にする方法と，図(b)のように躯体にする方法がある。

❷ 5章で詳しく学ぶ。鉄筋コンクリート構造は，鉄筋とコンクリートを組み合わせるので合成構造ともいえるが，独自の構造として構造理論などが確立しているので，ふつう，合成構造とはしない。

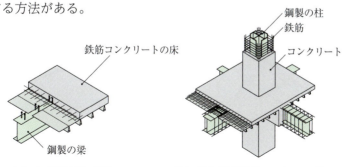

（a）合成部材（合成梁）　　（b）躯体（鉄骨鉄筋コンクリート構造）

図2　合成構造の例

第3節　建築構造の分類　13

## 2 形による分類

建築構造は，躯体や骨組の形状によりさまざまな種類に分けられる。

(a) **ラーメン構造** 図3のように，柱を鉛直方向，梁を水平方向に配置し，接合部を強く固めた構造をラーメン構造という。柱と梁で，建築物自体の重さや地震の揺れなどに耐える。

(b) **ブレース構造** 図4のように，柱や梁などで構成された四角形の対角線上に部材を入れて，地震や暴風に耐えるようにした構造をブレース構造❶という。この構造は骨組すべてに用いることは少なく，ラーメン構造などほかの構造と併用することが多い。また，ブレース構造では屋根を支える部分に，トラス❷部材を用いることがある。

(c) **壁式構造** 図5のように，板状の壁と床（スラブ）を箱形に組み，建築物とする構造であり，柱や梁は原則として用いない。

❶ 筋かい構造ともいう。

❷ 細長い部材を三角形に組み合わせて構成する。小さな部材の組み合わせで，大きな部材をつくることができる。

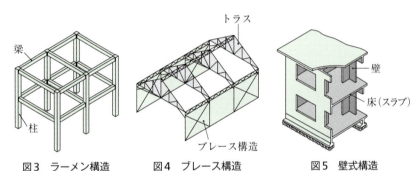

図3　ラーメン構造　　図4　ブレース構造　　図5　壁式構造

(d) **その他の構造** このほかに，図6(a)〜(d)のような構造もある。

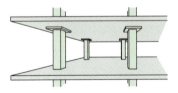

柱とスラブで躯体を構成する構造。梁がないので内部空間を大きくできる。

(a) フラットスラブ構造

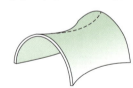

貝殻や卵の殻は薄いわりに強い。これにならった構造で，薄い曲面の板だけで屋根などをつくる。

(b) シェル構造

石やれんがをアーチ状に積み重ねたり，湾曲させた部材を骨組に用いたりする構造。

(c) アーチ構造

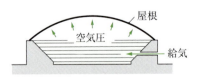

空気圧で膜状の材料を緊張させ，建築物を形づくる構造。図の場合，室内の空気圧を高くして屋根の形を保つ。

(d) 空気膜構造

図6　いろいろな構造

# 4節 建築物に働く力

建築物にはさまざまな力が働く。ここでは，建築物に働く力および部材に生じる力の種類について学ぶ。

## 1 建築物に働く力の種類

図1のように，建築物には荷重・外力とよばれるさまざまな力が作用❶する。建築物に働く力は表1のように分類され，鉛直方向に作用する固定荷重・積載荷重・積雪荷重は**鉛直荷重**，おもに水平方向に作用する風圧力・地震力は**水平力**という。

建築物につねに働いている固定荷重と積載荷重の和を**長期荷重**❷といい，一時的に働く積雪荷重および水平力を長期荷重に加えたものを**短期荷重**という。

❶ 建築基準法施行令第83条参照。

❷ 積雪の多い地域では積雪荷重の一部を長期荷重に加える。

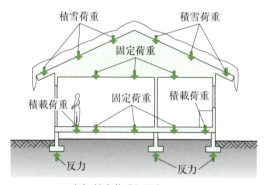
(a) 鉛直荷重と反力

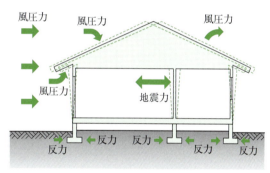
(b) 水平力と反力

図1 さまざまな力

表1 建築物に働くおもな力

| 鉛直荷重 | 固定荷重 | 建築物本体の質量により生じる鉛直方向の力 |
|---|---|---|
| | 積載荷重 | 人や家具など，建築物が完成してからもち込まれる物の質量により生じる鉛直方向の力 |
| | 積雪荷重 | 屋根などに積もる雪の質量により生じる鉛直方向の力 |
| 水平力 | 風圧力 | 風により生じる水平方向の力 |
| | 地震力 | 地震により生じる水平方向の力 |

固定荷重・積載荷重 → 長期荷重
積雪荷重・風圧力・地震力 → 短期荷重

また，地下室などがある場合は，土砂や水が地下の壁を押すので，建築物には土圧や水圧が作用する。

これらの力が建築物の躯体を伝わり基礎に伝えられる。基礎と地盤が接する部分には，上部からの荷重を支える力が生じる。これを**反**

❶ reaction

力❶といい，基礎に働く力となる。

## 2 部材に生じる力

柱や梁などの部材には，さまざまな荷重・外力が作用する。これにより，部材には図2に示す次のような力が生じる。

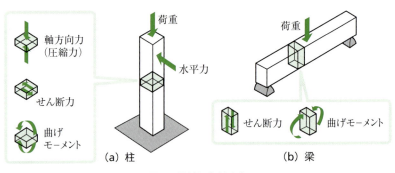

図2　部材に生じる力

- 軸方向力 ─┬─ **引張力**……部材を両端で引っ張ったときに生じる力
　　　　　　└─ **圧縮力**……部材の両端を押したときに生じる力
- **せん断力**……部材にずれを起こさせようとしたときに生じる力
- **曲げモーメント**……部材をわん曲させようとしたときに生じる力

　これらの力が生じる部材は，力の種類により引張材・圧縮材・曲げ材などとよび，力の大きさにより部材の形状や大きさを決める。

## 3 自然災害と建築物

　わが国の建築物は，地震をはじめとするさまざまな自然災害により，数多くの被害を受けてきた。この経験から，法規や規準はいくたびか改正され，建築構造は発達してきた。

　建築物を取り巻く環境は，それぞれの建つ土地ごとに異なり，影響を受ける自然災害の種類や程度は異なる。地震・暴風・豪雪・洪水など，建設地の過去における自然災害の被害状況，さらに今後，想定される被害などを調べ❷，建設地に適した建築構造にすることがたいせつである。また，これまで経験したことのない自然災害が発生することもありうるので，その可能性も考慮して建築構造を計画することが望ましい。

❷　自治体などで公開しているハザードマップなどを活用するとよい。

(a) 地震　　地震はどこでも起こりうる自然現象で、これまでに多くの建築物に被害を与えてきた（図3）。地震対策には多くの技術があり、大きく分けて、耐震❶と制震❷、免震❸がある。

耐震は建築物に必要な強さ❹をもたせて地震力に耐える方法で、原則としてすべての建築物に用いる。

制震と免震は、耐震の代わりに用いる方法で、これらの方法をとれば躯体に耐震ほどの強さをもたせなくてすむ。制震は、建築物に伝わる地震のエネルギーを建築物内部の装置で制御し、建築物への影響を減らす方法である。免震は、地盤と建築物の間に装置を設け、地震エネルギーが建築物に伝わる量を少なくする方法である。

図3　地震の被害

❶ ➡p.54, 159
❷ 制振ともいう。制振は、風などによる振動の制御も含む。➡p.247
❸ ➡p.160
❹ 震度5強程度で躯体が損傷せず、震度6強〜7程度で倒壊しない強さをもたせる。

(b) 暴風　　台風や竜巻などにより強い風が生じると、建築物に被害を及ぼす（図4）。風はおもに水平方向の力になるが、建築物には各部を引きはがすような力としても作用する。鉄筋コンクリート構造のように重い建築物は躯体に被害が及ぶことは少ないが、木構造や低層の鋼構造のように、比較的、軽い建築物は躯体に影響を与えることがある。躯体を強固にし、屋根や外壁など外部の仕上材が損傷・飛散しないような構造にする。

図4　暴風の被害

(c) 豪雪　　雪が屋根に積もると雪の重みが、建築物に鉛直方向の力として作用する。積雪のある地域では、積雪量や屋根の除雪方法などに応じて躯体の強度を割り増しする必要がある。雪は屋根に均等に積もるとは限らず、屋根の一部に想定を超える雪が積もり、躯体を損傷させることがある。雪は屋根への鉛直荷重だけでなく、建築物の周囲に堆積して壁面へ圧力をかけ損傷させたり、屋根から落雪するときに軒先の部材を巻き込んだりするなどの被害を与える。

(d) 豪雨・津波・高潮　　豪雨などにより氾濫した水が市街地に流れ込み、人命や建築物に大きな被害を与えることがある。建築物が建つ地理的条件や氾濫流の水深・流速にもよるが、流れ寄せる土混じりの水や漂流物が、建築物に大きな水平方向の力として作用する。また、浮力が作用することもあり、建築物がこれらの力に抵抗できる強さをもっていないと流失するなど壊滅的な被害を受ける（図5）。

図5　津波の被害

第4節　建築物に働く力　　17

# 5節 関連する法規と規準

人々が健康で安全に生活できるように，建築物には法規や技術的な規準がある。ここでは，建築基準法をはじめ建築構造に関連する法規や規準の概要について学ぶ。

## 1 法規や規準の目的

建築物をつくるとき，多くの法規や技術的な規準がかかわるが，それぞれ目的をもって制定されている。たとえば，建築基準法は，建築物を利用する人々の生命や健康および財産を守ることが目的であり，さまざまな規定がある。

法規や規準を守ることは当然であるが，それだけでは法規や規準の目指すところまで到達できない。法規や規準は，目的を達成するための最低限の決まりを示すことが多く，すべてを細部まで規定しているわけではない。

建築物をつくりあげる過程で，技術的な判断を求められる場合が多い。そのとき，法規や規準をよりどころとするが，最低限の決まりであることを意識し，余裕をもって規定を上まわるように判断することが望ましい。また，規定として明確に示されていないことがらがあっても，法規や規準の目指すところを理解し，技術者としての良心をもって公正な判断をすることがたいせつである。

**参考**
図1に示すような災害による被害を減らすため，また，新しい建築技術を取り入れて，都市環境や居住環境を改善するために，建築基準法は改正が繰り返され，こんにちに至っている。

図1 兵庫県南部地震による被害

## 2 建築基準法および関連する法規

建築基準法は，建築物の敷地や構造，環境衛生，設備および用途に関わる基準や，建築に関する手続きの方法を定めている。また，政令❶として建築基準法施行令があり，それに付随した施行規則・細則がある。さらに，関連して国土交通省告示❷があり，技術的な決まりが示されている。これ以外の建築構造に関係するおもな法規を表1に示す。

❶ 法律を運用するために具体的な規定として内閣が定めるもの。
❷ 政府が定めたことを広く国民に知らせるもの。平成12年以前に公布された告示は，建設省告示となっている。

18　第1章　建築構造のあらまし

表1　建築構造に関係するおもな法規

| 建築士法 | 技術者である建築士の資格や担当できる業務を定めている。 |
|---|---|
| 消防法 | 建築物の防火性能を高めるしくみや防災方法を定めている。 |
| 住宅の品質確保の促進等に関する法律 | 耐久性や耐震性の程度など，住宅の品質を評価する方法および性能表示方法を定めている。 |

## 3 技術的規準

建築物の躯体の安全をはかるための技術的規準として，日本建築学会が作成した表2のような各種の構造設計[1]の規準がある。これらを参照し，躯体の組み方や構成部材の大きさなどを決める。

[1] 建築物に作用する力に対して，躯体が安全であることを確かめる設計。

表2　おもな構造設計の規準

| 鉄筋コンクリート構造計算規準 | 鋼構造設計規準 | 木質構造設計規準 |
|---|---|---|

工事を行う場合は，日本建築学会が作成した表3のような建築工事標準仕様書（JASS[2]）による。それぞれの工事の標準的な方法が示されているので，これらをめやすに工事を進める。

[2] Japanese Architectural Standard Specification
工事種別ごとに表3のように番号がついている。

表3　おもな建築工事標準仕様書

| JASS 5　鉄筋コンクリート工事 | JASS 6　鉄骨工事 | JASS 11　木工事 |
|---|---|---|

## 4 建築材料と規格

建築物には多くの建築材料が使用される。建築材料で広く使用される鉱工業製品については，それらの標準化，生産の合理化などを目的として日本産業規格（JIS）が定められている（図2(a)）。JISは20部門に分類され，土木・建築部門（記号A），鋼材などの鉄鋼部門（記号G），セメントなどの窯業部門（記号R）などがある。

木材や合板などの木質製品については，JISと同じ目的で日本農林規格（JAS）が制定されている（図(b)）。

このほか，国際的な規格としてISO（国際標準化機構）[3]がある。これにはJISと同様な工業製品の規格もあるが，品質管理の方法を規定したISO 9001，事業活動により生じる環境への影響の低減方法を規定したISO 14001が建築工事の関係でよく用いられる。

(a) JIS規格

(b) JAS規格

図2　規格のマーク

[3] International Organization for Standardization　アイエスオーとよぶが，アイソ，イソということもある。

第5節　関連する法規と規準　19

## Practice 章末問題

● **1.** 図1の建築物を構成している①～⑥の部分の名称を下の語群から選んで（　　）内に記入しなさい。

①(　　　　) ②(　　　　)
③(　　　　) ④(　　　　)
⑤(　　　　) ⑥(　　　　)

【語群】

| 屋根　　基礎　　壁　　天井 |
| 床　　開口部（窓） |

図1　建築物の各部分

● **2.** 次の文中の（　）内に適切なことばを入れて，文を完成させなさい。
(1) 躯体のうち，細長い材料を組み合わせて接合したものを（　①　）という。
(2) 鉄筋コンクリート構造は，棒状の鋼材である（　②　）とコンクリートを組み合わせた構造である。
(3) 建築構造の形による分類で，鉛直方向と水平方向の部材を強く接合して立体的な格子状にしたものを（　③　）構造という。
(4) 鉛直荷重には（　④　）荷重，積載荷重，積雪荷重があり，水平力には風圧力，（　⑤　）がある。
(5) 地震対策の技術には，耐震のほか（　⑥　），（　⑦　）がある。
(6) 建築物の構造，敷地，設備などの最低限の基準を定めた法律を（　⑧　）という。

● **Let's Try**

過去，自分の住む地域にどのような自然災害があったか，災害の種類ごとにグループに分かれて調べ，種類と場所を地図に示し発表してみよう。
　また，今後，どのような自然災害が想定されるか調べ，建築物をどのように計画すればよいか話し合ってみよう。

# 第2章 木構造

## Introduction

　木構造とは，建築物の骨組に木材を用いた構造をいう。

　わが国の木構造の技術は，古代から中世にかけて，中国大陸の影響を受けて発達してきた。それにともない，大工道具や建築技術も進歩した。木構造は不燃化のために，2階建以下に制限された時期もあったが，現在は見直され，大規模構造物もつくられるようになってきている。

　木材は鋼材やコンクリートに比べ，軽いわりに強度が高く，加工性もよい。資源の有効利用の面からも木材は再評価されている。しかし，木構造の骨組の接合部は弱く，金物による補強が必要になる。さらに，木材は燃えやすく腐りやすいなどの欠点がある。このほかに，国産木材の需要の低迷，熟練技能者の不足などさまざまな課題もある。

　本章では，木材の性質，接合方法，骨組の構成，および各部の仕上げなどについて学ぶ。

# この章で学ぶことがら

木構造の材料・構造・仕上げについて学ぶ。

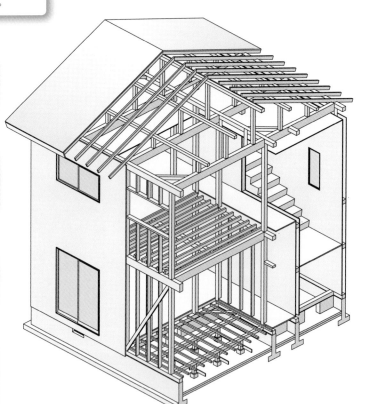

**1 構造の特徴と構造形式** →p.23
木構造の構造形式の種類と特徴を学ぶ。

**2 木材** →p.27
建築用木材の種類と性質を学ぶ。

**3 木材の接合** →p.37
木材の接合と接合金物を用いる接合方法について学ぶ。

**4 基礎** →p.40
基礎の役割や特徴を学ぶ。

**5 軸組** →p.45
土台・柱・桁・梁で構成される軸組の構造，耐震・耐風計画について学ぶ。

**6 小屋組** →p.60
屋根の形状や構造を学ぶ。

**7 床組** →p.68
床の構造について学ぶ。

**8 階段** →p.74
階段の構造を学ぶ。

**9 外部仕上げ** →p.76
屋根や外壁仕上げの材料と断熱，開口部について学ぶ。

**10 内部仕上げ** →p.96
床・内壁・天井などの仕上材料の特徴と構造について学ぶ。

**11 木造枠組壁構法** →p.116
木造枠組壁構法の特徴と構造について学ぶ。

# 1節 構造の特徴と構造形式

木構造の特徴は木材の性質によるものが多く，構造形式は伝統的な構法から工事期間の短縮や生産性を高めた構法など種類が多い。ここでは構造の特徴および構造形式について学ぶ。

## 1 構造の特徴

木構造[1]は，木材を組み立ててつくる構造である（図1）。木材を骨組とする木構造には，次のような特徴がある。

[1] wooden structure

**長所**
① 木材は切欠きなどの加工性にすぐれ，取付け作業がしやすい。
② 木材は鋼材やコンクリートに比べ，軽量なわりに強度が高く柔軟さがある。
③ 木目が美しく，肌触りや香りがよい。

**短所**
① 木材は燃えやすく延焼[2]を受けやすいため，不燃材料などで被覆する必要がある。

[2] 火災が発生場所から他の場所へ広がること。

② 接合部が弱く，骨組が変形しやすい。
③ 湿気による腐れや虫害を受けやすい。

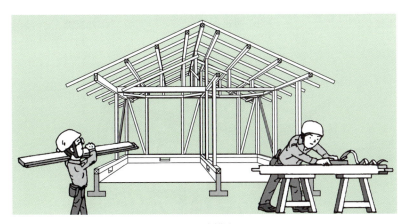

図1　木構造

**問 1**　身近な木構造を観察し，構造の短所を補うために，どのような方法がとられているか調べなさい。

## 2 構造形式

❶ 骨組のつくり方や形の種類。

木構造の**構造形式**❶は，部材の構成方法によって，在来軸組構法・木造枠組壁構法・その他の構法に大きく分けられる。

### 1 在来軸組構法

木材で土台・柱・桁・梁などの主要な部材を組み立ててつくる架構式の構造形式を**在来軸組構法**❷という。図2(a)のように，まず，鉄筋コンクリートの基礎の上に木材の土台を設置し，図(b)のように壁の骨組である軸組，図(c)のように屋根の骨組である小屋組を組み立てていく。この構法は，長い間に改良されながらわが国に広く普及してきた。図(d)に骨組の例を示す。

❷ 一般的に，在来構法とよばれることも多い。建築物の部材の構成方法を構法といい，建築物をつくる工事の方法を工法ということが多い。

この章では，第10節まで❸在来軸組構法を中心に学ぶ。この構法による詳しい構成例を前見返しに示す。

❸ →p.115

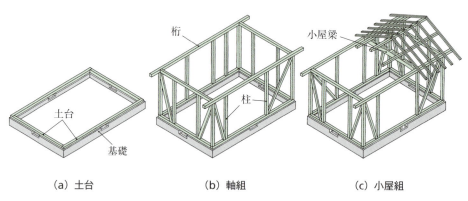

(a) 土台　　　　　(b) 軸組　　　　　(c) 小屋組

(d) 在来軸組構法の施工例

図2　在来軸組構法

24　第2章　木構造

## 2　木造枠組壁構法

木造**枠組壁構法**❶は，アメリカやカナダで発達したもので，構造用合板❷などの面材が打ち付けられた床枠組や壁枠組を図3のように組み立てて一体化する構造形式である。この構法は加工・組立が簡単で，工事期間（工期という）が在来軸組構法に比べて短い。この構造形式については，第11節❸で詳しく学ぶ。

❶ wood frame structure：ツーバイフォー構法（two-by-four structure）ともいい，木造枠組壁工法とも書く。
❷ ➡p.34

❸ ➡p.116〜121

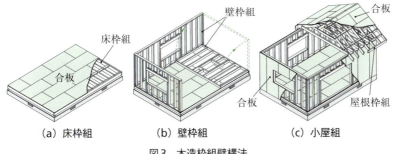

（a）床枠組　　（b）壁枠組　　（c）小屋組

図3　木造枠組壁構法

## 3　その他の構造形式

その他の構造形式としては，壁の構成方法に特徴があるものや工場生産された部材を現場で組み立てるものなど，次のような構法がある。

**(a) 丸太組構法**❹　　丸太や角材を水平に積み重ね，隅角部または交差部を井桁のように組み上げて壁を構成する構法である。わが国には，**校倉造り**があるが，図4のような洋風の**ログハウス**❺とよばれるものもこの構法である。

**(b) 木質系プレファブ構法**❻　　現場での生産性を高める❼ために考案された構法である。従来の現場生産を中心としたつくり方ではなく，規格化❽された部材をあらかじめ工場で生産し，現場で組み立てる。図5

❹ log structure（logは丸太）
❺ log cabin
❻ 「プレファブ」は，prefabricationの省略形。
❼ 生産する製品（建築物）に対して，消費する原材料や労働力の割合を低くすることを，「生産性を高める」という。
❽ 製品の寸法・形・品質などの標準を定め，すべての製品をこれに合わせること。

図4　ログハウス

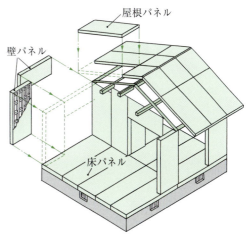

図5　木質系プレファブ構法

第1節　構造の特徴と構造形式　**25**

に示すように，小さな断面の木材を用いて枠組をつくり，これに合板などを張った壁・床・屋根用パネルを組み立ててつくる構法などがある。

**（c）大きな空間の建築物**　木材を骨組とする建築物は，小規模なものを主流としてきた。しかし，現在では，技術の進歩により，立体トラスを用いた構造や構造用集成材❶などを用いて，図6の体育館のように，比較的，大規模な建築が可能となっている。

❶ ➡p.35

図6　集成材を利用した建築物

#### 節末問題

**1.** 次の文中の（　）内に適切なことばを記入し，文を完成させなさい。
　　在来軸組構法は，木材で土台・（　①　）・桁・梁などの主要な部材を組み立ててつくる（　②　）式の構造形式である。

**2.** 自宅や学校の近くにある木構造の住宅の構造形式を調べなさい。

# 2節 木材

　木材は，鋼材やコンクリートと異なり，天然の材料で建築材料としてすぐれた面を多くもっているが，その性質は均一ではない。木材を適切に使うには，その性質をじゅうぶんに理解することがたいせつである。ここでは，それらの基本について学ぶ。

## 1 建築用木材

　建築用木材とは，建築物の骨組や仕上げに用いられる木材をいい，使用する部位に適した強度や耐久性などが求められる。

### 1 木材の種類

木は，葉の形状により**針葉樹**❶と**広葉樹**❷に大きく分けられる（図1，2）。

❶ conifer
❷ broad-leaved tree

　針葉樹は，一般にまっすぐで長大材が得やすいため，柱・土台・梁などの構造材❸だけでなく，床・壁・天井などの仕上材❹や建具材などにも広く用いられる。また，針葉樹は加工しやすく軽いため軟木といわれる。

❸ 主要な骨組の部材に用いる材料。
❹ 仕上げに用いる材料で，造作材や化粧材ともよばれる。

　広葉樹は，針葉樹に比べると，一般に強度が高く硬いので，堅木といわれる。木肌に美しい模様をもつものが多いので，床・開口部・建具などの仕上材のほか家具にも用いられる。

　木材は，その性質から身近な生育地のものを生育状態と同じように用いるのがよいとされている。樹種や心材・辺材❺などは，使用場所に応じて使い分ける。表1に一般に用いられる建築用木材の例を示す。

❺ →p.29 図3

(a) ヒノキの幹

(b) ヒノキの葉

図1　針葉樹

(a) ケヤキの幹

(b) ケヤキの葉

図2　広葉樹

## 表1 建築用木材の例

❶ 含水率15%の気乾密度 [g/cm³]。
❷ 特徴は気乾状態におけるもの。
❸ 辺材を示す。
➡p.29
❹ 心材を示す。
➡p.29
❺ ➡p.30
❻ まっすぐに通っていること。

| | 名称 | 色 | 密度❶ | 特徴❷ | おもな産地 | 用途 |
|---|---|---|---|---|---|---|
| 国産針葉樹 | スギ | 辺❸ 淡黄褐<br>心❹ 暗赤 | 0.38 | 軽く柔らかい，木理❺が通直❻，加工が容易 | 秋田・和歌山・奈良 | 構造材・造作材・建具材 |
| | アカマツ | 辺 淡黄白<br>心 黄褐 | 0.53 | 脂気が多く弾力に富む，水湿に耐え加工が容易 | 岩手・福島・宮崎 | 構造材 |
| | ツガ | 辺 黄白<br>心 黄褐 | 0.51 | 重く硬い，年輪が細かく光沢あり | 京都・和歌山・宮崎 | 構造材・造作材 |
| | ヒノキ | 辺 淡黄白<br>心 淡紅白 | 0.41 | 木理が通直，軽く軟らかい，弾力性・耐久力が大 | 長野・愛知・和歌山 | 構造材・造作材・建具材 |
| | ヒバ | 辺 淡黄白<br>心 淡褐黄 | 0.41 | 香りが強い，水湿に耐える，耐蟻性が大 | 青森・長野・愛知 | 水湿場所に使用，構造材・造作材 |
| 輸入針葉樹 | ベイマツ | 辺 黄赤<br>心 淡黄 | 0.55 | 木理が通直，脂気が多い，強度が大 | 北米（太平洋沿岸） | 構造材・造作材・建具材 |
| | ベイツガ | 辺 白<br>心 淡黄褐 | 0.46 | 肌目が粗い，耐久性が小，臭味がある | 北米 | 構造材・造作材・建具材 |
| | スプルース | 辺 淡黄白・褐<br>心 淡褐 | 0.46 | 肌目は精で，やや軽軟 | 北米（太平洋沿岸） | 建具材・造作材 |
| | ベイヒバ | 辺 黄白<br>心 黄 | 0.51 | 耐朽性が高い。肌理は精で，木理が通直。 | 北米大陸（アラスカ南東部） | 土台・造作材・建具材 |
| | ラジアータパイン | 辺 淡黄白<br>心 淡黄 | 0.49 | 加工が容易で，木理が通直。 | ニュージーランド・チリ | 造作材・建具材・家具材 |
| 国産広葉樹 | シラカシ | 辺・心<br>淡黄灰褐 | 0.90 | 重硬で強靭，加工が容易でない | 本州中南部・四国・九州 | 栓・だぼ・くさび |
| | クリ | 辺 淡褐<br>心 暗褐 | 0.55 | 重く硬い，腐りにくく耐久性が大 | 兵庫・高知・千葉 | 土台，杭，水湿場所に使用 |
| | ケヤキ | 辺 淡黄<br>心 赤褐 | 0.62 | 重く硬い，木目がきれい，水湿に耐える | 秋田・青森・和歌山 | 構造材・造作材・装飾材 |
| | ミズナラ | 辺 淡黄褐<br>心 黄褐 | 0.67 | 重く硬い，木目がきれい，反り曲がり少 | 北海道・東北地方 | 床材・家具材・装飾材 |
| 輸入広葉樹 | ホワイトオーク | 辺 淡黄白<br>心 淡黄褐 | 0.77 | 重く硬い，カシに類似 | 北米（カナダ） | 家具材・建具材・造作材 |
| | ブラックウォールナット | 辺 灰紫<br>心 濃褐 | 0.63 | ち密，弾力性・耐力大 | 米（北東・南東）・カナダ | 家具材・建具材・造作材 |
| | チーク | 辺 黄白<br>心 濃褐 | 0.69 | 反り曲がり少，虫害少，耐力大 | タイ・ミャンマー・インド | 家具材・造作材・建具材 |

（日本建築学会編「建築材料用教材」改訂第3版（2006年）および
日本木材加工技術協会「世界の有用木材300種」（1975年）より作成）

❼ 森林の成長過程で密集化する立木を間引く作業を間伐といい，この過程で発生する木材を間伐材という。

### 木材の使用と環境について

わが国の木材の自給率は低く，表1にある国をはじめ，多くの国から輸入している。遠方から輸入すると，輸送する過程で多くの二酸化炭素が排出されることから，輸送距離の短い地域で消費するように，とくに国内の木材（できるだけ地元で生産された木材）の利用が進められている。

また，これまで廃棄されていた間伐材❼を利用できるように，さまざまな研究・開発が行われ，その製品には間伐材マークが付けられている。

間伐材マーク

## 2 木材の組織

木材は、図3(a)のように、樹皮・木部・髄[1]で組織されている。図(b)のように樹皮のすぐ下の形成層では、細胞分裂が起こり、形成層の外側に師部[2]を、内側に木部を形成する。

[1] 樹心ともいう。
[2] 内樹皮ともいう。

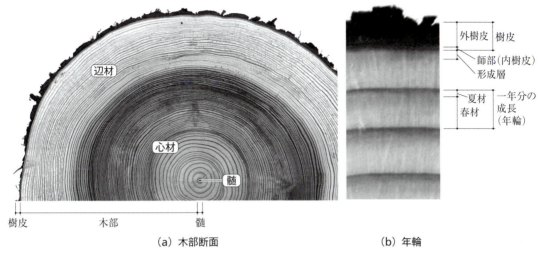

(a) 木部断面　　(b) 年輪

図3　針葉樹の組織

春は成長が活発で、細胞は大きく、軟らかな淡色の層（早材、春材ともいう）となる。夏から秋にかけては、成長が低下し細胞も小さく、硬くて密実な濃色の層（晩材、夏材ともいう）となる。毎年この成長を繰り返すので、一年ごとの同心円状の模様が生じる。これを**年輪**[3]という。

[3] annual ring

木部においては、樹皮に近い色調の淡い部分を**辺材**[4]、その内側の色調の濃い部分を**心材**[5]という。針葉樹は辺材・心材の色調の区別がはっきりしているが、広葉樹は色調の差が少なく、辺材・心材の判別がしにくいものが多い。

[4] sapwood：白太材ともいう。
[5] heartwood：赤身材ともいう。

辺材と心材を比較すると、一般的に、心材は辺材より硬質で重く、強度が高い。乾燥にともなう収縮・曲り・反りなどの狂いが少なく、樹脂が多いので削ると光沢が出る。また、腐りにくく、耐久性があり、虫害に対して強い。

## 3 製材

丸太から角材や板材をつくること、またはつくられた木材を**製材**という。製材のようすを図4に示す。製材のまえに、むだが生じないように所定の形状に分割する計画をたてる。これを**木取り**という（図5）。製材のあと

第2節　木材　29

で，乾燥させて建築用材とする。

木材には，節，曲り，腐れ，割れ，狂い（反り，ねじれなど）の欠点がある。欠点の状況を確認して品質の等級[1]をつける。

図5のように，木材の横断面を木口という。木口から見て，髄を含む材を心持ち材，髄を含まない材を心去り材という。木材の繊維方向に表れる模様を木理[2]といい（表2），図5に示す柾目と板目がある。とくに変化に富んだ模様の木理を杢という。

また，板目木取りの材で，樹皮側の面を木表，髄側の面を木裏という。

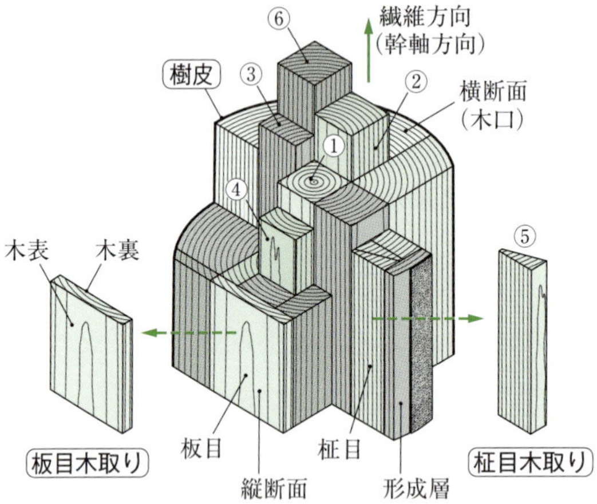

[1] 日本農林規格（JAS）では，木材を用途・強度などに応じて区分する規格化がなされている。

[2] wood grain：木目ともいう。

図4　製材

表2　木理と使用例

| 番号 | 木理 | 使用例 |
|---|---|---|
| ① | 四方板目 | 柱，土台 |
| ② | 二方柾 | 柱 |
| ③ | 二方柾（平面柾） | 敷居 |
| ④ | 二方柾（側面柾） | かもい |
| ⑤ | 二方柾（追い柾[3]） | なげし |
| ⑥ | 四方柾（追い柾） | 柱 |

①は心持ち材，②〜⑥は心去り材

図5　木取り

[3] 柾目と板目の中間的な木理。

問1　身近な建築物にどのような樹種が使用されているか調べなさい。

問2　問1の樹種について，その木理はどのようなものが多いか調べなさい。

## 2　木材の性質

木材の性質は，樹種によって異なるだけでなく，同一樹種でも乾燥状態で異なる。また，心材か辺材か，あるいは繊維方向に対する角度によっても性質が異なる。

### 1　木材の強度

木材の強度は，乾燥状態，密度，繊維方向により異なる。また，欠点がある木材は，強度が低下する。

(a) **乾燥状態と強度** 木材が含む水の質量を，その木材自身の質量（完全に水分を取り除いた状態）で割った百分率を，**含水率**❶という。

木材を通常の大気中に置いて，乾燥した状態のときの含水率を**気乾含水率**といい，わが国では15%程度である。この状態の木材を**気乾材**という。含水率が約30%の状態を**繊維飽和点**というが，これ以上の含水率では，含水率が変化しても強度に影響はない。それ以下になると含水率が低いほど強度が高くなる。たとえば，含水量が多い状態である伐採直後の強度に対して，気乾材の強度は約1.5倍，絶乾材❷の強度は3倍以上である。

(b) **密度と強度** 木材の密度は，一般に気乾材の密度で表す。それは樹種によって異なり，また，同一樹種でも年輪の間隔，育成地，樹齢または心材か辺材かなどによって一様ではない。同一乾燥状態ではだいたい密度が高いものほど強度は高い。

(c) **繊維方向と強度** 木材の圧縮や引張りの強度と繊維方向との関係は，繊維に直角方向よりも繊維方向のほうが高く，5〜10倍ある。

同一木材の各種強度を比較すると，節や割れなどの欠点がない木材の場合では，繊維方向に平行な圧縮強度を100としたときの他の強度の割合は表3に示すようになる。

(d) **欠点と強度** 節，割れ，繊維傾斜などの欠点があると強度は低下する。構造材として実際に用いる場合は，欠点により各種強度の低減率が異なるので，基準強度として表4に示す強度を採用する。

❶ water content

❷ 内部の空隙に水が存在しなくなるまで乾燥させた木材。

表3 木材の繊維方向に平行な強度の割合

| 圧縮<br>図6(a) | 引張り<br>図6(b) | 曲げ<br>図6(c) | せん断<br>図6(d) |
|---|---|---|---|
| 100 | 約200 | 約150 | 針葉樹16<br>広葉樹19 |

（日本建築学会編「建築材料用教材」第5版（1987年）による）

表4 木材の基準強度の例 [N/mm²]
（甲種構造材目視等級製材二級）

| 樹種 | 圧縮<br>[Fc] | 引張り<br>[Ft] | 曲げ<br>[Fb] | せん断<br>[Fs] |
|---|---|---|---|---|
| アカマツ | 16.8 | 12.6 | 20.4 | 2.4 |
| ヒノキ | 27.0 | 20.4 | 34.2 | 2.1 |

（建設省告示第1452号より作成）

(a) 圧縮

(b) 引張り

(c) 曲げ

(d) せん断

図6 木材の強度試験の種類

## 2 乾燥による木材の変形

含水率が約30%以上では，含水率が変化しても木材の伸縮は生じないが，30%を下回る場合では，ほぼ含水率に比例して伸縮が生じる。

木材の乾燥収縮の割合は，図7に示すように方向によって異なる。すなわち，乾燥収縮は年輪の接線方向が最も大きく，繊維方向が最も小さい。また，樹皮に近い部分ほど含水率が高いため，乾燥収縮が大きくなる。したがって，木取り位置や断面形状により，図8に示すように，変形したり狂いや割れが生じたりする。

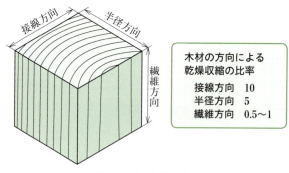

図7 木材の年輪と方向

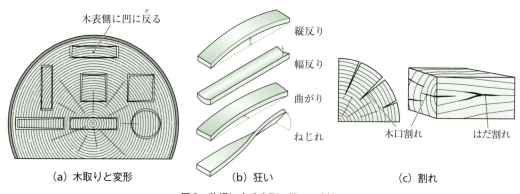

(a) 木取りと変形　　(b) 狂い　　(c) 割れ

図8 乾燥による変形・狂い・割れ

## 3 燃焼

❶ 木材の着火温度。

木材は，熱せられると約100℃で成分の熱分解がはじまり，水素やメタンなどのガスを発生し，約260℃❶に達すると引火する。周囲に炎がない場合でも，約450℃に達すると自然に発火する。木材は，完全に燃焼すると灰になる。しかし，断面の大きな木材は，完全に燃焼するまえに，図9のように表面部分に炭化層（黒こげの層）ができる。炭化層は酸素の供給をさえぎるとともに，内部への熱を伝わりにくくして熱分解を抑制する。厚みの大きな木材ほど中心部が燃えつきるまでの時間が長くなるので，火災により建築物が倒壊するまでの時間は長くなる。

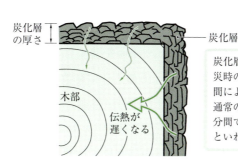

(a) 燃焼した木材　　　　　　　　　　(b) 炭化層

図9　木材の燃焼

## 4 腐朽

木材の**腐朽**（腐れ）は，菌類（きのこ，かび）などの微生物が木材の細胞壁を構成する成分を分解することによって起こる。表5に，おもな腐朽の種類とその特徴などを示す。

表5　腐朽の種類と特徴

| 腐朽 | 発生樹種 | 特　徴 |
|---|---|---|
| 褐色腐朽 | 針葉樹に多い | 色は褐色になり，乾燥すると収縮，縦横に亀裂が発生，セルロース❶を急速に切断するので，強度は初期から低下する。 |
| 白色腐朽 | 広葉樹に多い | 色あせて白っぽくなり，変形・収縮はみられないが，全体が湿ってふわふわした海綿状になり，ほぐれやすくなる。強度は腐朽進行に従って低下するが，褐色腐朽ほどではない。 |
| 軟腐朽 | 広葉樹に多い | 全体が黒ずんだ褐色になり，表層は指でこすり落とせるほど軟らかくなるが，内部は健全で腐朽部の境界がはっきりしている。強度の低下は白色腐朽と同じかそれより少ない。 |

菌類の成育には，水分・適温❷・酸素・養分が必要である。したがって，腐朽の防止には，できるだけ乾燥状態❸を保つことがたいせつである。乾燥を保つとともに，防腐剤を注入したり，塗布したりする方法が一般に用いられている。

❶ セルロースは，リグニン，ヘミセルロースとともに木の細胞壁の主成分。ひじょうに細長い形で引張りに強い成分である。

❷ 適した温度は菌の種類によって異なるが，約20〜35℃。

❸ 含水率は約20％以下とする。

**問3**　木表と木裏では，乾燥収縮がどのように異なるかを調べなさい。

## 3 木質材料

木質材料とは，木材を切削して，小さい板や薄い板，小片（チップ）とし，または繊維状にしたものを接着・成形した材料である。この材料は木材の欠点を除き，または分散し，材質を均一化することができ，小径の木材や，製材で不用となった木材を有効利用できるというすぐれた面がある。また，木材では困難な広い板，大きな断面，長い部材などをつくることができる。

❶ plywood

❷ veneer：ベニヤともいう。

## 1 合 板

一般に広く用いられる**合板**❶は，丸太の表面を薄くむいた**単板**❷，あるいは平らに薄く削り出した単板を図10のように奇数枚，繊維方向を交互に直交させて接着剤で張り合わせたもので普通合板という。方向による強さの差が少なく，乾湿にともなう伸縮，狂いなども小さい。

合板には，普通合板・構造用合板・化粧合板などがあるが，性能・表面状態・心材の種類などから表6のように大別される。また，使用する接着剤の種類によって耐水性が異なる。

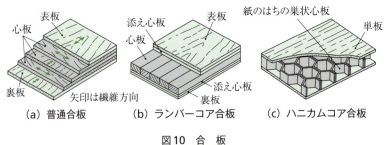

図10 合 板

表6 合板の種類

| 種 類 | | 概 要 |
|---|---|---|
| 性能 | 普通合板 | 耐水性能のよい順に1・2類に分けられる。板面の品質により，広葉樹を材料にしたものでは1・2・3・4等，針葉樹ではA・B・C・Dに分けられる。 |
| | 構造用合板 | 躯体の強さに重要な影響を与える部分に使用する合板。耐水性能により特・1類に分けられる。また，強度を含む総合的な品質で1・2級に分けられる。 |
| | 防火性能をもつ合板 | 薬剤処理により防火性能を高めた合板。難燃処理合板・不燃処理合板・防炎処理合板がある。 |
| | 防腐・防虫性能をもつ合板 | 薬剤処理により防腐や防蟻の性能をもたせた合板。防腐・防蟻合板がある。 |
| 表面状態 | 天然木化粧合板 | 合板の表面に木理の美しい天然の単板を張り合わせたもの。構造用合板を使用したものを，とくに，化粧ばり構造用合板という。 |
| | 特殊加工化粧合板 | 合板の表面にプリント，オーバーレイ，塗装などを施したもの。表面に木理などを印刷したプリント合板，合成樹脂や金属の薄板を張ったオーバーレイ合板，有色や無色の塗料を塗った塗装合板などがある。 |
| 心材 | ランバーコア合板 | 図10(b)のように小角材を張り合わせたものを心材にする。 |
| | 軽量合板 | 図(c)のようにはちの巣状の紙やファイバーボードを心材にする。 |
| | ボードコア合板 | パーティクルボードやミディアムデンシティファイバーボードを心材にする。 |

## 2 集成材・単板積層材

木材を切削してひき板❶・単板とし,欠点を除去したあとで,ふたたび,それらの繊維方向をそろえて多数重ね,図11,12のように接着・成形したものを**集成材**❷・**単板積層材**❸という。ひき板・小角材を用いたものが集成材,単板を用いたものが単板積層材である。用途から構造用と仕上用に分けられる。前者には構造用集成材・構造用単板積層材などがあり,後者は仕上材や家具などに用いる。

❶ lamina：集成材を構成する板材。その厚さは一般に1cm〜3cmで,最大で5cm程度。
❷ glued laminated wood
❸ laminated veneer lumber：頭文字からLVLともいう。

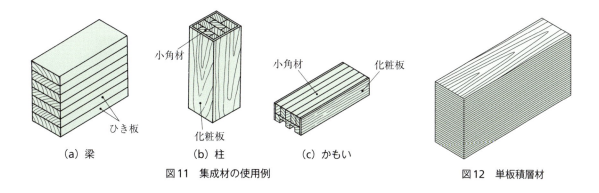

(a) 梁　　(b) 柱　　(c) かもい

図11　集成材の使用例　　　　　図12　単板積層材

## 3 繊維板

木材やわら,麻などの原料を繊維状にし,加熱圧縮して成形した板材を**繊維板**❹という。均質な大きな板材が得られ,釘打ちしやすく,加工性に富んでいる。また,繊維板に合成樹脂や油類などを含浸させて,耐水性・耐湿性・耐久性などを高めることができる。繊維板は,密度によって表7のように分類される。図13に例を示す。

❹ fiber board

表7　繊維板の種類

| 種類 | 記号 | 密度[$g/cm^3$] | 備考 |
|---|---|---|---|
| インシュレーションファイバーボード | IB | 0.35未満* | 畳用のタタミボード,断熱用のA級インシュレーションボード,外壁下地用のシージングボードがある。 |
| ミディアムデンシティファイバーボード | MDF | 0.35以上 | 両面素地状態の素地MDF,両面または片面に単板やフィルムを張った化粧MDFがある。 |
| ハードファイバーボード | HB | 0.80以上 | 油や樹脂などをしみ込ませたテンパーボード,無処理のスタンダードボードがある。表面に塗装などを施したものと素地のままのものがある。 |

\* シージングボードは0.4 $g/cm^3$未満。

  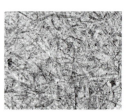

(a) インシュレーションファイバーボード　(b) ミディアムデンシティファイバーボード　(c) ハードファイバーボード

図13　繊維板の例

### 4 パーティクルボード

図14のように，木材の小片に接着剤を混合して加熱・圧縮成形した板状のものをパーティクルボード[1]といい，強度は合板より劣る。比較的，厚くて幅の広い板が得られ，強さに方向性がなく均質で，断熱性・吸音性にすぐれている。下地材として，また，表面を化粧したものは室内の仕上材として用いられる。

[1] particleboards

図14　パーティクルボード

■ 節末問題 ■

**1.** 次の文中の（　　）内に適切なことばを記入し，文を完成させなさい。
　(1) 木材は繊維飽和点以下では，乾燥するほど，強度は（　①　）なる。
　(2) 木材の腐朽防止の方法としては，（　②　）することと，（　③　）を注入・塗布することである。
　(3) 木理は，年輪に直角方向に切断した面には（　④　），年輪の接線方向に切断した面には（　⑤　）が現れる。

**2.** 木質材料は建築物のどのような場所に使われているか，身近な建築物で調べなさい。

 ## 3節　木材の接合　　　　　　　　　　　　　　Chapter 2

木構造の骨組は，木材に加工を施して組み立てる。接合部は，木材を切欠くので弱点となりやすい。ここでは，接合の方法や注意点について学ぶ。

### 1　接合の方法

木材の接合は，木材相互を加工してはめ合わせ接合する方法と金物を用いて接合する方法，接着剤を用いて接着する方法などがある。また，これらを併用する方法もある。

#### 1　接合部と接合方法

二つ以上の部材を接合する部分を接合部という。木材の長さを増すために，部材を継ぎたす接合部を**継手**❶といい，それ以外の接合部を**仕口**❷という。

継手や仕口は，一方の部材を切込み加工して他の部材に差し込むものと，互いに切り欠いて組み合わせ，またはかけ渡すものとに大きく分けられる。堅固に組み合わせるために，カシやケヤキなどの堅木でつくった，**栓・くさび・だぼ**などを用いるものがある。一般的には，接合部の強度を低下させないようにできるだけ切欠きを少なくして，**接合金物**を用いて補強する。

継手や仕口の加工は，コンピュータ技術の発展にともない，プレカット加工❸によるものが多くなっている。図1にその例を示す。

#### 2　継手

継手には，図2に示すような種類があり，その部材の接合に適した継手を用いる。

❶ joint
❷ connection
❸ 回転する刃のついたコンピュータ制御による機械に継手・仕口のデータを入力して，継手・仕口を加工すること。

(a) 腰掛かま継ぎ男木（継手）

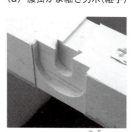
(b) 大入れあり掛け女木（仕口）

図1　プレカット加工例

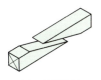
(a) そぎ継ぎ

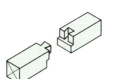
(b) 腰掛あり継ぎ

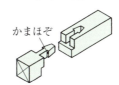
(c) 腰掛かま継ぎ

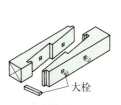
(d) 追掛大栓継ぎ

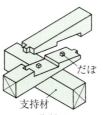
(e) 台持継ぎ

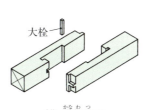
(f) 金輪継ぎ

図2　継　手

第3節　木材の接合　37

継手は，なるべく大きな力が生じない位置に設ける。図3のように支持する材から少しずらしたところで継ぐ持出し継ぎや，支持材の直上で継ぐ心継ぎなどの方法がある。

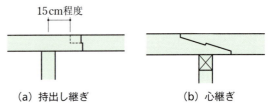

(a) 持出し継ぎ　　(b) 心継ぎ

図3　継手位置

## 3　仕口

仕口には図4に示すような種類がある。二つの材を隅で接合するL字形の仕口には図(a)〜(c)，十字形やT字形に接合する仕口には図(d)〜(h)のような種類がある。部材の欠込みは大きくならないようにする。

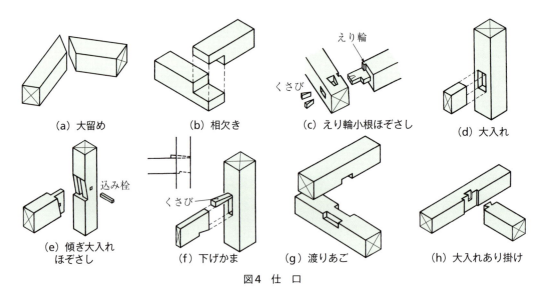

(a) 大留め　　(b) 相欠き　　(c) えり輪小根ほぞさし　　(d) 大入れ
(e) 傾き大入れほぞさし　　(f) 下げかま　　(g) 渡りあご　　(h) 大入れあり掛け

図4　仕口

## 4　ほぞ

一方の部材の端を加工し，他の部材へ差し込むようにした部分を**ほぞ**という。おもなものを図5に示す。

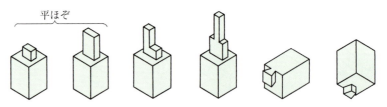

(a) 短ほぞ　(b) 長ほぞ　(c) 小根ほぞ　(d) 重ねほぞ　(e) ありほぞ　(f) 扇ほぞ

図5　ほぞ

38　第2章　木構造

## 2 接合金物

接合金物は，構造材の継手・仕口の補強，下地と仕上材の接合や取付けなどに広く用いられる。品質および耐力などの性能が安定していると認められたものの一つに，Ｚマーク[1]表示の金物がある。表1に接合金物のおもな例を示す。

(a) 釘[2]・木ねじ・かすがい　　表1(a)のような種類があり，二つの部材を接合する場合に用いられる。

(b) 接合プレート類　　表(b)のような種類があり，補強のために接合部に当ててボルトや釘で接合する。

(c) ボルト[3]　　表(c)のような種類があり，接合部材にあけた孔に通し，座金をはさみ，ナットで部材を直接締め付けて接合する。

(d) 柱脚金物・ホールダウン金物　　表(d)のような種類があり，柱を固定したり緊結したりする場合に用いられる。

[1] (財)日本住宅・木材技術センターによる規格適合マーク。
[2] nail
[3] bolt

表1　接合金物

| (a)釘・木ねじ・かすがい | (b)接合プレート類 | (c)ボルト | (d)柱脚金物 ホールダウン金物 |
|---|---|---|---|
| 丸釘／スクリュー釘／木ねじ／かすがい | 筋かいプレート／山形プレート／かど金物／短ざく金物／くら金物／ひねり金物／かね折り金物 | アンカーボルト／ナット／座金／ボルト／羽子板ボルト | 柱脚金物／ホールダウン金物 |

### 節末問題

1. 継手・仕口・ほぞには，どのようなものがあるか，まとめなさい。
2. 接合金物はどのような箇所にどう使われているか，現場を見学してまとめなさい。

第3節　木材の接合　39

## 4節 基礎

基礎は，建築物を地盤に固定させる重要な部分である。基礎は，どのように構成されているのであろうか。ここでは，基礎を支える地盤の性質と基礎の役割および構成について学ぶ。

### 1 地盤

建築物を支持する土や岩石の層を**地盤**という。建築物を沈下したり傾いたりしない安全なものとするためには，地盤の締まり具合や強さについて正しく知る必要がある。

#### 1 地盤と地層

地盤は，いろいろな土や岩石からなる**地層**によって構成されている（図1）。一般に，古い地層は良質で強いものが多く，建築物を支持するのに適している。地層の状態は，地表から直接観察できないので，試掘❶・ボーリング❷などで地盤の構成や締まり具合などを調査する。地盤の長期に生じる力に対する許容応力度を表1に示す。

❶ 地盤に比較的浅い穴を掘り，直接，地盤の状態を観察する方法。
❷ 掘削機で地盤に深い穴を掘り，取り出した土などから地盤の状態を推定する方法。
❸ 約1万年前から現在までの間に堆積してできた地層。
❹ 約200万年前から約1万年前までの間に堆積してできた地層。建築物を支持するのに適している。
❺ 砂・礫（れき）などは，土質分類上の名称で，土粒子径によって次のように分けられている。
　粘土：0.005 mm 以下
　シルト：0.005 mm〜0.075 mm
　砂：0.075 mm〜2 mm
　礫：2 mm〜75 mm

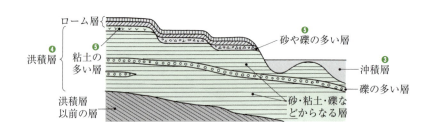

図1　東京山の手付近における地層

表1　地盤の長期に生じる力に対する許容応力度 [kN/m²]

| 地盤の種類 | 長期に生じる力に対する許容応力度 |
|---|---|
| 岩盤 | 1 000 |
| 固結した砂 | 500 |
| 土丹盤・密実な礫層 | 300 |
| ローム層 | 50 |
| 粘土質地盤 | 20 |

（建築基準法施行令第93条参照）

## 2 地盤に起こる現象

砂質の地盤は，おもに砂と砂の**摩擦力**[1]で荷重を伝える。地下水面下の砂質土が地震動を受けて変形すると，図2のように砂質土中の間隙水[2]の水圧が急激に高まり，水と砂が混じって，泥水のような状態になる。砂の粒子はたがいに離れて，摩擦力がなくなり流動化し，荷重を支えきれなくなる。これを地盤の**液状化現象**といい，その結果，図3のように建築物の傾斜や転倒などの被害が起きる。地下水位が地表面付近で浅く，密実でない砂質の地層ほど液状化現象は起こりやすい。

[1] 物体どうしが接触するときに，こすれ合ってたがいの動きをさまたげようとする力をいう。

[2] 土中の土粒子間の間隙に存在する水をいう。

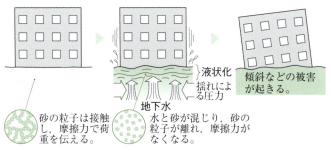

図2 液状化現象

図3 液状化現象による被害

粘土質の土は，粘着性があり，水を通しにくい。しかし，土粒子間にある水は，圧力を受け続けると徐々に排出され，その結果，土粒子の間隔がせばめられ，粘土層は圧縮される。これを**圧密**という。締固めがふじゅうぶんで，水を多く含んだ粘土質の地層においては，長時間かかってこのような現象が生じ，地盤沈下の原因となることがある。これらの現象が起こらないように，基礎はじゅうぶんな支持力があり，沈下しにくい地盤に支持させる必要がある。

## 2 基礎のあらまし

図4のように建築物の荷重を支え，地盤に伝える部分を**基礎**という。基礎の形や大きさは，基礎底面に生じる力の大きさと，地盤の強さ（**地耐力**[3]）により決める。また，建築物が傾いたり，ふぞろいに沈下[4]したりしないようにする。

基礎底面の深さは，建築物を支えるのにじゅうぶんな地耐力が得られる深さとする。地中が凍結する地方では，その凍結する深さよりさらに深くしなければならない。

[3] bearing capacity of soil

[4] differential settlement：不同沈下という。

第4節　基礎　41

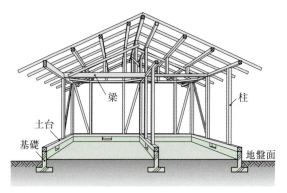

図4　基礎の位置

## 3　地業

　基礎をつくる場合，まず地盤の地耐力を調べ，基礎の位置と，基礎底面の深さ・広さを決定する。次に，基礎の形や大きさを考えて，図5のように地面を掘り下げる。これを**根切り**という。

　根切り底に砂利や割石などを敷き詰めて突き固め，型枠を水平に組むための捨コンクリートを平らに打つ。これを**地業**といい，図6に示す。捨コンクリート硬化後，基礎や型枠の位置を決めるための**墨だし**❶をする。

❶　平らになった捨コンクリート上に，型枠の位置を墨で記すこと。

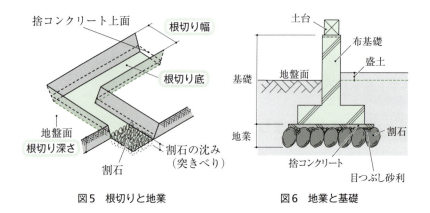

図5　根切りと地業　　　　図6　地業と基礎

**(a) 砂・砂利地業**　根切り底に砂混じりの砂利を6cmくらいの厚さに敷き詰めて突き固め，その上に捨コンクリートを打つ方法を**砂・砂利地業**といい，束石，土間コンクリートなどにも用いられる。

**(b) 割石地業**　大きさ約10cmくらいの割石を根切り底に敷き並べ，割石のすきまに目つぶし砂利を入れて突き固め，その上に捨コンクリートを打つ方法を**割石地業**という。

42　第2章　木構造

## 4 基礎の種類

基礎の種類には，べた基礎，布基礎，独立基礎があり，基礎杭を用いた構造とすることもある。どの基礎を用いるかは，表2のように地盤の許容応力度の値で決まる。

表2 地盤と基礎の種類

| 地盤の長期に生じる力に対する許容応力度 | 基礎の種類 |
|---|---|
| 20 kN/m² 未満 | 基礎杭を用いた構造 |
| 20 kN/m² 以上 30 kN/m² 未満 | べた基礎または基礎杭を用いた構造 |
| 30 kN/m² 以上 | べた基礎，布基礎または基礎杭を用いた構造 |

（建設省告示第1347号による）

### 1 べた基礎

図7のように，建築物の直下全面を板状の鉄筋コンクリートにした基礎を，**べた基礎**❶という。この基礎は，基礎底面の面積が大きいので，荷重を分散させて地盤に伝えることができる。このため，建築物が重い場合や，地耐力が小さい場合に用いられる。また，床下の全面が鉄筋コンクリートになるので防湿対策にもなる。

土台を基礎に緊結するために，**アンカーボルト**を埋め込む。また，床下の換気のために**換気口**❷を設ける。換気口を設けない場合は基礎と土台の間にねこ土台❸を入れる。

❶ mat foundation

❷ 布基礎の換気口と同じ大きさ，配置間隔にする。
→p.44

❸ 基礎と土台の間に入れる硬質のかい物をいう。この方法では，基礎と土台の間のすき間を換気口にすることが多い。ねこ土台を使用する場合は，土台の長さ1mあたり面積60cm²以上の換気口を設ける。

❹ 同じ形状のものを連続して配置するときの間隔を示す。

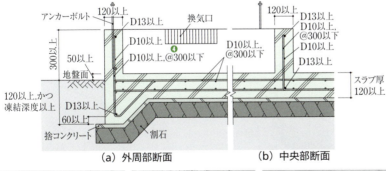

(a) 外周部断面　　(b) 中央部断面

(c) 捨コンクリートと配筋　(d) 立上り部分の配筋　(e) 基礎とアンカーボルト

図7 べた基礎

## 2 布基礎

図8(a)のように，長い連続した鉄筋コンクリートの基礎を**布基礎**という。建築物の外周壁や主要な間仕切壁❶の下に設ける。

❶ 部屋と部屋とを仕切る壁。

断面は，図(b)のように逆T字形で，基礎底面を広くする。この幅は，上部からの荷重と地耐力の大小によって決定する。

(a) 布基礎の例

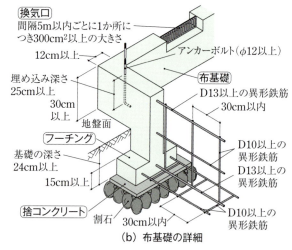
(b) 布基礎の詳細

図8 布基礎

## 3 その他の基礎

連続させない部分的な基礎を**独立基礎**といい，木構造では荷重が小さい箇所に，図9(a)のように設けられる。**束石**は，図(b)の例のように，床組を支える床束の下に設ける。束石の**天端**❷は，床束への湿気の影響を配慮し，地面より10cm～15cm程度高くする。

❷ 上部の面。

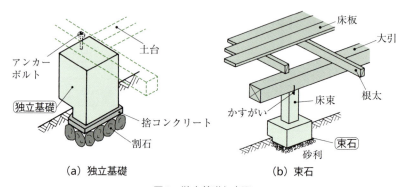

(a) 独立基礎　　　　(b) 束石

図9 独立基礎と束石

### ■ 節末問題 ■

1. 基礎底面が地下の凍結する深さよりも上部にある場合，どのような害があるのかを考えなさい。
2. 身近な建築物の床下換気口の間隔と大きさについて調べなさい。

# 5節 軸組

軸組は，屋根・床などの鉛直荷重を支えるだけではなく，地震や風などの水平力にも抵抗する重要な骨組である。壁の骨組である軸組は，その仕上げによって用いる部材や構成が異なる。ここでは，軸組の構成について学ぶ。

## 1 軸組のあらまし

図1(a)のような壁の骨組を**軸組**❶という。軸組は，土台・柱・桁・梁・筋かいなどで構成される。これらにより，鉛直荷重や水平力を基礎に伝達する。

軸組には，建築物の外壁を形成する**外周軸組**と，各室を仕切るための**間仕切軸組**がある。外周軸組は，図(b)のように，建築物の棟❷に平行な両側面（**平**❸という）の軸組と，これに直角な両側面（**妻**❹という）の軸組がある。

軸組は水平力によって基礎からずれたり，はずれたりしないように，アンカーボルトで土台を基礎に緊結する。また，軸組が変形するのを防ぐため，要所に**筋かい**❺を入れる。そのほか，外周軸組の4隅や大きな力を受ける間仕切軸組の交差部には，火打土台・火打梁を入れて骨組の水平面を堅固にする。

軸組に仕上げを施して**壁**をつくる。壁面の仕上げ位置により**真壁**と**大壁**があり，両者を併用したものを**併用壁**という。

❶ framework
❷ ridge
❸ eaves side
❹ gable end
❺ bracing

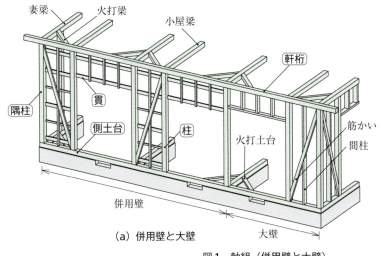
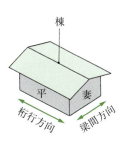

(a) 併用壁と大壁　　(b) 平と妻

図1　軸組（併用壁と大壁）

(a) **真壁** 図2, 4のような柱の一部または大部分が見える壁で, 和風の室などに用いられる。この壁は薄くなるので, 筋かいや断熱材は入れにくい。

(b) **大壁** 図3, 5のように, 壁の仕上面が柱面の外側に施され, 柱が見えない壁をいい, 洋風の室などに用いられる。

図2 真壁の仕上げ

大壁の軸組は, 筋かいや接合金物を入れやすいので, 堅固な軸組にすることができる。また, 気密性・断熱性・遮音性に有利であるが, 壁の内部に湿気がはいり込むと, 乾燥しにくく部材が腐りやすくなるので防湿対策が必要である。筋かいの設置や断熱性などの面から, 大壁による和風の室も増えている。

図3 大壁の仕上げ

(c) **併用壁** 片面を真壁, 片面を大壁にした壁を併用壁といい, 和風の室の外周壁や, 和風の室と洋風の室にはさまれた間仕切壁に用いる。併用壁では, 大壁側に筋かいを入れる。

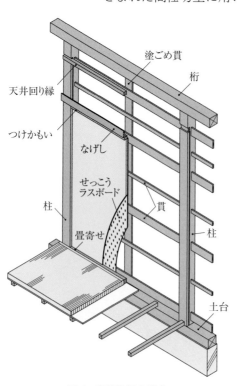

図4 真壁軸組の構成

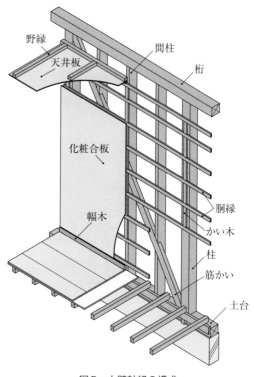

図5 大壁軸組の構成

## 2 土台

土台[1]は，建築物が受けるさまざまな力を基礎に伝える重要な役割を担っている。しかし，地盤に最も近い部材なので湿気を受けて腐りやすいため，通風を確保し，乾燥させるようにする。

[1] sill

### 1 土台

土台は，軸組最下部の水平材で，柱の下端を連結し，伝達された鉛直荷重と水平力を基礎に分散させ，上部構造を安定させるために取り付けられる。土台は，図6のように基礎の上にすえる。建築物外周にすえる土台を側土台，間仕切壁の位置にすえる土台を間仕切土台とよぶ。

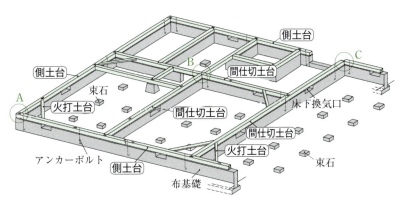

図6 基礎上の土台（A，B，Cの仕口は図8参照）

土台の断面寸法は，柱と同じか，ひとまわり大きくする。平屋建で10.5cm角以上，2階建では12cm角以上を用いることが望ましい。

土台は，水平力により基礎から浮き上がったり，ずれたりするのを防ぐために，アンカーボルトで固定する。

アンカーボルトは次の位置に設ける。

① 土台の両端部や継手の位置
② 耐力壁[2]の両端の柱に近接した位置

①と②以外の中間部分では2.7m以内，3階建では2m以内の間隔に配置する。柱に近接させるアンカーボルトは，柱の中心から約15cmの位置に設ける。

側土台の隅や主要な間仕切土台の交差部には，平面的な変形を防ぐために，断面寸法4.5cm×9cm以上の**火打土台**を入れる。

土台の**継手**を図7に，土台と柱の**仕口**を図8に示す。

[2] → p.54

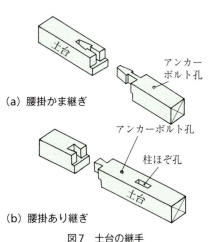

(a) 腰掛かま継ぎ

(b) 腰掛あり継ぎ

図7 土台の継手

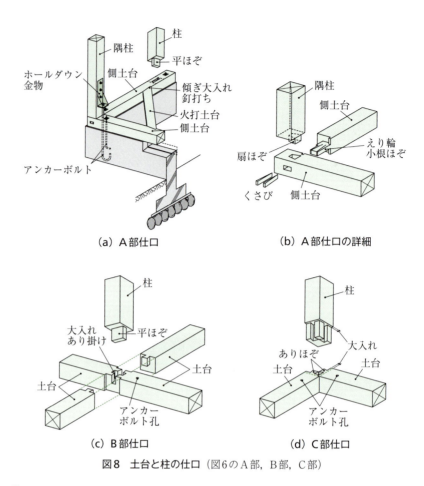

(a) A部仕口　　(b) A部仕口の詳細

(c) B部仕口　　(d) C部仕口

図8　土台と柱の仕口（図6のA部，B部，C部）

## 2　土台の腐朽防止

土台は，地盤に最も近い位置にすえられ，湿気の影響を受けやすいので，防腐剤を塗布するか，防腐剤が注入してある防腐土台を使用し，基礎上端面に防湿用のビニルシートなどを敷く。

また，樹種は耐久性のよい，ヒノキやヒバなどを用い，大きな荷重がかかる柱位置や浴室などの湿気の多い所には赤身材を用いる。

## 3　柱

柱[1]は，屋根や上階の床などの荷重を土台に伝える鉛直材である。2階建では，図9のように1階から2階まで通して1本の材を用いる通し柱と，各階ごとに用いる管柱とがある。通し柱は，軸組を堅固に組み固めるために，隅や軸組の交差部など，要所に配置する。

壁では約1.8m[2]を基準間隔として柱を配置する。住宅では，柱の断面寸法は，10.5cm角，通し柱は12cm角が多い。最小断面寸法は，表1のように定められている。大規模な建築物や柱の負担する荷重が大

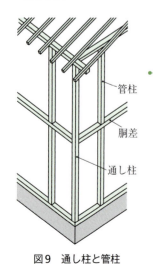

図9　通し柱と管柱

[1] column
[2] 約1.8mを柱間隔の基本的な数値とするが，詳しい寸法は地域によって異なる。

きい場合には構造計算によって安全を確かめる。

　柱は，ふつう，スギ・ヒノキなど針葉樹の心持ち材が用いられることが多い。真壁の柱には木理の美しいものを用いる。心持ち材では人目にふれる面に生じるひび割れを防ぐために，図10のようにあらかじめ人目にふれにくい面を丸のこで割りを入れておく。これを**背割り**という。また，角は**面取り**をする。

　柱の上端・下端は，ふつう，ほぞをつくり，土台・**軒桁**・**胴差**❶に差し込み，山形プレート・羽子板ボルト・短ざく金物などで補強する。

　**隅柱**❷は，図11(a)のように水平力により浮き上がるおそれがあるので，これを防ぐために，図8(a)のホールダウン金物や図11(b)のかど金物などで補強する。

❶ ➡p.51

❷ 建築物の隅部に設ける柱。

表1　柱の小径と支点間距離 $\left(\dfrac{a}{H}\right)$

| 建築物の規模 | 屋根の種類 | 金属板葺など軽い屋根の建築物 | 瓦葺など重い屋根の建築物 | 備　考 |
|---|---|---|---|---|
| 平屋建 | | $\dfrac{1}{33}$ | $\dfrac{1}{30}$ | $H$：構造耐力上主要な横架材の相互垂直距離<br>$a$：柱の小径（短辺の長さ） |
| 2階建 | 2階 | $\dfrac{1}{33}$ | $\dfrac{1}{30}$ | |
| | 1階 | $\dfrac{1}{30}$ | $\dfrac{1}{28}$ | |

（建築基準法施行令第43条による）

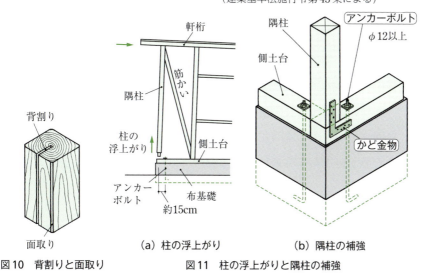

図10　背割りと面取り　　　図11　柱の浮上がりと隅柱の補強

## 4　筋かい

　**筋かい**は，地震力や風圧力などの水平力による軸組の変形を防ぐために，図12のように入れる斜材である。一般的に施工性や強さなどの面から45mm×90mmの筋かいが用いられることが多い。

軸組に水平力が作用すると，筋かいにはその力の向きにより，図12(a)のように**引張力**や**圧縮力**が生じる。その力は大きいので，筋かいの断面は図(b)以上とする。断面が小さく細長い筋かいは圧縮力に弱いので，引張力にのみ抵抗するものとして使用し，これを**引張筋かい**という。また，断面が大きく圧縮力にも抵抗できる筋かいを**圧縮筋かい**という。筋かいは，図(d)のように，なるべく左右上下を対称に配置する。

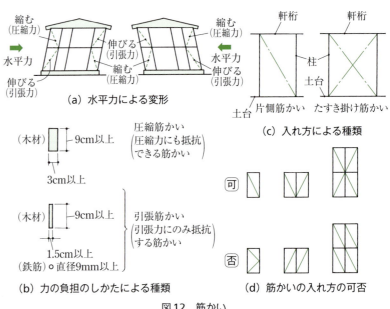

図12　筋かい

　筋かいの端部は，図13(a)のように，その中心線ができるだけ柱と横架材❶の中心線の交点に一致するようにする。

　筋かいと間柱の交差する部分は，図14のように筋かいを欠き取らずに間柱を切り欠くようにする。ただし，90 mm×90 mm以上の断面寸法の筋かいをたすき掛けにする場合は，片方の筋かいを切断し，接合

❶　水平方向に架け渡す材。

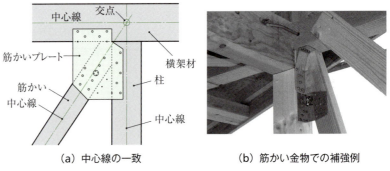

（a）中心線の一致　　　　（b）筋かい金物での補強例

図13　筋かいの端部

50　第2章　木構造

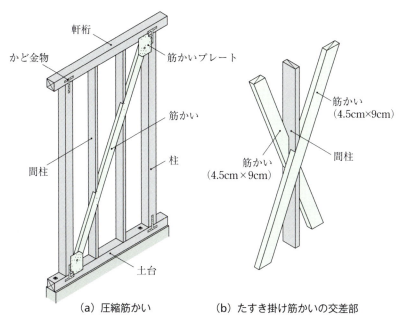

(a) 圧縮筋かい　　(b) たすき掛け筋かいの交差部

図14　筋かいの交差部

金物を用い，堅固に取り付ける。

## 5　胴差

胴差[1]は，図15(a)のように，2階建以上の軸組で2階床位置の外周部に用いる横架材である。上階・下階の柱を連結し，2階より上の壁

[1] girth

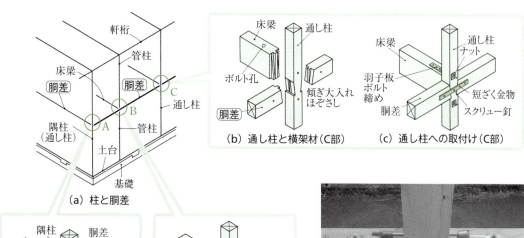

(a) 柱と胴差　　(b) 通し柱と横架材（C部）　　(c) 通し柱への取付け（C部）

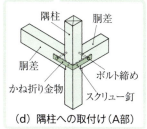

(d) 隅柱への取付け（A部）

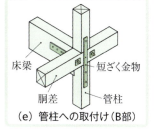

(e) 管柱への取付け（B部）

(f) 通し柱と胴差の接合金物の例

図15　胴差とその仕口

第5節　軸組　51

❶ 横架材の垂直方向の寸法。
❷ 胴差・梁などを支える柱と柱の距離。この支点間距離をスパンともいう。

や床梁を支える。胴差には，ふつう，ベイマツやマツなどが用いられる。その幅は，一般に柱と同じにし，**せい**❶は上部荷重や下部の柱間隔などから決められ，**梁間**❷の$\frac{1}{10}$程度にする。胴差と柱・梁との仕口は図(b)〜(e)のように行い，接合金物で補強する（図(f)）。

### 6 桁・梁・火打梁

柱の上端を連結して，屋根からの荷重を柱に伝える水平材には，図16(a)のような**桁**❸と**梁**❹がある。

❸ cross beam
❹ beam

**(a) 桁と梁** 桁は，桁行方向に配置された部材で，平側外壁にあるものを**軒桁**という。梁は桁と直角の梁間方向に配置され，妻側外壁にあるものを**妻梁**，中間部にあるものを**小屋梁**という。これらの部材の大きさ，樹種は胴差と同じように決める。継手は腰掛けかま継ぎや追掛大栓継ぎ❺を用いる。位置は図(b)の持出し継ぎ（継手はかま継ぎ）とすることが多く，柱との接合部を金物で補強する。また，柱の間隔が大きく，その途中で梁などを受ける場合は，部材せいを大きくするか，図(c)のように添え桁で補強する。

❺ 胴差や敷梁などの継手も桁と同様にすることが多い。➡**p.37** 図2(d)

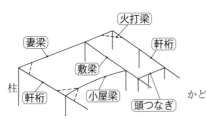
(a) 桁・梁

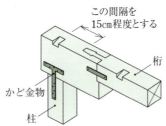
(b) 持出し継ぎの例（かま継ぎ）

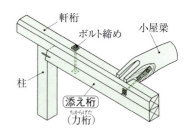
(c) 添え桁

図16 桁の継手・補強例

**(b) 火打梁** 外力に安全な軸組にするためには，桁や梁などの水平な部材で堅固な水平面を構成しなければならない。このため，桁と梁の水平角を固定し，堅固な接合にするように9cm角以上の火打梁や火打金物を入れる。図17にその使用例を示す。

図17 火打梁の例

(c) その他の横架材　このほか，柱の上端をつなぐだけで，屋根からの荷重を受けない頭つなぎも水平面を構成する部材となる。

## 7　間柱・貫

間柱や貫は，壁の仕上材を取り付ける骨組としての役割を担う。

### 1　間柱

壁の下地材として柱と柱の間に約 45 cm 間隔に立てた鉛直の部材を **間柱**（まばしら）といい，p.45図1，p.46図5のように，土台と桁などに取り付ける。

両面が大壁の場合，間柱の断面寸法は柱の三つ割り❶程度を用いる。図18のように柱や間柱に壁下地の胴縁などを打ち付けて，それぞれの仕上げを施す。

併用壁の場合は，貫から柱面までの間に間柱を入れ，図19のような断面の小さなものを用いる。

❶　柱材を断面で3等分になるように製材したサイズのもの。

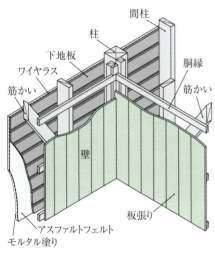

図18　両面大壁の間柱

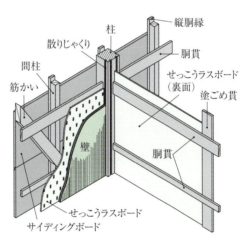

図19　真壁・併用壁の貫と間柱

### 2　貫

図20(a)のように，柱と柱の間に水平に取り付けた部材を **貫**（ぬき）といい，柱に差し込むように取り付ける。取付け位置により，地貫や胴貫，天井貫，内法貫などがある。これらは，床・天井・開口部との関係と，取り付ける壁下地材によってその位置を決め，図(b)のようにくさびまたは釘打ちとする。柱間隔が大きい場合は，補強のために図19のような塗ごめ貫を鉛直に組み入れる。一般に真壁は，せっこうラスボードを貫に専用の釘❷やステンレス釘で打ち付けて，壁下地とする。

❷　せっこうラスボードは酸性なので，さびないように亜鉛めっきされた釘を使用する。

**問 1**　間柱と貫の適切な間隔を答えなさい。

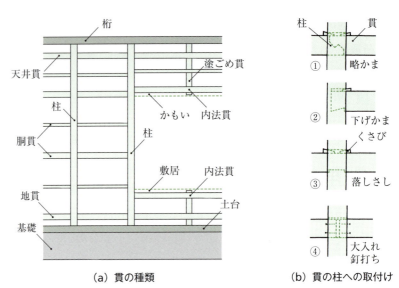

(a) 貫の種類　　　　　　　　(b) 貫の柱への取付け

図20　貫の種類と柱への取付け

## 8　耐震・耐風計画

地震力や風圧力などの水平力に対して建築物を安全に守るために**耐力壁**❶を設ける。

### 1　耐力壁の種類と長さ

耐力壁には，筋かい入りの壁，構造用合板を張った壁❷など各種の壁がある。これらは梁間方向・桁行方向ごとに適切な量を配置するように規定❸されており，配置量は壁の水平断面の長さで表される。壁の構造により，水平力に抵抗する力が異なるので，壁には図21(a)のように倍率が決められ，実際の長さに倍率をかけて耐力壁の配置量とする。たとえば，片側に4.5cm×9cmの筋かいを入れた長さ90cmの壁は，耐力壁の長さとしては180cmとみなす（図(b)，(c)）。

❶　bearing wall

❷　建設省告示第1100号参照。

❸　2階建以上または50m²を超える木構造の建築物に適用される。

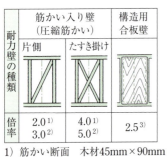

1) 筋かい断面　木材45mm×90mm
2) 筋かい断面　木材90mm×90mm
3) 厚さ5mm以上（屋外は7.5mm以上）釘(N50)間隔15cm以下

(a) 耐力壁の種類

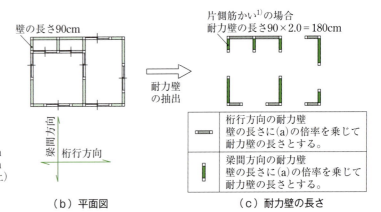

(b) 平面図　　　　　(c) 耐力壁の長さ

図21　耐力壁の種類と長さ（建築基準法施行令第46条より作成）

54　第2章　木構造

## 2 必要な耐力壁の壁量

図22に示すように，地震力・風圧力に抵抗するために必要な壁量❶は，以下のように算出する。

❶ 建築基準法施行令第46条参照。

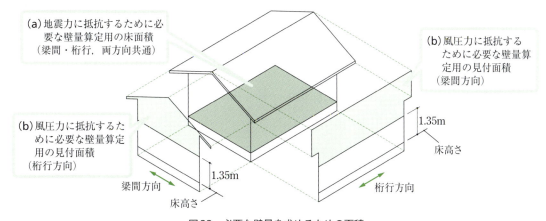

図22 必要な壁量を求めるための面積

**(a) 地震力に抵抗するために必要な壁量** 建築物の重さによるため，床面積に比例する。(1)式により壁量を求める。

$$\text{●必要な壁量} = \begin{pmatrix} \text{検討する階} \\ \text{の床面積} \end{pmatrix} \times \begin{pmatrix} \text{階や構造に応じて} \\ \text{決められた数値} \end{pmatrix} \text{[cm]} \quad (1)$$

**(b) 風圧力に抵抗するために必要な壁量** 建築物の風を受ける面積（見付面積）に比例する。(2)式により壁量を求める。

$$\text{●必要な壁量} = \begin{pmatrix} \text{検討する方向} \\ \text{の見付面積} \end{pmatrix} \times \begin{pmatrix} \text{区域に応じて決} \\ \text{められた数値} \end{pmatrix} \text{[cm]} \quad (2)$$

建築物に配置されている耐力壁の長さが，(1)，(2) 式から求めた壁量を上まわっていれば，壁の配置量は満たされたことになる。なお，この検討は，各階ごとに，梁間方向・桁行方向について行う。

## 3 耐力壁の配置

図24のように建築物に水平力が作用すると，水平力の作用線は重心を通り，剛心を軸に建築物を回転させるように働く。地震による水平力は方向を変えて交互に働くので振動となり，**ねじれ振動**という現象が発生する。重心と剛心の距離が大きいほどねじれ振動は大きくなり，建築物が被害を受けやすくなる。したがって，できるだけ重心と剛心を近づけるように，耐力壁を平面的につり合いよく配置❷する。また，耐力壁は建築物の中央部より外周部に配置したほうが効果的である。

❷ 国土交通省告示第1227号参照。

### 真壁の耐力壁

真壁では，図21(a)のように筋かいを入れたり，構造用合板などの面材を張ったりすることは困難である。このため，図23のような方法をとり耐震や耐風性能を確保する。

筋かいや構造用合板を用いた大壁の耐力壁より，水平力への抵抗性能を示す倍率が低いものは多い。しかし，図23のような真壁の耐力壁を多用することにより，わが国の伝統的な木構造が可能になる。

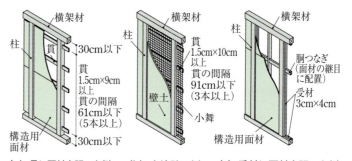

(a) 貫に面材を張った例　(b) 土塗壁の例　(c) 受材に面材を張った例

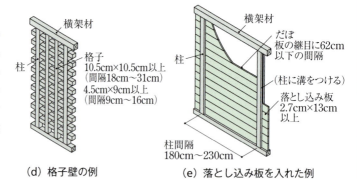

(d) 格子壁の例　(e) 落とし込み板を入れた例

図23　真壁の耐力壁

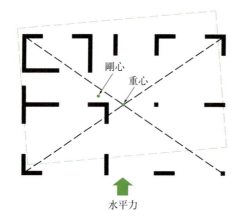

図24　建築物のねじれ

**重心**：作用するすべての重力の合力の作用点。重力の大きさが一様に分布するときの重心を図心というが，この検討では建築物の平面図の図心を重心としてよい。

**剛心**：建築物の床板に水平力が作用したときの回転中心。剛心は，耐力壁の配置から求め，ふつう，耐力壁の多い側になる。

これらを考慮し，次の①～⑥のように耐力壁の配置の適否について検討する。

① 各階ごとに梁間方向・桁行方向それぞれの方向別に建築物の平面を図25のように分割する。

② 両端の $\frac{1}{4}$ の部分（側端部分）に配置されている耐力壁の量❶（存在壁量）を計算する。

❶ 梁間方向は，「Y左」部分，「Y右」部分に配置されている耐力壁。桁行方向は，「X上」部分，「X下」部分に配置されている耐力壁。p.54図21と同じように倍率を乗じて存在壁量を求める。

56　第2章　木構造

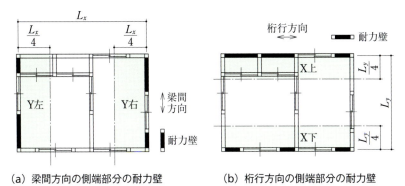

(a) 梁間方向の側端部分の耐力壁　　(b) 桁行方向の側端部分の耐力壁

図25　側端部分の耐力壁

③　地震力から必要とされるそれぞれ側端部分の耐力壁の量（必要壁量）を計算する。

④　それぞれの側端部分について，存在壁量を必要壁量で除した値（壁量充足率）が1を超えているか否かを確認する。

●壁量充足率 = $\dfrac{存在壁量}{必要壁量} > 1$　　　　　　　　　　　　(3)

⑤　4か所すべての側端部分で壁量充足率が1を超えていれば検討は終了。1以下のところがあれば，次の検討を行う。

⑥　梁間方向の検討では，Y左，Y右のどちらかまたは両方の壁量充足率が1を超えていない場合，小さいほうの壁量充足率を大きいほうの壁量充足率で除した値（壁率比）を求める。この壁率比が0.5以上であれば，配置バランスはよいものとする。0.5未満の場合は，耐力壁の配置や種類，長さなどについて再検討する。同様に，桁行方向の検討も行う。

●壁率比 = $\dfrac{小さいほうの壁量充足率}{大きいほうの壁量充足率} \geq 0.5$　　　　　(4)

## 4　耐力壁に用いる接合金物

耐力壁を構成する筋かいや柱の端部に使用する接合金物は次のような規定に合ったものを用いなければならない。

①　筋かいの端部に用いるもの[1]は，筋かいの種類に応じたものを使用する。表2に接合金物の例を示す。

②　柱の上下端部に用いるもの[2]は，柱が立つ位置とその壁，筋かいの種類によって異なる。図26に例を示す。

[1]　建設省告示第1460号1項参照。
[2]　建設省告示第1460号2項参照。

表2 筋かい端部に用いる接合金物の例

| 筋かいの種類 | 接合金物 | 使用接合具 |
| --- | --- | --- |
| 3cm以上×9cm以上の木材の筋かい | 筋かいプレート(1.6t) | 角根平頭ボルト(M12) 1本, 同用ナット・座金, 太め鉄丸釘(ZN65) 10本 |
| 4.5cm以上×9cm以上の木材の筋かい | 筋かいプレート(2.3t) | 角根平頭ボルト(M12) 1本, 同用ナット・座金, スクリュー釘(ZS50) 17本 |

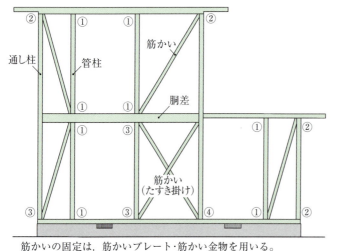

筋かいの固定は，筋かいプレート・筋かい金物を用いる。
通し柱と胴差は，羽子板ボルト・かね折り金物・短ざく金物を用いる。

(a) 断面が4.5cm×9cmの木材の筋かいを用いた軸組

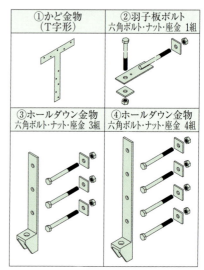

(b) 柱頭・柱脚の金物

図26 柱の柱頭・柱脚に用いる接合金物の例

## 5 耐震補強

1978年の宮城県沖地震の被害から，1981年に建築基準法が改正され，耐力壁として必要な壁量が，現行の基準では改正前より増加した。また，2000年には，地盤の許容応力度に適した基礎の構造，軸組の接合部の補強方法，耐力壁の配置の適切さについての基準[1]が制定された。

❶ ➡p.55

このため，それらの改正や制定以前に建築された木構造建築物は，現行の基準を満たさず，耐震性能が不足する可能性がある。このような建築物は，**耐震診断**を行い，現行の基準に適合しているか調査することが望ましい。調査した結果，不適合と判定した場合には，次のような**耐震補強**を行う。

**(a) 鉄筋コンクリートの基礎への固定** 鉄筋コンクリートの基礎と土台をアンカーボルトで緊結する。

**(b) 耐力壁の増設と適切な配置** 耐力壁を増やし，つり合いよく配置する。また，腐朽箇所の取り替えを行う。

**(c) 屋根の軽量化** 重量のある材を使用している場合は軽量なもの

に葺き替える。

(d) **接合金物の追加** 　部材の接合部に必要な金物が使用されていない場合は取付けを行う。

### ▪ 節末問題 ▪

**1.** 身近にある建築物の柱の間隔を調べなさい。

**2.** 土台の腐朽を防ぐためには，どのような方法があるかをまとめなさい。

**3.** 身近にある建築物で耐震補強を行う場合，どのような補強が必要になるか考えなさい。

## 6節 小屋組

屋根は，雨や風などから建築物を守る部分である。この屋根の骨組はどのように構成されているのだろうか。ここでは，屋根の形状と骨組について学ぶ。

### 1 屋根と小屋組

建築物の一番上に設けるおおいを**屋根**という。

図1のような屋根を形づくるための骨組を**小屋組**❶という。小屋組は，屋根の重さや風圧力，積雪による荷重などが作用するので，それらに抵抗できるようにじょうぶな構造にする。

❶ roof frame

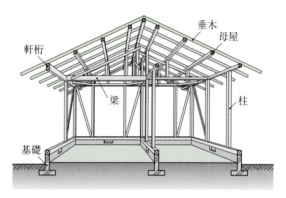

図1　小屋組

#### 1 屋根の形状

おもな屋根の形状を図2に示す。住宅には，**切妻屋根**や**寄棟屋根**が多く用いられる。屋根は，雨水や積雪などによる水分が建築物に浸入するのを防ぐ

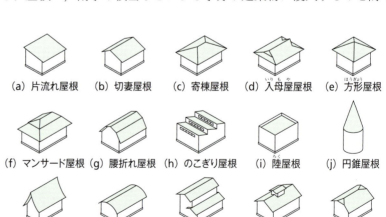

図2　屋根の形状

構造にする。雨は気象条件によって降り方が変わるので，それらのことも考えて，屋根の形状や仕上げのしかたを決める。

## 2 屋根の勾配

屋根には，雨仕舞[1]をよくするために傾斜をつける。この傾斜の度合いを**勾配**という。勾配は，屋根葺材料，デザインや建築物を建てる地域の気象条件によって決まる。その傾斜は，図3のように水平面からの角度$α°$で示すが，一般に$\frac{n}{10}$勾配と表すことが多い。

[1] 雨水が室内や壁の中にはいらないように，処理をすること。

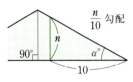

図3 屋根の勾配

## 3 屋根のかけ方

屋根の頂上を**棟**という。図4は，長方形平面の建築物を切妻屋根と寄棟屋根にした例であるが，軒の高さが等しく，屋根の勾配が等しい場合には，棟の位置は図4のように屋根の中央になる。

図5はL字形の平面をした建築物の例であるが，同じ平面でも棟のとり方により屋根の形状は大きく異なる。図(a)のような屋根にすると，屋根面に**谷**ができる。谷は，構造が複雑になることと雨水が集まりやすいことから防水上の弱点になりやすい。とくに，水平な谷を**陸谷**といい，これができないように屋根をかける。

(a) 切妻の場合

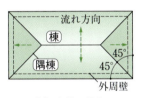

(b) 寄棟の場合

図4 棟のとり方と屋根のかけ方

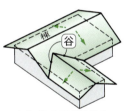

(a) 谷のできる場合

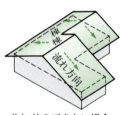

(b) 谷のできない場合

図5 棟の位置と屋根の形状

## 4 小屋組の分類

小屋組は，**和小屋**と**洋小屋**に大別される。住宅などのように間仕切壁が多く梁間の小さいものには和小屋が適しており，梁間が大きい倉庫などには洋小屋が用いられる。

# 2 和小屋

和小屋は，わが国において最も多く見られる小屋組である。

## 1 和小屋の特徴

和小屋は，図6のように，小屋梁などに**小屋束**を立て，屋根の荷重を支える構造で，**束立て小屋組**という。

第6節 小屋組

和小屋の小屋梁には曲げモーメントが生じる。梁間が大きくなると曲げモーメントが増大し，大きな部材断面が必要となることから，梁間は3.6 m以下にすることが多い。小屋組がそれ以上の長さになる場合は，図7のように中間に敷梁を配置して梁間が大きくならないようにする。樹種はマツがよく用いられる。

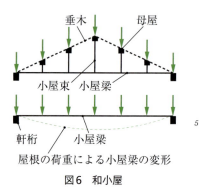

図6　和小屋

## 2　束立て小屋組

　束立て小屋組は，小屋梁を約1.8 m間隔にかけ，その上に図7のように約90 cm間隔に小屋束を立て，小屋束で**棟木・母屋**などを支える小屋組である。

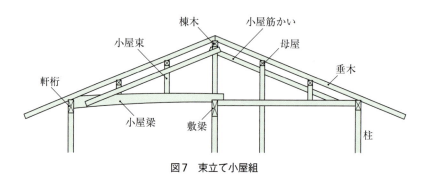

図7　束立て小屋組

　小屋梁の軒桁や柱へのかけ方には，図8のような**京ろ組**と，図9のような**折置組**とがある。京ろ組は，軒桁に小屋梁をのせかける。屋根からの力の流れは図10，部材の寸法は図11のようになる。折置組は柱の上に小屋梁をのせ，その上に軒桁を取り付ける。京ろ組より折置組のほうが，ややじょうぶな組み方となる。住宅などでは，柱のない位

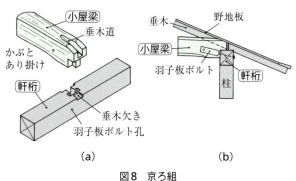

図8　京ろ組

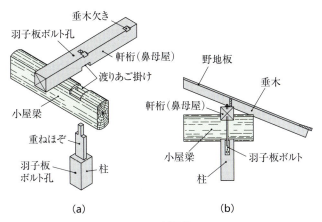

図9 折置組

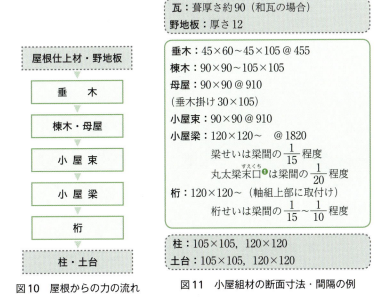

図10 屋根からの力の流れ　　図11 小屋組材の断面寸法・間隔の例

❶ 丸太などのこずえに近いほうの切口またはその直径。根元に近いほうは元口という。

置に小屋梁がかけられることや，小屋梁の端が外壁面から突き出ないことなどから京ろ組が広く用いられている。

　小屋梁と軒桁の接合には羽子板ボルト，垂木と軒桁の接合にはひねり金物を使い，屋根全体が風圧力で飛ばされないようにする。小屋束が倒れたり，ずれたりするのを防ぐために，図12のように筋かいを設ける。小屋梁方向の筋かいを小屋筋かい，桁行方向の筋かいを桁行筋かいという。

　垂木は約45cm間隔に配置し，軒桁・母屋に垂木欠きをして取り付け，垂木を継ぐ場合は母屋の上で乱に継ぐ❷。棟木には，図13のように垂木欠き・垂木彫りなどをして取り付ける。

❷ 継手の位置が同一直線上にそろわないように不規則に継ぐこと。

第6節　小屋組　　63

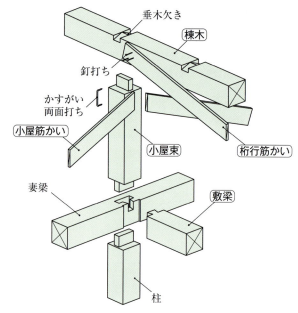

図12 束立て小屋組の仕口

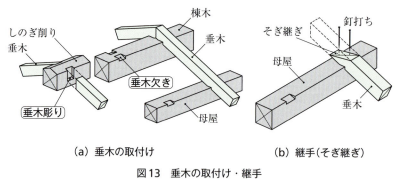

(a) 垂木の取付け　　　(b) 継手（そぎ継ぎ）

図13 垂木の取付け・継手

|問 1| 京ろ組と折置組の特徴を比較しなさい。

## 3 隅の構造

寄棟屋根の隅棟部分では，母屋を図14のように配し，母屋の交点を小屋束で支え，その小屋束を支えるために小屋梁と軒桁の間に梁をかけ渡す。これを**飛梁**（とびばり）という。隅棟の母屋の交点には，**隅木**をかけ渡し，**配付け垂木**[1]の端部を支える。

[1] 寄棟の小屋組で，隅木に取り付けられている垂木。

|問 2| 隅木は，どのように支えられているか調べなさい。

64　第2章　木構造

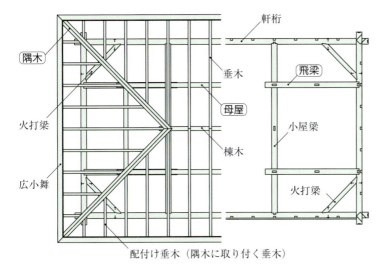

(a) 伏図

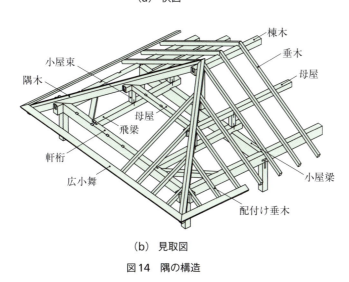

(b) 見取図

図14 隅の構造

## 3 洋小屋

洋小屋は，欧米より伝えられた小屋組の形式で，比較的，小さな断面の部材を組み合わせることにより小屋組を構成する。洋小屋は和小屋に比べて，大きな梁間に適している。

**1 洋小屋の特徴**

洋小屋は，図15のように部材を三角形に組み立てたトラスで構成する。これには部材の組み方により，図(a)の**真束小屋組**，図(b)の**対束小屋組**などがある。図(c)のように洋小屋を構成する部材には，おもに圧縮力か引張力が生じる。しかし，実際の小屋組では，母屋からの荷重が**合掌**や小

屋方づえなどとの接合部に作用するとはかぎらない。また，**ろく梁**は，天井を吊るなどの役割もあり，合掌やろく梁には曲げモーメントも生じる。

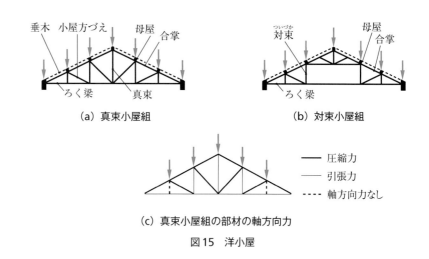

(a) 真束小屋組　　(b) 対束小屋組

(c) 真束小屋組の部材の軸方向力

図15　洋小屋

## 2　真束小屋組

真束小屋組は，図16(a)のように，真束・ろく梁・合掌・小屋方づえ・はさみ束または吊束などで構成される。これらで構成された面状のトラスを，敷桁上に約1.8m間隔でかけ渡し，その両端を鼻母屋・柱などとボルトで接合する。真束上部に棟木，下部に振れ止め，さらにトラスの横倒れを防ぐために，真束相互に桁行筋かいを取り付ける。

合掌上に母屋を配置し，さらに図(b)のように，ろく梁と敷桁の接合部では，火打梁で水平面，方づえで鉛直面の変形を防ぐ。

真束小屋組の仕口は，一般に図17のようにする。

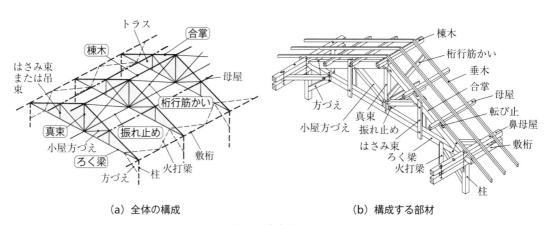

(a) 全体の構成　　(b) 構成する部材

図16　真束小屋組

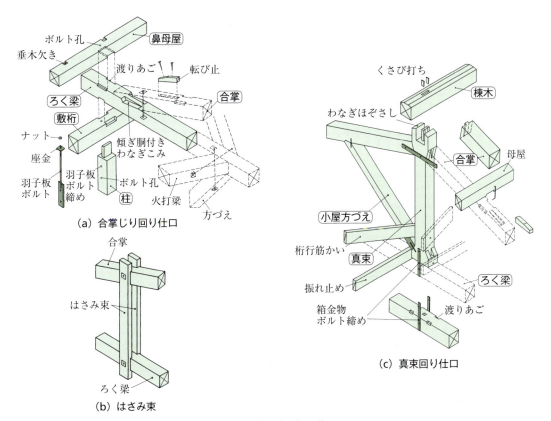

図17　真束小屋組の仕口

問3　真束小屋組のおもな部材名を答えなさい。

### 節末問題

1. 木構造の住宅に和小屋を多く用いるのはなぜか。理由を考えなさい。
2. 火打梁の働きを調べなさい。

# 7節 床組

人間が生活し，生活に必要な物品が置かれる床には，さまざまな荷重が作用する。ここでは，これらの荷重を安全に支える床の骨組が，どのように構成されているのかについて学ぶ。

## 1 床と床組

建築物の内部を水平方向に仕切り，その上に人や物を載せる面状の部分を**床**という。その床の骨組を**床組**[1]という。

[1] floor framing

### 1 床

床は，図1のように，おもに木材を組み合わせてつくる木の床と，コンクリートの床がある。木の床は，コンクリートの床に比べ，床板や根太などが適度にしなるため歩行時の衝撃を弱める効果がある。一般に，土足で上がらない1階の床や2階以上の床に用いられる。コンクリートの床は，1階に設けられるもので，木の床では耐久性に支障がある玄関などの床に用いられる。

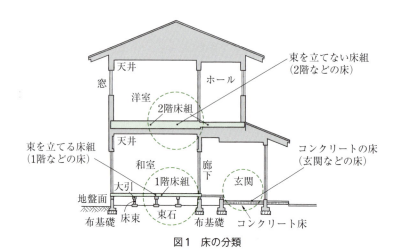

図1　床の分類

### 2 床組

木の床にする場合は，床の下部に骨組となる床組を設ける。床組は床に作用する荷重を支えるだけでなく，堅固な水平面を構成して建築物全体を強くする役割ももっている。

2階以上の床組は，下階の天井を吊り下げる骨組にもなる。このため，歩行や物品の移動時に生じる振動や騒音が，下階に伝達されるこ

ともあるので堅固に組む。

床組は表1のように分類される。1階の床などに用いる**束を立てる床組**（図2(a)）と，2階以上の床などに用いる**束を立てない床組**（図(b)）がある。

表1 床組の分類

(a) 束立て床　　　　　　　　　(b) 梁床

図2 床組

## 2 束を立てる床組

束を立てる床組は，床束を立てて床を支える。床下には防湿と腐朽・白蟻（あり）対策が必要である。

### 1 床組の構造

図3のような束を立てる床組のおもな構成部材は，**根太**（ねだ），**大引**（おおびき），**床束**（ゆかづか）である。図4に，それぞれの部材の取付け位置を示す。

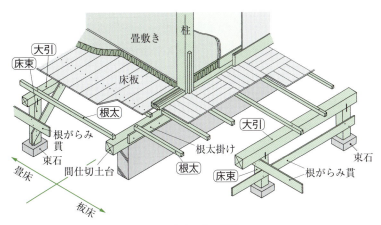

図3 束立て床の構造

第7節 床組　69

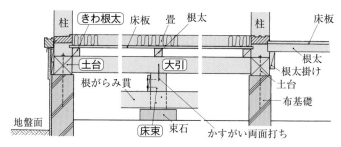

図4　束立て床の断面

(a) **根太**　根太は床材を張るための小角材で，床の荷重に応じた部材断面や間隔とする。一般的には約5cm角のものを，板床では約30cm間隔に配置することが多い。畳床では約45cm間隔にすることもある。根太は床材の繊維方向と直角に配置する。壁ぎわの根太をとくに，**きわ根太**という。

　根太の端部は，図5(a)のように土台または根太掛けに載せる。根太掛けと柱・間柱の仕口は，図(b)のように柱や間柱を欠き込み，渡りあごなどとし，釘打ちする。

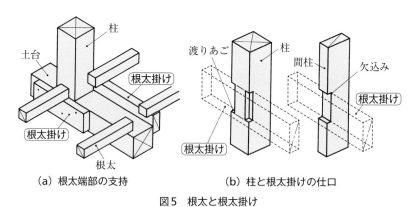

(a) 根太端部の支持　　　　(b) 柱と根太掛けの仕口

図5　根太と根太掛け

(b) **大引**　根太を支える部材で，約9cm角のものを約90cm間隔に配置する。大引の端部は，土台に固定し，中間部は床束で支える。大引と床束の仕口は図4のように両面をかすがいで緊結する。

(c) **床束**　大引を支える部材で，約9cm角のものを約90cm間隔に配置する。床束は，直下に設けられた束石を通して床の荷重を地盤に伝達する。床束の転倒やずれを防ぐために，図4のように床束の相互間に根がらみ貫を打ち付ける。

　また，図6のように土間コンクリート

図6　鋼製床束

の上に木材以外の床束を使用することが増えている。

## 2 床下の防湿と腐朽・白蟻対策

床下は地面に近いので、湿気による腐朽、白蟻の被害を受けやすい。したがって、直下の地面より床仕上げまでの高さを45cm以上[1]とし、床下換気口による通風や防腐・防蟻の薬剤を用いることなどが不可欠となる。

使用木材は、耐腐朽性・耐蟻性の高いヒノキ、ヒバなどが望ましい。また、土間全面に防湿用フイルムを敷き詰め、その上にコンクリートを打込む方法も取られる。

[1] 建築基準法施行令第22条参照。

## 3 束を立てない床組

束を立てない床組は、おもに2階以上に用いるが、梁間、支える床の荷重の大小などによって、図7のような**梁床・根太床**の区別がある。いずれも支持部材の位置・梁間・軸組などを考慮して床組を選定し、床梁をかけ渡す方向を定める。

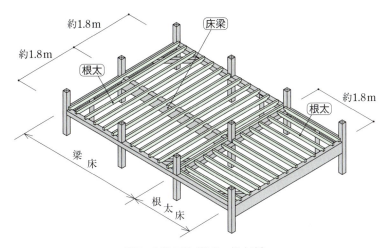

図7　2階床組（梁床・根太床）

### 1 梁床

梁床は、梁間が約2.7mから4.5mくらいまでの床組に用いるもので、**複床**（ふくしょう）ともいい、図8のように床梁・根太[2]で構成する。床梁は、図9のように柱・胴差へ取り付け、接合金物を用いてしっかりと締め付ける。床梁には、ふつう、曲げ強さが大きいマツを用い、支える根太の支持間隔が約1.8m以下になるように配置する。床梁の断面寸法は床の荷重の条件、床梁の配置状態などを考慮し、慣例によるほか、構造計算によって決めることもある。

[2] 床梁の中間部に振れ止めを取り付けることもある。

第7節　床組　71

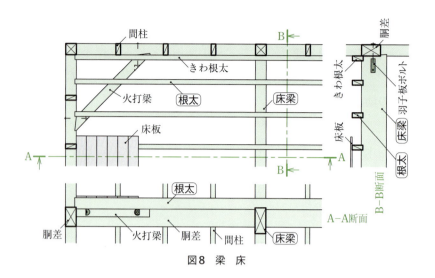

図8 梁床

　住宅など間仕切壁の配置が不規則な建築物では，下階の柱や壁の位置によって床梁の位置・方向を決める。

　根太の取付けは，図9(a)のように床梁に載せかけて渡りあごとするか，図(b)のように床梁と根太の上面をそろえて大入れとする。

　前者は，梁への欠き込みが小さく，じょうぶな床組にしたり，床面の水平を調節したりできるため，多く用いられる。

　後者は，床組の構成に必要な高さを小さくできることから，階高を低くしたり，下階の天井を高くしたりする場合に用いる。

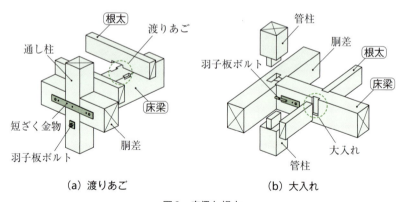

図9 床梁と根太

## 2 根太床

　根太床は，梁を用いずに根太のみで床を支える床組で，単床（たんしょう）ともいう。梁間1.8mくらいまでの床に用い，図10のように，根太を胴差・床梁などに載せかける。また，1階の廊下・縁側などにも用い，この場合，根太は，土台または根太掛けに載せかける。

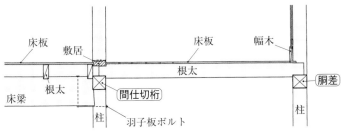

図10 根太床

**3 根太を用いない構法**

図11のように根太を設けずに床梁などを1m間隔以下の碁盤目状に取り付け、24mm以上の合板などを張った床組がある。根太を設ける床に比べて剛性が高い床になる。施工性がよく、火打梁を省くことができるなどの利点がある。

図11 根太を用いない床組

■ 節末問題 ■

**1.** 身近な建築物の床組はどのような構成か調べなさい。

## 8節 階段

階段は，上下階をつなぐ通路である。ここでは，階段の構成と形式の概要を学ぶ。

### 1 階段の構成

❶ stair

図1のように，二つの階を連絡する段形の通路を**階段**❶という。階段には平面形状により，図2のような種類がある。階段は非常時に避難用の通路となるので，複雑な平面形状にならないようにする。

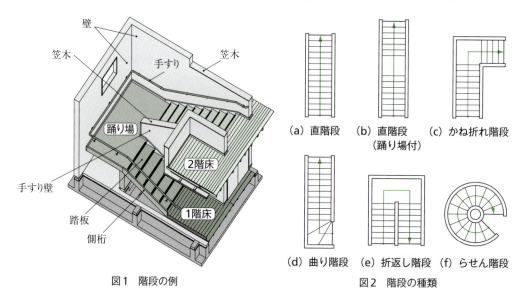

図1 階段の例

図2 階段の種類

階段は，昇降するときに生じる振動や衝撃に耐えるために，じゅうぶんな強さをもつようにする。階段の各部の名称を図3に示す。

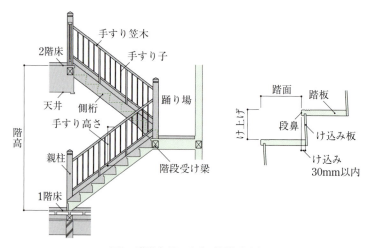

図3 階段各部の名称（側桁階段）

74　第2章　木構造

階段の勾配は，表1に示す**踏面**❶と**け上げ**❷の寸法の割合で決まるが，あまり急な勾配であると危険なため，建築物の用途や面積により踏面とけ上げの寸法に規定❸がある。しかし，あまり緩すぎると昇降しにくいので，適切な勾配になるようにする。また，昇りやすさを考えると，その寸法を途中で変更しないようにする。

図3のように，階段や踊り場には，片側または両側に**手すり**❹を設ける。手すりを片側にした場合には，手すりのない側に側壁またはこれに代わるものを設ける。手すりの上端の材を**手すり笠木**といい，**踏板**の上端からはかった高さを70cm〜90cmとする。また，手すり子の間隔は転落防止のために内法寸法❺で110mm以下とする。

表1　踏面とけ上げ（住宅用）の寸法

|  | 建築基準法<br>（令23条） | 望ましい<br>数値 |
|---|---|---|
| 踏面寸法 | 15cm以上 | 26cm〜30cm |
| け上げ寸法 | 23cm以下 | 15cm〜19cm |

❶ tread
❷ rise
❸ 建築基準法施行令第23条参照。
❹ handrail：建築基準法施行令第25条参照。
❺ 対面する部材の表面間の距離。

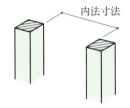

## 2　階段の形式

階段の形式には，**側桁階段**，**ささら桁階段**などがあり，一般に側桁階段が用いられる。

**(a) 側桁階段**　側桁を上下の階にかけ渡して接合金物で緊結し，図4(a)のように，踏板と**け込み板**を大入れに差し込み，組み固める。

**(b) ささら桁階段**　段形に加工したささら桁を上下の階にかけ渡し，図(b)のようにささら桁の上に踏板を載せる。踏板は，ささら桁より外側に延ばすことが多い。け込み板は，つける場合と，つけない場合がある。

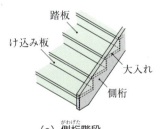

(a) 側桁階段　　(b) ささら桁階段（け込み板をつけない場合）

図4　階段の形式

### 節末問題

1. 身近にある建築物の階段の踏面・け上げの寸法を調べなさい。
2. 側桁階段とささら桁階段の構造上の違いを調べなさい。

# 9節 外部仕上げ

外部仕上げは，建築物の形態とあいまって外観を決定する。ここでは，建築物の性能を高めるために，目的に応じた仕上材を合理的に用いる方法について学ぶ。

## 1 外部に適した仕上げ

屋根や外壁などの仕上げを**外部仕上げ**という。これらは，雨・風を防ぎ，暑さ・寒さをしのぎ，音をさえぎるだけでなく，火災のさいは延焼を防ぐ役割を果たす。

外部仕上材には，これらに耐える性能が必要である。具体的には，耐火性・耐水性・耐久性があり，軽くて，熱伝導率が小さいことなどの性能が求められる。また，人体の健康や環境に対して悪影響を与えないことも重要である。

仕上材の選択は，材料の性質や経済性を考慮しながら，次の点を確認する。

① 建築物の各部に要求される性能に適合すること。
② 建築物の躯体によく密着し，はがれ落ちないこと。
③ 意匠について，全体としてつり合いがとれること。

## 2 屋根

住宅の屋根には，切妻屋根・寄棟屋根などが用いられる。

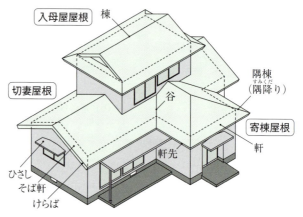

図1　屋根の各部の名称

## 1 屋根の各部

屋根は，ふつう，図1のように外壁面を保護し，雨除け・日除けなどのために，外壁面より突き出す。雨水の流れる方向に突き出した部分を**軒**，切妻屋根では，その直角方向の部分を**そば軒**という。

軒先の詳細例を図2に示す。

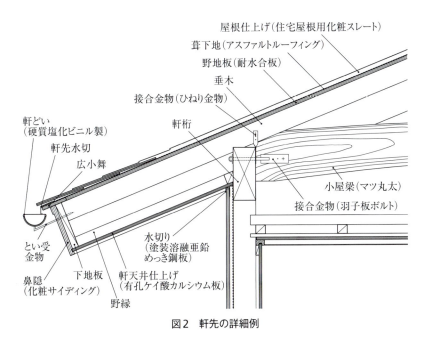

図2　軒先の詳細例

軒先には雨水がかかりやすく，垂木・母屋などの木口は吸水性がよいので腐朽しやすい。これらをおおい，垂木・母屋相互の連結や化粧を兼ねて，図3(a)のように，垂木の端には**鼻隠**[1]を取り付ける。母屋の端には**破風板**[2]を取り付け，軒天井を張ることが多い。また，軒天井を張らない場合には，垂木・野地板などに化粧材を用い，軒桁上端には**面戸板**を取り付け，天井裏に虫やほこりなどがはいるのを防ぐ。

[1] fascia board
[2] bargeboard

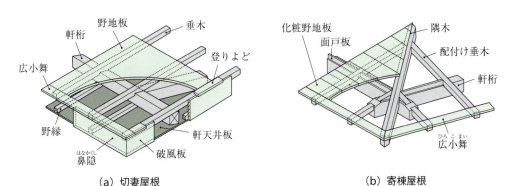

(a) 切妻屋根　　(b) 寄棟屋根

図3　軒先回りの構造

第9節　外部仕上げ

屋根の下地には，垂木の上に野地板を張るが，軒先には化粧と見切りを兼ねて，広小舞を，そば軒の端（けらば）には登りよどをつける。

## 2 屋根葺材料

屋根葺材料の選定にさいしては，次の①〜③を確認する。

① 耐水性にすぐれていること。
② 耐火性にすぐれていること。
③ 耐候性にすぐれていること。

このほか，外観上，その建築物に調和することや，軽量で地震力や風圧力などではがれにくいこと，温度や湿度変化による伸縮が小さいことも選定のさいに確認する。

一般には，**瓦葺**❶・**金属板葺**❷などを用いることが多い。

屋根葺材料の最低勾配を次に示す。

瓦葺：$\dfrac{4}{10}$　　住宅屋根用化粧スレート葺：$\dfrac{3}{10}$

金属板平板葺：$\dfrac{2.5}{10}$　　金属板瓦棒葺：$\dfrac{2}{10}$

❶ clay tile roofing
❷ metal sheet roofing

## 3 葺下地

すべての屋根仕上材の下には，仕上材の継目からの浸水による雨漏りや，金属板の結露で野地板が腐るのを防ぐために葺下地を張る。

葺下地には，野地板の上に図4のような**アスファルトルーフィング**❸や合成高分子ルーフィングなどを葺く。

また，金属板葺には発泡プラスチックなどの断熱材を敷き込んで，断熱や吸音の効果を上げるようにする。

❸ JIS A 6005 : 2014 参照。

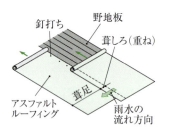

図4　アスファルトルーフィング葺

## 4 瓦 葺

瓦葺は，昔から広く用いられている屋根仕上げで，耐火性・耐久性にすぐれ，施工および修理が簡単にでき，美観もよい。しかし，屋根が重くなり，また，瓦は個々に振り落とされやすいので，地震・強風に対する注意が必要である。

**(a) 瓦の種類**　　瓦には，粘土を原料にした**粘土瓦**❹のほかに，セメントを主原料にした**プレスセメント瓦**❺などがある。また，その取付け位置や形状により，**平瓦**❻と**役瓦**❼がある。

❹ JIS A5208 : 1996 参照。
❺ JIS A5402 : 2002 参照。
❻ 平瓦は，軒・棟以外のほぼ全面に葺かれる瓦で，引掛桟瓦を用いることが多い。
❼ 役瓦は，棟・軒先・けらばなどに葺かれる平瓦以外の瓦。

**• 粘土瓦**　一般的な粘土瓦には，図5や図6のような**J形瓦**[1]と，図7のような**S形瓦**[2]，図8のような**F形瓦**[3]などがある。

粘土瓦は，耐火粘土や有機物を含まない良質の粘土を使用する。焼成温度1000℃～1300℃で焼成したものは，吸水性がきわめて小さく，硬質瓦という。また，一般に用いられているゆう薬瓦は，素地表面にゆう薬[4]を塗って焼き上げたものである。

のし瓦
がんぶり瓦
鬼瓦
引掛桟瓦
（裏面）
ともえ瓦
雪止め瓦
けらば桟瓦
または
桟唐草瓦
一文字瓦
けらば唐草瓦

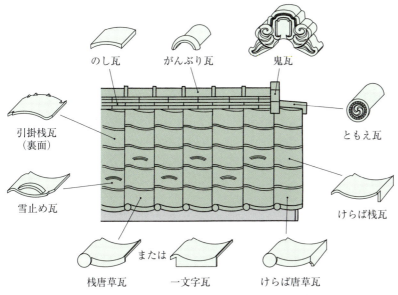

図5　切妻屋根に使用するおもな粘土瓦（J形瓦）

(a) 隅唐草瓦
(b) 三つ叉瓦

図6　寄棟屋根用のおもな粘土瓦（J形瓦）の例

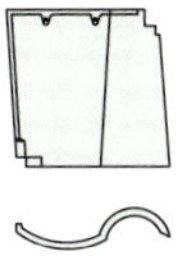

図7　粘土瓦（S形瓦）の例

(a) Uタイプ
(b) Fタイプ
(c) Mタイプ

図8　粘土瓦（F形瓦）の例

**• プレスセメント瓦**　プレスセメント瓦は，セメントと細骨材（砂）を原料とするモルタルを型枠に入れ，加圧成形したもので，粘土瓦とほぼ同等の性能をもつ。形状は，図9のような瓦が一般に使われる。

(a) 平形桟瓦
(b) 平S桟瓦
(c) 和形桟瓦
(d) S形桟瓦
(e) 波形桟瓦

図9　プレスセメント瓦の例

[1] 伝統的な日本瓦（和瓦）の形状で，役瓦の種類が豊富。

[2] スパニッシュ瓦に由来したS型の瓦。

[3] 平面のフラットに由来し，横断面形状からUタイプ，Fタイプ，Mタイプのものがある。

[4] ケイ酸塩混合物の一種で，硬質のガラス膜をつくる融点の低いガラス質材料。

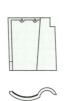

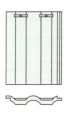

表面仕上げは，アクリル樹脂系やフッ素樹脂系の塗料などで塗装したものと，無塗装品とがある。

(b) 日本瓦葺　日本瓦葺には，一般に引掛桟瓦(ひっかけさんがわら)が用いられる。

葺き方は，図10(a)のように，葺下地をしてから，軒先に瓦座(かわらざ)を設け，葺足(ふきあし)❶に合うように瓦桟(かわらざん)❷を取り付ける。

棟の構成を図(b)に示す。引掛桟瓦とのし瓦のすき間には，しっくいを塗り込むなどして雨水の浸入を防ぐ。

❶　屋根葺材料の流れ方向に露出している部分の長さ。
❷　幅30mm×高さ15mm以上の腐食しにくい木材を使用する。

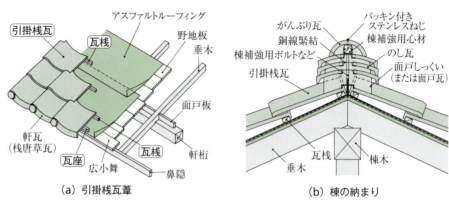

図10　瓦　葺

瓦は，原則としてすべて釘❸またはねじで下地に緊結する❹。また，風の強い区域では，隣接する瓦をフックなどで組み合わせる。

| 問 1 | 身近な住宅の屋根に使用されている瓦の種類を調べなさい。 |

## 5　金属板葺

金属板葺は，屋根を軽く，葺き方により緩勾配にすることができる。また，複雑な箇所も自由に施工できる利点がある。しかし，熱伝導率❻が高く，温度変化による伸縮が大きいなどの欠点がある。

(a) 材料　使用される金属板には，溶融亜鉛めっき鋼板(ようゆう)❻（トタン板）・銅板・塗装ステンレス鋼板❼などがある。一般に，塗装溶融亜鉛めっき鋼板❽が最も多く用いられている。

• 塗装溶融亜鉛めっき鋼板　原板に高耐食性の鋼板を使用しており，平板を用いて平板葺(ひらいた)・瓦棒葺(かわらぼう)に，波形板を用いて波形板葺とする。厚さは，0.35mm以上のものを用いる。

• 銅板　耐久性が大きく加工も容易である。年月が経つと緑青(ろくしょう)❾による特徴的な色彩変化を示す。しかし，塗装溶融亜鉛めっき鋼板と接触すると，電気分解により塗装溶融亜鉛めっき鋼板を腐食させる。一

❸　容易に抜け出ないように加工された釘にかぎる。
❹　軒先やけらばは3本以上の釘またはビスで緊結し，棟の瓦は図10(b)のように，心材にねじで緊結する。建設省告示第109号参照。
❺　→p.88

❻　JIS G 3302：2022 参照。
❼　JIS G 3320：2016 参照。
❽　JIS G 3312：2019 参照。

❾　銅表面に形成された緑色のさび。保護被膜となり耐久性を高める。

80　第2章　木構造

般に平板葺とし，屋根全面に葺くほか，瓦葺と併用し，軒とそば軒だけを葺くこともある。厚さは，0.3mm以上のものを用いる。

• **塗装ステンレス鋼板**　さびにくく，たとえ塗膜が劣化してもステンレス鋼板だけでも使用に耐えられる利点などから用いられる。厚さは，0.3mm以上のものを用いる。

(b) **構成**　金属板を葺く場合には，次のことを確認する。

① 葺板の継目は，温度変化による伸縮を自由にするため，図11(a)のように**こはぜ掛け**とし，はんだづけなどはしない。

② こはぜ掛けは，雨水の毛管現象❶を防ぐため，はぜの折返し寸法と角度が適切か確認する。

③ 葺板の止付けは，図(b)のように**吊子**を用い，葺板に直接，釘打ちなどはしない。

❶ 表面張力の影響で周囲の液面より上昇または下降する現象。

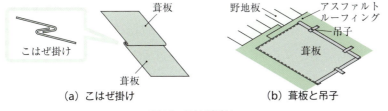

図11　こはぜ掛け

• **平板葺**　平板葺は，ふつう，**一文字葺**が多く用いられる。規格寸法の大きな平板を切り，四方の継目をこはぜ掛けとし，約30cm間隔に配置した吊子で野地板に止めて葺き上げる。

• **瓦棒葺**　瓦棒葺は，図12(a)のように，葺下地の上に約4cm角の心木を垂木位置に取り付ける。心木の間に平板を葺き，心木のところで立ち上げ（この部分を瓦棒という），上ぶた板をかぶせる。また，防火性を高めるために，心木を用いない方法も多用される（図(c)）。

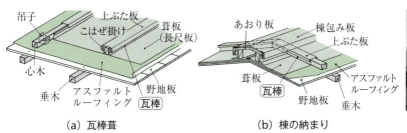

図12　金属板瓦棒葺

雨仕舞は平板葺に比べてひじょうによい。さらに，長尺板を使うと緩勾配の屋根にも適する。しかし，風圧力により浮き上がるおそれが

あり，その取付けにはじゅうぶんに注意する。棟部分は，あおり板を図(b)のように取り付け，その上に棟包み板をかぶせる。

### 6 住宅屋根用化粧スレート葺

図13のような住宅屋根用化粧スレート葺[1]は，瓦葺よりは軽量で，施工性がよく，熱伝導率は金属板より低い。

[1] JIS A5423：2013 参照。

**(a) 材料** 住宅屋根用化粧スレートは，セメントとガラス繊維などを混合して圧縮成形したもので，温度変化による伸縮も小さい。厚さ4mm～9mmで，薄く軽量で，強度も高いが，耐久性は粘土瓦より劣る。

図13 住宅屋根用化粧スレート葺

**(b) 構成** 住宅屋根用化粧スレート葺の各部を図14に示す。広小舞には軒先水切を，登りよどにはけらば水切を取り付ける。軒先板を取り付けてから，葺板をおよそ半分程度，重ねて葺き上げる。棟部分の納まりは，図(f)のように，金属板葺と同じにする。

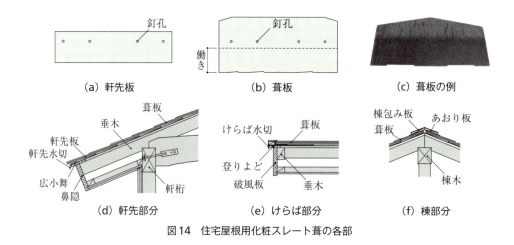

図14 住宅屋根用化粧スレート葺の各部

**問2** 身近な住宅で，最も多く用いられている屋根葺材料は何かを調べなさい。

## 3 軒天井

軒の下面を**軒裏**（のきうら）といい，この部分には装飾や防火のため**軒天井**をつけることが多い。軒天井は，図15のように，軒桁・母屋などを包んで仕上げる。

軒は，火災の場合には最も引火しやすい箇所なので，家が建て込ん

で延焼のおそれのある場所では，火熱に耐えられるように**防火構造**[1]で仕上げる。また，この場合，鼻隠・破風板なども同様に行う。軒天井は，繊維強化セメント板やモルタル塗などで仕上げる。

和風住宅の軒裏は，化粧軒天井とすることが多い。また，縁側の場合は，図16のように，軒天井と縁側の天井を連続させ，一体的に仕上げることも多い。

[1] 建築基準法第2条第8号参照。

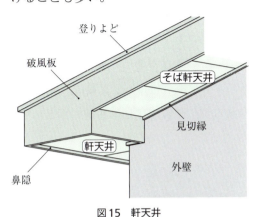

図15 軒天井　　　　図16 化粧軒天井

## 4　ひさし（庇）

雨除け・日除けのため，出入口・窓などの上部に**ひさし**[2]を設ける。

[2] eaves

**(a) ろくびさし**　図17(a)のように，持出し板を柱・間柱の側面に釘打ちして骨組とし，野地板・鼻隠・軒天井を取り付けた洋風のひさしのことである。

**(b) 腕木ひさし**　図(b)のように，柱にほぞさしした腕木に，出し桁・垂木を取り付け，これに化粧板を張った和風のひさしを腕木ひさしという。

屋根の仕上面には金属板などの軽い材料を用い，壁面まで立ち上げ

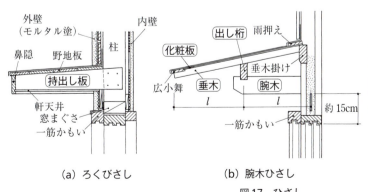

(a) ろくびさし　　(b) 腕木ひさし　　(c) アルミニウム合金製一体型ひさし

図17　ひさし

第9節　外部仕上げ　**83**

て雨仕舞をよくする。

　こんにちでは，図(c)のようなアルミニウム合金製などのものがあり，外壁の施工後に取り付けるものも用いられている。

問 3　住宅のひさしの材料について調べなさい。

## 5　とい（樋）

❶ gutter

❷ JIS A 5706 : 2016 参照。

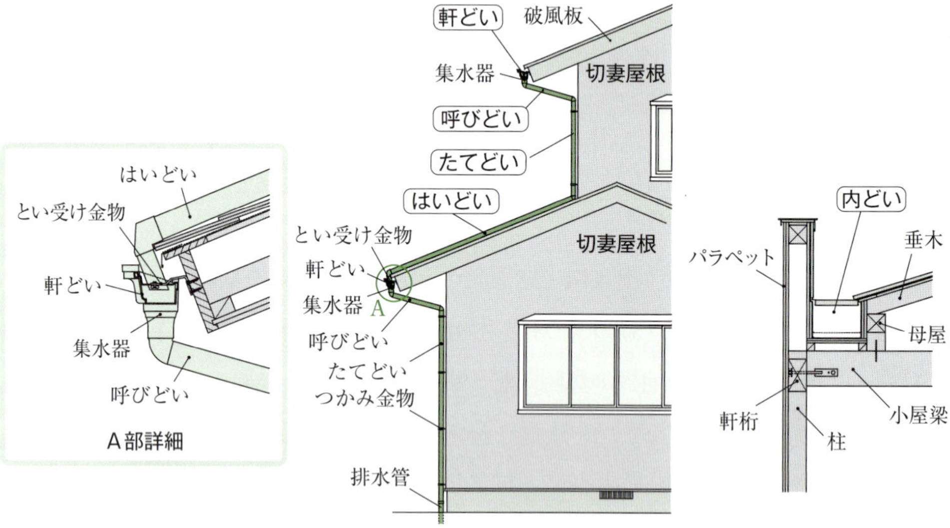

　とい❶は，屋根面から雨水を下水溝，下水管に導くためのもので，軒どい・呼びどい・たてどい・はいどいなどがある。屋根面積により，といの径や数量を決め，図18のように取り付ける。材質は，溶融亜鉛めっき鋼板・銅板製のものもあるが，硬質塩化ビニル製の雨どい❷を用いることが多い。

図18　といの種類
(a) 各部のとい
(b) 内どいの例

**(a) 軒どい**　軒どいには，一般に用いられる**外どい**と，パラペットなどの内側に設けられる**内どい**とがある。いずれも，たてどい方向に雨水が流れるように $\frac{1}{200}$ 以上の勾配をつける。

　外どいの寸法は，ふつう，径9cm～12cmの半円形または6cm×9cm程度の角形のものを用い，約45cm～90cm間隔にとい受金物で鼻隠または垂木に取り付ける。

　内どいは箱どいとし，雨水があふれたときに漏水しやすいので，箱どいの立上り部分を屋根葺材の下に深く差し込んで雨仕舞をよくする。また，温度変化による伸縮ができるように吊子で止める。

(b) **呼びどい** 軒どいとたてどいを連絡するもので，丸形または角形のものを用いる。また，軒どいと呼びどいの接合部には集水器❶が取り付けられる。

(c) **たてどい** 円形または角形のものを，約1m間隔につかみ金物❷で支える。下部は排水管に連絡して，下水管または下水溝へ排水する。なお，上階と下階のたてどいを連絡するために屋根面に取り付けるといを**はいどい**という。

また，屋根面積とたてどい管径の大きさの関係を表1に示す。

表1　屋根面積とたてどい管径（雨量100 mm/h）

| 管径［mm］ | 許容最大屋根面積*［m²］ |
|---|---|
| 50 | 67 |
| 65 | 135 |
| 75 | 197 |

＊許容最大屋根面積は雨量100 mm/h を基準とする。これ以外の雨量に対しては表の数値に（100 mm／当該地域の最大雨量）を乗じて許容最大屋根面積を算出する。
（空気調和・衛生工学会編「空気調和・衛生工学便覧」12版4巻より）

問4　身近な建築物に，どのような種類のといが使用されているか調べなさい。

## 6　外　壁

外壁❸は，建築物の外観を決定するものであるから，美観を備えていることはもちろん，防水性・防火性とともに風圧力や衝撃に耐えるじゅうぶんな強さをもつ必要がある。また，外部からの音を遮断するための配慮もたいせつである。

外壁は，軒の出によっては，雨水がかかったり，地面からのはね返りで汚れやすいので，耐水性のある材料や汚れにくい材料で仕上げる。一般的な外壁には，**張り壁**（サイディング張り）や，図21のような**塗**

❶ じょうごともいう。呼びといと一体のものをその形状からあんこうともいう。

図19　あんこう

❷ でんでんともいう。

図20　つかみ金物

❸ exterior wall

図21　外壁仕上げの例

壁（モルタル塗）などが用いられる。

## 1 張り壁

張り壁には，サイディング壁や板壁などがある。

**(a) サイディング壁**　サイディングには，窯業系サイディング[1]や鋼板の裏にせっこうボード類を張ったもの，また，表面処理がされているものや張付け後に塗装するものなど，いろいろなものがある。

サイディングは，雨仕舞の面や壁体内結露が少なくなる外壁通気工法[2]とするため縦胴縁を用いる横張りのものが多く，板幅は 30 cm～45 cm 程度，板厚さは 1.4 cm～1.8 cm のものが多い。

サイディング張りは，土台下部に雨押えを取り付け，壁下地の上に透湿防水シート[3]やアスファルトフェルトなどを張った上に，図22(a)のように胴縁を打ち付けて張り上げる。止付けは，図(b)のような金物を用いることが多く，出隅は役物[4]を用いる。

[1] JIS A 5422 : 2019 参照。

[2] 外壁内部の上下方向に空気が通る通気層を設け，通気層の室内側には透湿防水シートを張る。

[3] JIS A 6111 : 2016 参照。
[4] 特定の位置に使用する一般物とは異なる形状のもの。

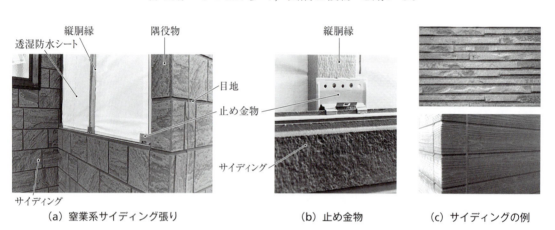

(a) 窯業系サイディング張り　　(b) 止め金物　　(c) サイディングの例

図22　サイディング張りの例

**(b) 板壁**　板壁は，防火性の面から延焼のおそれのないところに用いられる。耐久性を考慮して，防腐剤や塗料を塗布するが，合板の上に特殊塗装をした化粧板なども用いられる。板を横に張るものを**下見板張り**といい，縦に張るものを**羽目板張り**という。また，図23のように板幅20 cm 程度，厚さ1.5 cm 以上の板の両そばをそれぞれ相じゃくりとし，へこみ部分の**目地**[5]が化粧となるように，下から柱・間柱などに取り付けたものを**箱目地下見板張り**という。

継手は，柱・間柱の位置で相欠き継ぎまたは突付け継ぎとし，継手の位置が一直線状にそろわないようにずらして張る。出隅は図23のように大留めにして張ることが多い。

[5] joint：継目のこと。同一部材につけられた溝状のへこみ部分のこともいう。

86　第2章　木構造

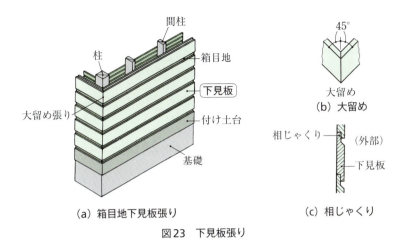

図23 下見板張り

**(c) その他の張り壁** 板張りと同様に、胴縁を下地として仕上げるものに、各種の**金属板張り**がある。いずれも、胴縁を仕上材に合わせて柱・間柱に取り付け、その上に張り上げる。

金属板は耐水性がよく、不燃材料で施工も容易であるため、工場・倉庫などのほか、防火性を要求される住宅などにも広く用いられている。裏面に断熱材などを張り合わせたものも多い。

このほか、**乾式タイル張り工法**[1]などもある。これは、モルタルを用いずに張るので、モルタルの硬化を待たずに施工でき、工期を短くできるため、タイル張りの外壁に広く用いられている。張り方は、図24のように、引っ掛けるための突起がついたベースサイディングを下張りし、そこにタイルを引っ掛けながら接着剤で張り上げる。目地処理を行うこともある。

[1] 水を用いた乾燥硬化する接着等の機構を使用せず、ボード状の壁材などをねじや釘などの金物類等で取り付ける工法を乾式工法という。

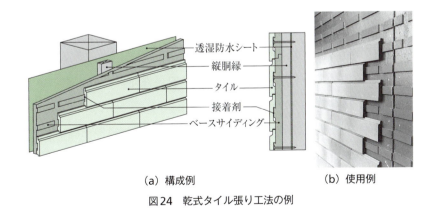

図24 乾式タイル張り工法の例

**問 5** 身近な住宅で、最も多く用いられている外壁材は何かを調べ、その理由を考えなさい。

## 2 塗壁

塗壁には，モルタル塗や人造石塗などがある。塗壁の仕上面にひび割れが生じると，雨水が浸入し内部の骨組や下地材が腐りやすくなる。それを防止するために，骨組・下地材は堅固に組み，地面から1m以内の範囲に防腐剤を塗る。

モルタル塗は，防火性能が要求される外壁に用いられる。図25のように下地板を柱・間柱に釘打ちし，その上にアスファルトフェルト❶と**メタルラス**❷を張って下地とする。それに，下塗・中塗・上塗の順にモルタルを塗って仕上げる。また，シージングボードなどを下地板とすることもある。

仕上げは，表面に塗料を吹き付けたり，図26のようにタイルを張るなどする。

❶ JIS A 6005：2014 参照。
❷ JIS A 5505：2020 参照。

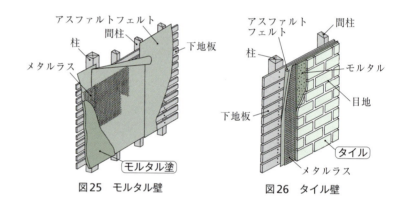

図25 モルタル壁　　図26 タイル壁

## 7 断熱

屋外と屋内の熱の移動を少なくするために，外気に接する屋根や外周壁などに断熱を施す。断熱性能がよい建築物の室内は，外気温が変動しても室温の変化は少ない。居住者の快適性が保たれ，省エネルギー性能が向上し室内の結露も防止できる。

**(a) 断熱材**　表2に断熱材と性能の例を示す。性能は熱伝導率❸で表され，値が低いほど熱を伝えにくい。また，同じ断熱材では厚いほど部位の断熱性能はよくなる。

**(b) 各部の断熱**　屋根や外周壁・床・土間には図27のように断熱材を設ける。

❸ 物質の熱伝導特性を表す比例定数。単位は［W/(m·K)］である。

表2 断熱材と性能の例

| 材料名 | | | 熱伝導率[W/(m・K)] | 備考 |
|---|---|---|---|---|
| 人造鉱物繊維断熱材 | グラスウール | 通常品 | 0.033～0.045 以下 | ガラス原料やガラス，高炉スラグや鉱物を溶融し，繊維化したものを成形した製品。外被材で覆ったものもある。 |
| | | 高性能品 | 0.031～0.047 以下 | |
| | ロックウール | | 0.034～0.045 以下 | |
| 発泡プラスチック断熱材 | 押出法ポリスチレンフォーム | | 0.022～0.040 以下 | 石油化学製品と発泡剤を主原料とした製品。板状に成形したものや現場で吹き付けるものなどがある。 |
| | フェノールフォーム | | 0.018～0.036 以下 | |
| | 硬質ウレタンフォーム | | 0.019～0.029 以下 | |
| | 吹付け硬質ウレタンフォーム | | 0.026～0.040 以下 | |
| 有機繊維断熱材 | インシュレーションファイバー（ファイバーマット） | | 0.040 以下 | 木材や新聞紙など植物繊維を主原料とした製品。資源の再利用を図った製品も多い。 |
| | 吹込み用セルローズファイバー | | 0.038～0.040 以下 | |
| （参考） | 木材（スギ・ヒノキ） | | 0.12 | — |
| | コンクリート | | 1.6 | |

(JIS A 9511:2017，A 9521:2017，A 9523:2016，A 9526:2015 参照)

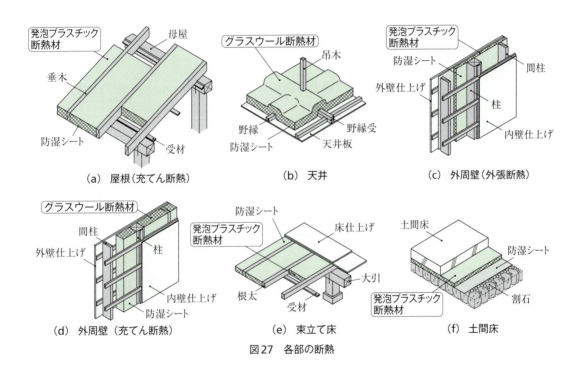

図27 各部の断熱

## 8 開口部

建築物の壁・屋根・床に設けられる出入口や窓を**開口部**という。

### 1 開口部のあらまし

開口部は，**建具**❶と枠により構成される。
これらには，木製や金属製，樹脂製などがある。

❶ fittings

❶ double sliding
❷ single swinging
❸ 空気の流通をさまたげる性能。

**(a) 建具の開閉方式**　建具の開閉方式は，表3のように，回転させる**開き**や滑らせる**引き**などがある。住宅では，**引違い**❶と**片開き**❷が多く用いられているが，気密性❸は引きより開きのほうがよい。なお，建具を開閉しないで枠に固定した方式を**はめ殺し**という。

　扉は，室内に開く場合を**内開き**といい，室外に開く場合を**外開き**という。なお，両開き方式で，左右の扉の幅に大小のあるものを**親子扉**といい，平常は大きいほうを使用する。

表3　建具の開閉方式

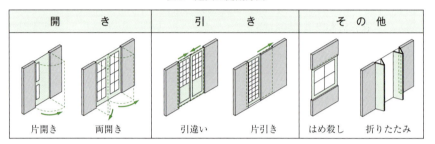

**(b) 開口部の大きさ**　開口部の形状や大きさは，開口部を設ける目的や室内外の美観上の調和などを考えて決める。一般的な大きさを，表4，図28に示す。

表4　開口部の大きさ　　　　　　　　　　　　　　[cm]

| 方式 | | 寸法 | 備考 |
|---|---|---|---|
| 高さ | 出入口 | 180〜220 | 住宅では，開口部上枠の高さを床から200前後にそろえることが多い。 |
| | 窓 | 30〜135 | |
| 幅 | 片開き・片引き | 60〜100 | 用途により100〜130くらいにすることもある。 |
| | 両開き | 90〜180 | 工場などでは180以上とすることもある。 |
| | 引違い | 90〜360 | 建具1枚の幅は90〜100程度とすることが多い。 |

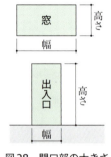

図28　開口部の大きさ

## 2　外周壁開口部

外周壁の開口部には，雨仕舞・気密性・耐久性のほか，防火性，断熱性，防犯上の安全性などが要求される。

　金属製の枠と建具は，木製のものよりすぐれているところが多いので，外周壁開口部に多く用いられる。しかし，金属製のものは断熱性が劣るため，寒冷期には結露❹が生じやすい欠点がある。

　取付けにあたっては，図29のように開

❹　室内側の湿った空気が金属製の建具などに触れ，冷えて水滴ができる現象。

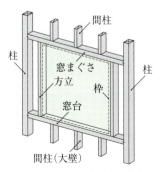

図29　窓台・窓まぐさ・方立

口部の上下方向の位置を調整して固定するための骨組として，窓台や窓まぐさを設ける。また，横方向の位置の調整に方立を設けることもある。

(a) **金属製建具**　金属製建具には，アルミニウム合金製，鋼製，ステンレス鋼製などがある。

アルミニウム合金❶製建具は，住宅用として多く用いられている。軽量でさびにくく気密性は高いが，比較的，強度が低い。また，アルミニウム面に異種金属の接触による電食❷が生じないように異種金属との直接接触を避ける。アルミニウム合金製建具とほぼ同じ断面をした樹脂製建具があり，断熱性がよいので寒冷地で多く用いられている。

また，屋外側にアルミニウム合金，屋内側に樹脂などを使用した複合材料製も用いられる。**鋼製建具・ステンレス鋼製建具**は，強度が高いので大きな開口部を構成することができ防火性能にもすぐれているが，比較的，重く，気密性はやや低い。

アルミニウム合金製枠の納まりには，表5のような形式がある。開き戸は，雨仕舞の点から外開きとすることが多い。

(b) **木製建具**　木製建具は，断熱性にすぐれ質感がよいことから用いられることがあるが，耐久性に劣るので日常の点検や保守を多くする必要がある。木製建具には既製品もあるが，開口部の形状に合わせ

❶ アルミニウム合金は，展延性・引抜き加工性に富むため，気密性を高める断面形状にしやすい。

❷ 異種金属間に水分があるとき，電気分解によって化学変化を起こし，電位の低い金属が腐食される現象。たとえば，アルミニウム合金と鋼では，アルミニウム合金が腐食される。

表5　アルミニウム合金製枠の納まり

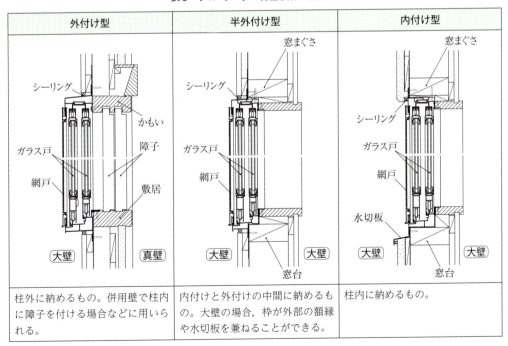

第9節　外部仕上げ

て製作することもある。この場合，枠や建具のすき間から雨水が室内に浸入しないように，図30のような納まりにする。これには，次に示す部材や加工部分を用い，外壁と枠などが接する部分はシーリング[1]などで防水処理を行う。

[1] ➡p.179

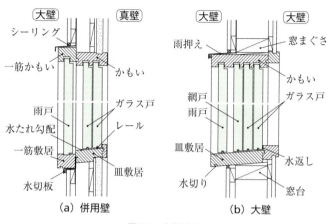

図30　木製建具

・**皿敷居**　敷居上面の雨水の排水をよくするために，建具用の溝を設けず勾配（**水たれ勾配**）をつけ，レールを取り付けた敷居を**皿敷居**という。なお，室内への雨水の浸入を防ぐため，敷居などにつけた段差を**水返し**[2]という。

[2] back board
[3] flashing
[4] drip cap

・**水切板**　枠などに伝わった雨水が壁の内部に浸入しないように設ける金属製の板を**水切板**という。上枠に用いたものを**雨押え**[4]という。

・**水切り**　皿敷居などの下端に雨水が壁面に伝わるのを防ぐためにつけた小溝を水切りという。

[5] bay window

**(c) 出窓**　外周壁より外に張り出して設けた図31のような窓を**出窓**[5]という。住宅の出窓には，アルミニウム合金製と木製がある。

アルミニウム合金製は，枠と建具が工場で一体につくられ，取付けが簡単であり，種類が多く，気密性・耐水性・雨仕舞もよいので多く用いられている。

木製は，現場でつくられることが多く，張出しが小さければ厚板で枠をつくり柱に取り付け，大きい場合は，図32(b)のように柱立形式にして，受木・さし梁で堅固に組み固める。また，方づえなどで下がらないように補強することもある。気密性・耐水性・雨仕舞ではアルミニウム合金製に劣る。

図31 出窓の例

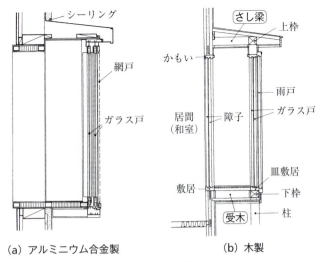

(a) アルミニウム合金製　　(b) 木製

図32　出　窓

(d) 雨戸・戸袋❶　　雨戸は，遮光・保温・防犯，建具ガラスの保護などの面で効果があり，アルミニウム合金製と木製とがある。また，雨戸の代わりに図33のようなシャッター雨戸を用いる場合もある。

戸袋は，雨戸・ガラス戸などを収納するために設けられる。雨戸用の場合は，外壁に張り出して設け，戸袋の形式とするほか，全面をおおわず枠だけとする場合もある。

戸袋は，アルミニウム合金製や木製のものがあるが，雨仕舞などの面から図34のようなガラス戸・網戸・雨戸の枠と戸袋が一体になっているアルミニウム合金製を用いることが多い。

図35のように妻板などから組み立てられた戸袋を**妻板戸袋**という。正面には下見板などを張ることが多く，雨戸の繰出し❷には，妻板の中間部を切り欠くほか，戸袋の内壁に繰出し窓をつける場合もある。雨戸8枚程度までは，妻板戸袋とすることがある。

図33　シャッター雨戸

❶ door storage case

❷ 一枚ずつ順々に引き出すこと。

第9節　外部仕上げ　　93

図34 アルミニウム合金製戸袋

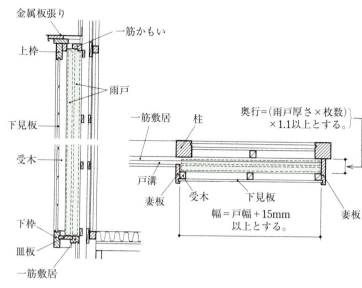

（a）断面図（鉛直面）　　　（b）断面図（水平面）

図35 妻板戸袋

## 3 ガラス

ガラス製品は，その形状から板状ガラス・成形品ガラス・ガラス繊維などに大別される。選定にあたっては断熱性・防火性・防犯性などを考慮する。木構造にかぎらず，開口部の建具に使用されるのは，図36，表6に示す板状のガラスである。

❶ 溶解したガラスをすずなどの溶融金属の上に流し，ガラスの自重と表面張力によって平行面を保つように製造された透明な板ガラス。

表6 おもな板ガラス

| 種　類 | 特　徴 |
|---|---|
| フロート板ガラス・磨き板ガラス（JIS R 3202 : 2011） | フロート板ガラス❶は表面が製造時のままのもので，磨きガラスは両面を磨いた高級品である。可視光線をよく透過し，紫外線領域を強く吸収する。採光透視用の窓・扉などに広く使用されている。 |
| 網入板ガラス（JIS R 3204 : 2014） | 板ガラスの中に格子などの金網をはさみ込んだもの。防火・盗難防止用に使用される。 |
| 型板ガラス（JIS R 3203 : 2009） | 板ガラスの片面に型模様のあるもので，光線は通すが，視線をさえぎる。型模様のある面を室内側に使用する。 |
| 複層ガラス（JIS R 3209 : 2018） | 2枚の板ガラスを用いて中空層をつくったもので，断熱・遮音，結露の防止に役立つ。工場生産されるので現場加工はできない。 |
| 強化ガラス（JIS R 3206 : 2014） | 普通の板ガラスの3〜5倍の強度があり，破損しても粒状で鋭い破片とならず，安全である。高層建築物の窓や浴室などに使用されている。 |
| 合わせガラス（JIS R 3205 : 2005） | 2枚以上のガラスで合成樹脂膜をはさんで全面接着したもので，防犯や防音対策に使用される。破損しても破片の大部分が飛び散らない。 |

（a）網入板ガラス

（b）複層ガラス

図36 板ガラスの例

## 4 建具金物

開口部には，建具の支持，開閉，戸締まり用として，図37のような**建具金物**を用いる。

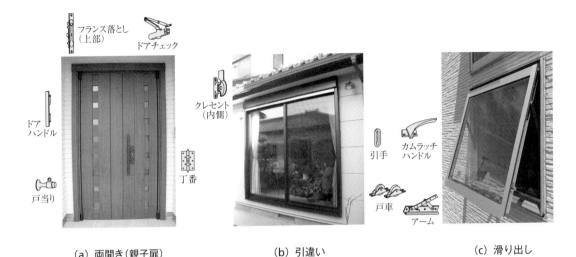

図37　建具金物の例

建具が機能をじゅうぶんに発揮するには，使用される建具金物が用途に適したものでなければならない。建具金物の選定にあたって，おもな確認事項を次に示す。

① 建具の重さと戸締まりの具合
② 使用の度合い
③ 取り付けられる部屋の用途

### 節末問題

**1.** 次の外部仕上げに関する記述で，正しいものには○印，誤っているものには×印を，[　]内に記入しなさい。

[　] (1) 瓦葺の場合，瓦が落ちないように吊子でしっかりと止める。
[　] (2) サイディング張りは施工が簡単で，工期も短い。
[　] (3) 外壁材は，軒が出ていれば耐水性は劣っていてもよい。

**2.** 次の開口部に関する記述で，正しいものには○印，誤っているものには×印を[　]内に記入しなさい。

[　] (1) 外周壁開口部に開き戸を用いる場合は外開きがよい。
[　] (2) 障子をつける外周壁開口部には，アルミニウム合金製建具の内付け型が多く用いられる。

Chapter 2

# 10節 内部仕上げ

人間の生活の場となる室内は，どのように構成され，どのような性能が要求されているのか。ここでは，安全で快適な室内環境とするための仕上げや納まりについて学ぶ。

## 1 内部に適した仕上げ

建築物の内部は床・内壁・天井などによって構成されており，これらの仕上げを**内部仕上げ**という。日常生活を快適に過ごすために，内部仕上げには安全性・居住性・耐久性などが求められる。

室内の仕上げは，各室の使用目的などにより異なる。とくに，美観・断熱・防音・防火・室内空気汚染の低減などについては，構造や形態，仕上材❶の諸性質をじゅうぶんに検討する必要がある。

図1は，和風仕上げの室内の例である。

❶ JISやJASの規格では，ホルムアルデヒドの発散速度により建築材料を分類している。
F☆☆☆☆（エフ　フォースター）：使用面積に制限がない。
F☆☆☆およびF☆☆：換気回数などに応じて使用面積に制限。
無等級：居室の内装仕上げには使用できない。

図1　和風仕上げの室内の例

### 室内空気汚染の低減

建築材料から発散する化学物質により，室内空気が汚染されないように配慮する。とくに，クロルピリホス（chlorpyrifos：有機リン系の殺虫剤）とホルムアルデヒド（formaldehyde：毒性の強い有機化合物）については，以下の点に注意する。

図2　珪藻土の塗壁

①クロルピリホスを添加した建築材料は使用しない。ホルムアルデヒドの発散速度に応じた建築材料の使用面積の制限を守るなどの対策をとる。
②居室においては，ホルムアルデヒドの室内濃度を厚生労働省の指針値0.08ppm以下に低減するため，24時間を通じて機械換気する設備を設ける。

図2のような天然素材を使用すると，室内空気汚染の低減に効果がある。

## 2 床

床仕上げの選択にあたっては，耐久性・滑りにくさ・掃除しやすさなど，その場所の使用目的に従い，適した材料を選ぶ。

床仕上げには，板張り・塗り・シート張り・畳敷きなどがある。

### 1 板床

板床は，足ざわりがよく，衝撃に強いので居間・台所などの室のほか，縁側・廊下・押入などに広く使用される。

板床に用いられる**フローリング**❶には，単層フローリングと複合フローリングがある。単層フローリングは**むく材**❷の床板をいい，**フローリングボード**❸や**縁甲板**❹などがあり，強度や耐久性にすぐれる。複合フローリングは合板などの木質材料を基材にして突板❺や塗装などで表面を仕上げたものをいい，反りや曲がりが少なく施工しやすい。むく材や突板には，ヒノキ・マツ・ナラ・ブナ・チーク・オークなどが用いられる。

フローリングの一般的な寸法を表1に示す。

張り方には，図3のような根太に直接張る方法と，図4のように下張り床を設け，その上に張る方法がある。いずれも，さねはぎとし，接着剤と隠し釘を併用し，床面には釘を見せないようにする。下張り板の有無や根太間隔は，板の種類や厚さ，荷重の大きさにより決める。

❶ 農林水産省告示第2903号参照。
❷ 集成材や合板でない，単一の天然木。
❸ おもに洋風の室に用いる。
❹ おもに和風の室に用いる。
❺ 化粧用の薄くそいだ板。

表1 根太張用フローリングの一般的な寸法[単位：mm]

| 種類 | 単層フローリング<br>（フローリングボード） | 複合フローリング |
|---|---|---|
| 厚さ | 14, 15, 18, (15) | 12, 15, 18, (15) |
| 幅 | 64〜110, (100) | 75〜303, (303) |
| 長さ | 500以上, (1820) | 240〜4000, (1820) |

注）（ ）内の数値は使用の多いもの。

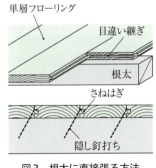

図3 根太に直接張る方法

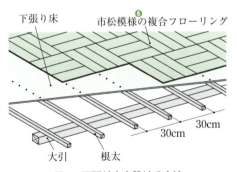

図4 下張り床を設ける方法

❻ 濃淡の2色や木目方向を互い違いに並べた格子状の模様。

- **寄せ木張り** 図5(a)のように堅固な下張り床の上に，厚さ8mm程度のサクラ・ナラなどの木理の美しい広葉樹の板を接着剤や隠し釘打ちなどで張る。木目の方向や色調の異なるもの，装飾的な模様に張り上げる場合もある。

第10節 内部仕上げ 97

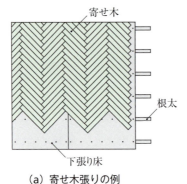
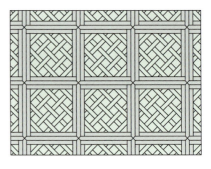

（a）寄せ木張りの例　　　　　　　　（b）寄せ木模様の例

図5　寄せ木張り

**問 1**　身近な板床にはどのような種類があるか調べなさい。

### 2　張付け仕上床

張付け仕上床には，シート張りやタイル張りなどがある。

❶ JIS A 5705:2022 参照。おもに塩化ビニル樹脂を材料としている。

**（a）ビニル張り床**❶　　長尺のビニル床シートを用いる場合とタイル状のビニル床タイルを張る場合に大別される。ビニル床タイルは，長尺のものと比較した場合，部分的な張替が容易である。

**（b）コルク張り床**　　ほかの材料と比較した場合に，衝撃吸収性にすぐれている。防音・断熱の要求される室では，炭化コルク板を用いる。

### 3　畳敷き床

❷ JIS A 5902:2009 参照。

代表的な和風の床で，室の大きさ・柱間に合わせて下張りの床の上に畳❷を敷き込む。畳の厚さは，一般的には5.5cmや6.0cmのものが用いられている。畳床❸は，稲わらのほかにポリスチレンボードなどがある。

❸ 畳の心材部分。

---

**コラム column**

### 坪と畳（地域による畳の大きさ）

敷地や建築物の面積を，慣用的に50坪などということがある。坪や畳は，わが国古来の面積の単位であるが，現在の法律では公的な使用は認められていない。

1坪は約1.82m×約1.82m≒3.31m$^2$をいい，畳2枚分である2畳程度の広さになる。約1.82mの長さを1間といい，これからとった長さが，現在の木構造でも柱配置の基準間隔として用いられている。

たとえば6畳の広さは1.5間（2.73m）×2間（3.64m）になる。ただし，柱配置の基準間隔は地域により異なる。関東間（江戸間）では1間を約1.82m，関西間（本間・京間）では約1.97mとしているので，同じ6畳の室でも関西間のほうが広くなり，1枚の畳も大きくなる（図6）。

図6　畳

## 4 塗床

塗床は，土間などに用いられ，コンクリート下地の上に，モルタル・人造石[1]・テラゾー[2]などで仕上げる。

塗り面積が広くなる場合は，表面のひび割れ・塗りむら防止と装飾の目的で，縦・横約 0.9 m～1.2 m 以内ごとに目地をつけるか，真鍮などの目地棒を入れる。

## 5 その他の床

このほか，タイルやカーペットなどの床仕上げがある。

(a) **タイル** モルタル塗を下地として張り付けるもので，内装床タイル・内装床モザイクタイル[3]などが用いられる。化粧目地は色モルタルで仕上げる。なお，タイルは，吸水率[4]によりⅠ類からⅢ類に分類される。

(b) **カーペット** 保温・防音・足ざわりなどの目的で洋室に用いられる。連続したカーペットを部屋全体に敷き込む場合と，50 cm 角程度のタイル状のものを敷き並べる場合がある。また，室の4周を寄せ木張りなどとし，中央部だけに敷き込む場合もある。

## 3 内壁

室内にあり，空間を仕切る壁を**内壁**[5]という。高さや位置によって，図7のように**腰壁**・**小壁**などに区別することがある。

(a) **腰壁** 腰壁は汚れやすく，室の用途によっては水がかかることも多いので，床仕上げに準じた仕上材を選ぶことが多い。

(b) **小壁** かもいから上の小壁は，手が触れることも少なく，天井面とともに光の反射面となることが多いので，装飾を兼ねて天井仕上げに準じた仕上げを行う場合もある。

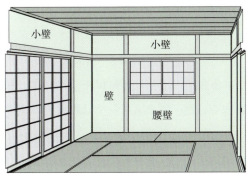

図7 腰壁と小壁

---

[1] モルタルの中に砕石粒（種石）を入れたもの。仕上げには，硬化直前に種石を洗い出すものや，硬化後に表面を研ぎ出したり，たたいて粗面に仕上げたりするものなどがある。

[2] 人造石で，種石に大理石や花こう岩を用いたもの。

[3] 表面積が 50 cm² 以下のタイルをいう。シートやネットの台紙に多数個のタイルを取り付け，ユニットにした製品もあり，内装床モザイクユニットタイルという。ユニット単位で張り付けていく。

[4] JIS A 5209：2020 参照。単位には［％］を用いる。

[5] interior wall

第10節 内部仕上げ　99

内壁には，畳寄せ・つけかもい・なげしなどをつける和風仕上げと，幅木・額なげしなどをつける洋風仕上げとがある。

## 1 張り壁

板・合板・せっこうボード・繊維板などの化粧板を張る仕上げと，せっこうボードなどの下地板に壁紙などを張る仕上げがある。

板は外壁と同じように下見板張り・羽目板張りにする。スギ・ヒノキ・ナラ・チークなどの厚さ7mm～18mmのものが使用される。下地骨組として，板の繊維方向と直角な方向に胴縁を配置する。板が薄い場合には，合板などを下張りしておく。

合板やせっこうボードなど幅の広い材を張るときには，図8のように，大壁では胴縁，真壁では貫または受材を下地骨組として配置する。胴縁は1.5cm×4.5cm程度のものを用い，合板などの4周の継目とその中間部に30cm～45cm間隔で配置する。貫は1.5cm×9cm程度のものを45cm間隔で配置する。合板などが薄い場合には，下地骨組の間隔を狭くする。

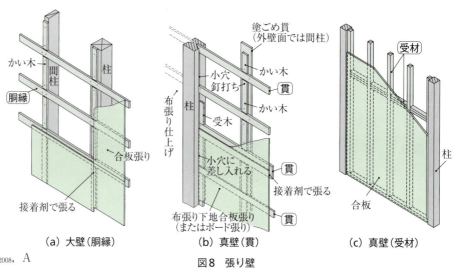

図8 張り壁

❶ JIS A 6903:2008, A 6904:2006 参照。
　苦灰石が原鉱石のドロマイトプラスターと，焼せっこうを主原料としたせっこうプラスターとがある。
　せっこうプラスターには混合せっこうプラスターの上塗用・下塗用，ボード用せっこうプラスターがある。

## 2 塗壁

塗壁には，土壁・モルタル塗り・プラスター塗り❶などがある。とくに耐水性・耐火性の要求される台所・浴室などにはモルタル塗，和室には土壁が用いられる。しっくい塗・プラスター塗は和室・洋室いずれにも用いられる。

下地には図9(a)のように，塗材料の付着をよくするために表面に凹みを付けたせっこうラスボードが用いられることが多い。

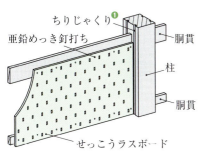 

(a) せっこうラスボード下地　　　(b) 小舞下地

図9　塗壁の壁下地

❶ 塗壁の乾燥・収縮によって周囲の材と壁との間にすきまを生じさせないためと，壁の塗りしろを示すために，柱や天井回り縁などに付けられた浅い溝。

(a) **土壁**　図(b)のような小舞下地に荒壁をつけ，中塗・上塗をするもので，上塗には色土や色砂にのりを混ぜたものを用いる。

(b) **しっくい壁**　石灰と砂を主原料にのりとすさ❷を混ぜたもので，上塗だけをしっくいとするものと，木ずり下地に下げおをつけ，下塗から塗り重ねて仕上げるものとがある。

❷ 短く切った麻で，壁のひび割れ防止のために用いられる。

(c) **薄塗壁**　せっこうラスボードに下地材を塗り，厚さ3mm程度以内の上塗をする。上塗材は，色砂や珪砂などの骨材，のりの働きをする結合材，着色剤，混和剤などを混ぜたものを用いる。同様な上塗材に珪藻土❸を混ぜたものを珪藻土壁，繊維材料を混ぜたものを繊維壁という。

❸ diatomaceous earth
珪藻類が堆積して生じた多孔質の土。ひじょうに小さな細孔が多数あるため断熱効果が高く，調湿作用がある。

## 3　造作

造作とは，床・壁・天井・開口部などの仕上げ木工事の総称で，そこで用いられる仕上げ用の木材を造作材という。

造作材は，よく乾燥した良質材を選ぶ。和風では，柱に調和した針

---

### 建築用材としての竹材

竹は古くから，ざるやかご，物干し竿などに使われていた身近な材料であった。成長が速く3年から5年で使用することができる。竹材の特長は，しなやかで強度が高く，弾力性があり，衝撃吸収能力にもすぐれている。

建築用材として古来より，壁下地に間渡し竹や小舞竹が用いられてきた。また，檜皮葺きや杮葺きでは，金釘ではなく竹釘が用いられる。

昭和10年代頃に，鉄筋の代わりに竹を入れた竹筋コンクリートの建物や橋梁が造られ，40年間使用された例もあった。

こんにちでは，竹製のフローリング（図10）や敷居すべりなどにも使われている。

図10　竹製のフローリングボード

葉樹の柾目材を用いることが多く，かんな仕上げとする。洋風では，タモ・シオジ・ナラなどの広葉樹をおもに用い，ワニス❶・ペイント❷などの塗装を施す。このほか，集成材やハードファイバーボード・パーティクルボードなどの表面に仕上加工されたものも用いられる。

**(a) 幅木**　幅木は，図11(a)のように洋室の床と壁の見切り❸として取り付けられるが，掃除機などが当たりやすい壁下の保護も兼ねている。床板と幅木が取り合う箇所は，床板や幅木などの乾燥収縮により，すきまができやすいので，図(a)③のように床板に幅木を小穴入れにし，隠し釘打ちで取り付ける場合もある。一般に幅木の高さは，7.5cm程度で，継手は柱心で図(b)のように行う。

❶ 樹脂を溶剤に溶かした塗料で，顔料は含まず光沢のある透明な薄膜を形成する。ニスともいう。
❷ 合成樹脂調合ペイント(SOP)：長油性フタル酸樹脂ワニスと顔料を混ぜた塗料で，不透明仕上げとなる。
❸ 仕上材の変わる部分に取り付ける化粧部材。

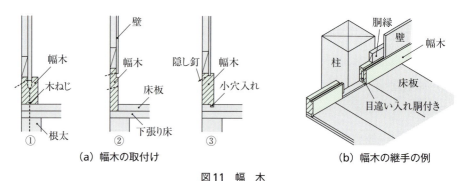

図11　幅　木

❹ 前見返し参照。
❺ 前見返し参照。

**(b) 畳寄せ・つけかもい**　畳寄せ❹は畳敷きの床と壁の見切り材で，敷居側面にそろえて取り付ける。つけかもい❺は，開口部のない壁面にかもいの延長として取り付ける。ともに隠し釘打ちで取り付ける。

**(c) 天井回り縁**　天井回り縁は，壁上端の見切りとして取り付けるもので，天井端を支えるとともに，装飾を兼ねるものである。

真壁の仕上げでは，天井回り縁の見付面を柱面より柱幅の$\frac{1}{10}$程度を出して，図12(a)のように加工して取り付ける。

大壁仕上げの天井回り縁は，図(b)のように取り付ける。

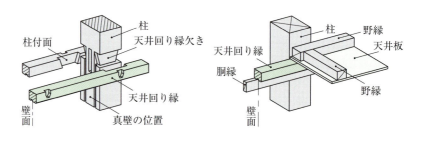

図12　天井回り縁の取付け

(d) **なげし**　図13のように，かもい上端に取り付ける和室の装飾材をなげしという。ふつうは，**内法なげし**といい，用材は，スギ・ヒノキなどの柾目材を用いる。

内法なげしは，そのせいが柱幅の $\frac{8}{10}$〜$\frac{9}{10}$ のものを**本なげし**，$\frac{6}{10}$〜$\frac{7}{10}$ のものを**半なげし**といい，柱面より柱幅の $\frac{1}{7}$〜$\frac{1}{5}$ 程度を出して取り付ける。

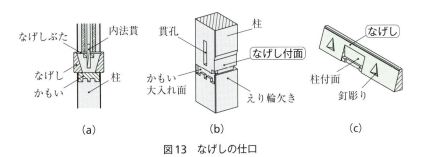

図13　なげしの仕口

和風仕上げでは，かもい・なげし・天井回り縁その他の部材の寸法を，柱寸法を基準として決めることがあり，これを**木割り**[1]という。

❶ 各部材寸法やその配置寸法を，柱の太さなどを基準に定めた割合。

## 4　天　井

小屋組や上階床を隠し，室内の装飾を兼ねて設けられるものを**天井**[2]という。屋根からの熱を緩和させ，あるいは上階からの音をさえぎり，室の音を反響させないようにする。また，火災時の延焼を防ぐためになるべく燃えにくい材料を選定する。

❷ 建築基準法施行令第21条参照。

天井は水平に仕上げることが多いが，意匠的なことや結露対策[3]のために傾斜をつけることがある。なお，天井には天井裏の改め口を設け，必要に応じて天井換気口を設ける。

❸ 浴室によく用いられる方法で，傾斜をつけることにより結露した水滴が天井面にとどまらないようにする。

### 1　下地骨組の構成

天井の骨組構成は，仕上材に応じて下地の組み方を決める。ふつう，下地には図14(a)のように，天井板を止め付けるために**野縁**があり，天井を吊るために**野縁受・吊木・吊木受**がある。

(a) **野縁**　野縁は天井板の継手位置とその中間約45cm間隔に取り付ける。天井板の厚さが薄い場合には，野縁の間隔を狭くする。

(b) **野縁受**　野縁と直角方向に約90cm間隔に取り付ける。天井板がボード類などで，はぎ合わせ部分を釘で止める場合には，板幅に合わせて野縁受を入れ，図(a)のようにかい木を取り付ける。

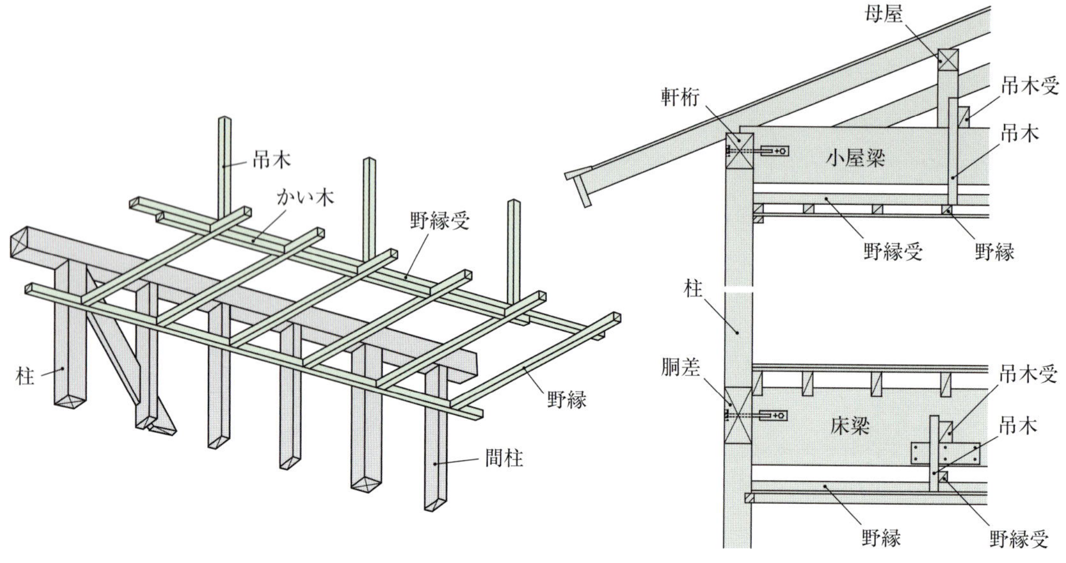

(a) 天井骨組　　　　　　　　　　　　(b) 軸組との取合い

図14　天井の骨組構成

　一般に，野縁・野縁受は4cm角程度のものを用いる。

　**(c) 吊木**　　野縁受は，図(b)のように約90cm間隔に吊木で吊る。吊木は，小屋梁上部や床梁側面に取り付けた吊木受に固定する。

　水平な天井面は，たれ下がったような圧迫感を与えるので，室の中央でわずかなむくり❶（あがり）をつける。

❶ 上のほうにわん曲している状態。

## 2　打上天井

　打上天井は，図15(a)のように，合板・せっこうボードなどの仕上材に合わせて格子状に組んだ野縁に，直接，釘打ちで仕上げる。

　継目部分は，体裁よく仕上げるために，図(b)のような目地を用いる。また，繊維板のように伸縮しやすい板を張る場合は，野縁に1.5cm×9cm程度の平板（板野縁）を用いる。

❷ 二つの部材の接合部にすきまをあけること。

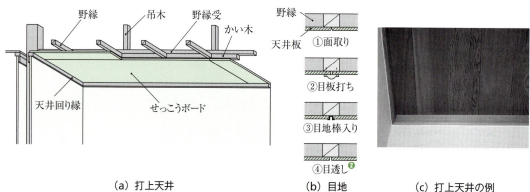

(a) 打上天井　　　　　　　　(b) 目地　　　　　　(c) 打上天井の例

図15　打上天井

## 3 目透し張り天井

目透し張り天井は，図16(a)のように，幅の広い天井板を張って仕上げ，目地を**目透し**としたもので，和室の天井に多く用いられている。天井面は平らにする場合が多く，中央部を高くする舟底形に張る場合もある。

天井板は図(b)のように，下地合板の表面にスギなどの柾目や板目の薄板が接着された加工品が広く用いられている。板幅は，約45cmのものが最も多い。

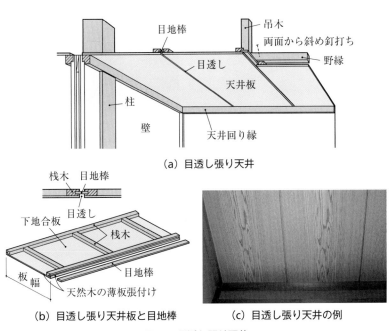

(a) 目透し張り天井

(b) 目透し張り天井板と目地棒　　(c) 目透し張り天井の例

図16　目透し張り天井

## 4 さお縁天井

さお縁を，30cm～60cmくらいの間隔で配置し，天井板を図17のように板の裏側から釘打ちして仕上げた天井を**さお縁天井**という。さお縁の端部は，天井回り縁に大入れとする。

さお縁のせいは，ふつう，柱幅の$\frac{1}{4}$～$\frac{1}{3}$または天井回り縁のせいの$\frac{6}{10}$とする。さお縁の方向は，床の間のある室では床の間と平行にし，床の間のない次の間では主の間にならう。また，廊下などは長手方向に配置する。

天井板は，図(c)のように，板の端部を重ねる羽重ねにして取り付ける。このとき，天然木化粧合板を用いることが多い。

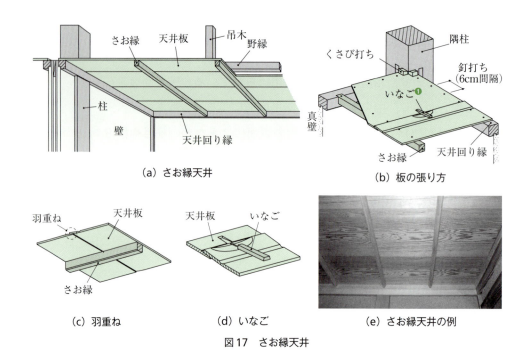

(a) さお縁天井　　(b) 板の張り方

(c) 羽重ね　　(d) いなご　　(e) さお縁天井の例

図17　さお縁天井

❶ さお縁とさお縁の中間部分の羽重ねにすき間ができないようにいなごを取り付ける。
❷ 面取りの一種で、角を45度以上の角度をつけて削り落としたもの。
❸ 2本ずつ1カ所に寄せて配置すること。

また、さお縁を図18(a)のようにさるぼお面❷にしたものを**さるぼお天井**といい、図(b)のようにさお縁の間隔を吹寄せ❸にしたものを、**吹寄せさお縁天井**という。

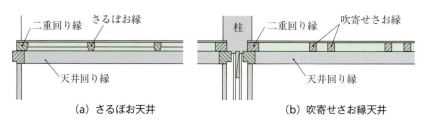

(a) さるぼお天井　　(b) 吹寄せさお縁天井

図18　さるぼお天井・吹寄せさお縁天井

## 5　格天井

図19のように、格縁(ごうぶち)を碁盤目(ごばんめ)状に組み、この上に鏡板(天井板)を張ったものを**格天井**という。

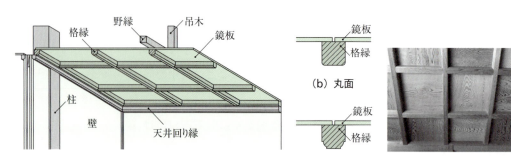

(a) 格天井　　(b) 丸面　　(c) ぎんなん面　　(d) 格天井の例

図19　格天井

106　第2章　木構造

### 5 間仕切壁開口部

間仕切壁開口部は，質感や仕上材との調和のよさから木製の枠と建具が用いられることが多い。間仕切壁開口部は，おもに気密性や遮音性が求められるので，枠や建具に次のような方法をとる。

**(a) 戸当り**　建具を閉めたときの気密性をよくするために，図20(a)のような建具が接する枠の部分に施した溝を**戸当りじゃくり**，図(b)のような段差を**戸当り**という。前者はおもに引戸に用いられ，後者は開き扉に用いられる。

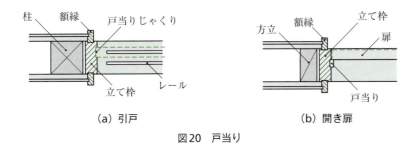

図20　戸当り

**(b) 召合せ**　引分け戸や両開きの扉の出会う部分のことを召合せといい，図21のようにする。

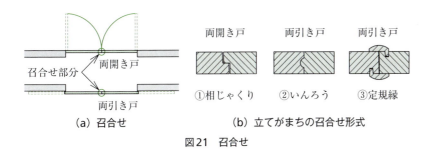

図21　召合せ

#### 1　木製建具

木製建具の種類はひじょうに多いので，一般に建具の形状や仕上方法で区別する。組立は仕口をほぞさしとし，さらに接着剤を用いることも多い。また，体裁や建付け時の削り合わせのため，釘や木ねじは使わない。木製建具の例を表2に示す。

表2 木製建具の例

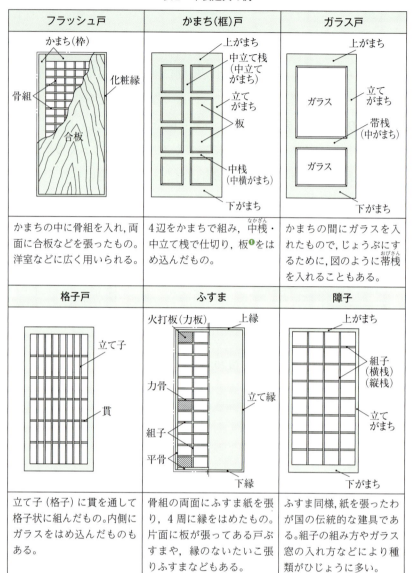

❶ 鏡板ともいう。

❷ 建具用の溝のないかもいまたは敷居。

## 2 大壁の開口部

大壁開口部の枠材の形状・寸法は，柱幅や建具の納まりなどから決められる。

出入口枠は，図22のように，左右の立て枠と上下の枠からなり，上枠および立て枠には**額縁**を設ける。

開き戸の場合は，これらに戸当りをつけ，堅固に組み立てる。また，欄間のある場合には**無目**❷をつける。

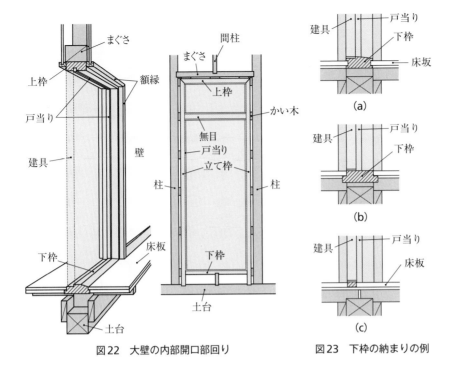

図22 大壁の内部開口部回り　　図23 下枠の納まりの例

- **くつずり**　　出入口の下枠は**くつずり**ともいう。くつずりは摩耗しやすいので，ブナ・ナラ・ケヤキなどの堅木を用いる。

下枠の納め方には次の①〜④の方法がある。
① 気密性を高めるため，図23(a)のように床面より5mm程度高くした位置に戸当りじゃくりを設ける。
② 図(b)のように床と同じ面に納める（**さすり面**という）。
③ 図(c)のように室内外の床板の見切りとして取り付ける。
④ 下枠をつけずに床板を連続して張る。

## 3　真壁の開口部

真壁の開口部は，図24のように納める。
和室の床は，縁側・廊下などの床より3cm程度上げるのが伝統的な納まりであるが，安全のために段差をつけない場合が多い。

**(a) 敷居**　　敷居は，障子やふすまなどを滑らせるための溝があり，一般にヒノキ・マツが使用される。段差がある場合の敷居は，上面を高いほうの床面にそろえる。敷居は，せいを4.5cm〜6cm，幅を柱幅より小さくし，図25の板張り床側のように柱の面内に納める。畳敷き床の場合には，柱面にそろえる。敷居とかもいの納まりを図26に示す。

第10節　内部仕上げ　　**109**

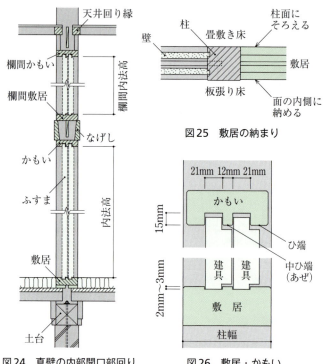

図24 真壁の内部開口部回り
図25 敷居の納まり
図26 敷居・かもい

- **敷居と柱との構成**　図27のように，一方を**目違い入れ**，他方を胴付きとして，**まちほぞ・横栓**を併用し，隠し釘打ちなどとする。

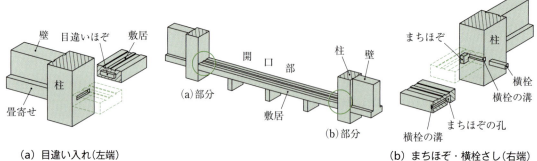

(a) 目違い入れ(左端)
(b) まちほぞ・横栓さし(右端)

図27 敷居と柱の構成

(b) **かもい**　かもいは柱と同じ材がよく，せいは4cm程度で，幅は柱の面内幅とする。かもい・敷居の溝の幅および**中ひ端**[1]の幅は，戸の厚さ（**見込寸法**[2]）と戸と戸がこすれないための余裕をみて決めるが，一般に図26のような寸法とすることが多い。

- **かもいと柱との構成**　かもいの両端は，図28(a)のようにする場合と，一方を図(b)または図(c)のようにする場合とがある。

[1] 一般的には，12mm（戸の見込寸法30mm−溝の幅21mm＋戸と戸がこすれないための余裕3mm）程度。
[2] 正面から見える材の奥行寸法をいう。障子やふすまなどは，一般的には30mm。これに対し正面の幅を見付寸法という。

**問1** 身近な建築物の引違い戸について，敷居・かもいの溝の幅・深さおよび中ひ端の幅と，戸の厚さ・高さの関係を調べなさい。

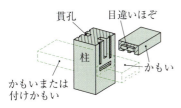
(a) 目違い入れ胴付き

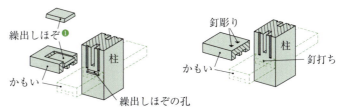
(b) 繰出しほぞさし　　(c) 胴付き釘打ち

図28　かもいと柱の構成

## 6　床の間・床脇・書院

いずれも和室の代表的な装飾であり，主要な室に設ける。床の間・床脇・書院の各部分の納まりと名称を，図29に示す。

❶ 取り付け前に，かもいに繰出しほぞを木口側からさしておき，取り付け後に戻して，柱のほぞ孔に差し込む。

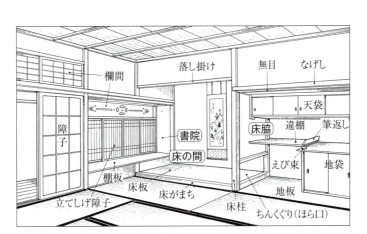

図29　床の間・床脇・書院

(a) **床の間**　床の間には，図29のような本床のほかに，図30のような形式がある。

本床は，床柱❷を中心に，床がまち・落し掛け・床板・天井などで構成される。壁は砂壁とし，床には畳または薄べり❸を敷くのが正式とされ，天井は格天井やさお縁天井とする。天井回り縁の下には，図31のような掛軸を下げるための**無双四分一**を取り付ける。

❷ 床柱には，黒檀や紫檀などの角材，スギやヒノキの磨き丸太・絞り丸太などがある。

❸ 畳表・裏・縁で構成された薄い敷物。板に張り付けて床の間に取り付ける。

(a) 踏込み床　　(b) け込み床　　(c) 袋床

図30　床の間の形式

第10節　内部仕上げ　**111**

❶ ケヤキなどが用いられる。

床板がむく材❶の場合は，湿度変化により板幅が伸縮するので，釘や接着剤を使わず，図32のような根太を兼ねた**吸付桟**(すいつきざん)を用いる。床柱・床がまち・落し掛けの断面寸法や落し掛けの取付け位置などは，伝統的な木割りによって定められている。

図31 無双四分一　　図32 根太と床板の接合

（b）**床脇**　床の間の脇にある棚の総称を床脇棚といい，違棚や袋戸棚❷（天袋・地袋）の形や組み合わせでいろいろな形式がある。

❷ ふすま付きの棚のこと。

（c）**書院**　書院は，床の間と縁側との境に設ける装飾で，床の間の採光を兼ねている。建具には，立てしげ障子❸などを用いる。縁側に張り出したものを**付書院**（**出書院**），縁側との境壁に敷居とかもいを取り付けたものを**平書院**という。

❸ たて方向の組子を規則的に細かく入れた障子。

## 7　押入・物入れ

各室にはその使用目的により，寝具や衣類・雑具などを収納する押入や物入れ❹などを設ける。

❹ closet：人がはいり物品の出し入れや更衣ができる大きさのものをウォークインクロゼットという。

（a）**押入**　和室に設けられるもので，畳1枚分の広さのものが多い。押入は，図33のように，敷居とかもいの中間の高さに中棚を設けることが多く，前面にはふすまを建て込む。

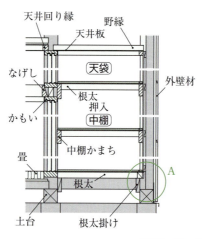
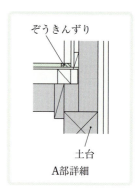

図33　押　入

112　第2章　木構造

中棚は，中棚かまちと根太掛けを両端の柱へ欠き込み，隠し釘打ちとし，根太を大入れで取り付け，これに厚さ5.5mm以上の合板，または12mm以上の板を張る。

　床と中棚は壁との見切り材として，図のようにぞうきんずりをつける。

　壁・天井の仕上げは，合板張りにすることが多い。

**(b) 物入れ**　　洋室や廊下・階段下などに設けられる収納スペースを物入れという。床・壁・天井などは押入と同様に仕上げる。また，品物の出し入れや掃除が楽なように，吊り戸や開き戸を用いて下枠を設けず，物入れの中まで同じ床仕上げにする場合もある。

## 8　縁　側

**(a) 縁側**　　縁側は，図34，35のように和室前面に下屋建に張り出し，床に縁甲板を長手方向に張って**くれ縁**とする。また，縁側を広くとり，縁側の全面あるいは和室側の半分程度を薄べりや畳敷きとして**入側縁**とすることもある。

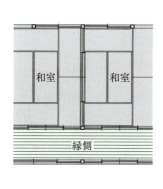
(a) くれ縁

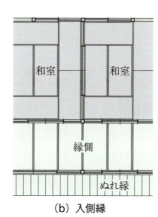
(b) 入側縁

図34　くれ縁・入側縁

　縁側は，本屋よりも10％くらい細めの柱をくつ石に立て，その上部で**縁桁**を受ける。

　床高は，和室より3cmくらい低くすることが伝統的に多い。柱の根もとは，敷居と根太掛けの役割を兼ねた**縁がまち**で緊結する。天井は，図35のように化粧軒裏とし，縁桁の下に欄間を設けることが多い。

　また，縁側は，下屋建としないで本屋の中につくる場合も多い。

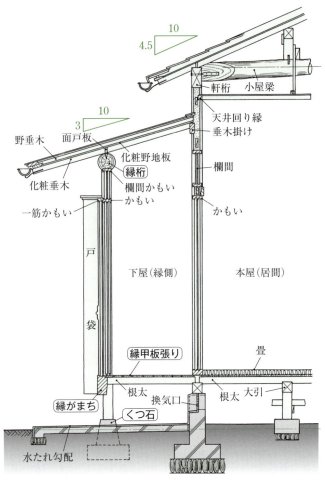

図35 縁側（くれ縁）

(b) ぬれ縁　屋外に設ける縁側をぬれ縁という。幅の狭いものは，図36(a)のように，**縁束**で支えられた縁がまちを配置し，これに板を張った**切り目縁**[1]とすることが多い。幅が50 cm以上の広いぬれ縁は，図(b)のように根太を配置する。

[1] 縁板の木口が見えるように取り付けられた形式。

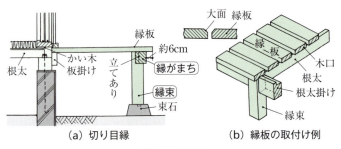

(a) 切り目縁　　　(b) 縁板の取付け例

図36 ぬれ縁

### ■ 節末問題 ■

**1.** 次の文の（　）内に適切なことばを記入し，文を完成させなさい。
   (1) 床と壁の見切り材として，畳敷の室には（ ① ），洋室には（ ② ），押入には（ ③ ）が用いられる。
   (2) 塗壁の乾燥・収縮などに対して，壁周囲の柱・つけかもいなどには（ ④ ）をする。また，しっくい塗では，ひび割れ防止のために（ ⑤ ）を入れる。
   (3) 和室の壁と天井の見切り材には（ ⑥ ）が取り付けられる。

**2.** 次の内部仕上げに関する記述で，正しいものには○印，誤っているものには×印を，[ ]内に記入しなさい。
   [ ] (1) かもいは，柱の面内に取り付ける。
   [ ] (2) 合板張りの壁下地には，胴縁を30～45cm間隔に取り付ける。
   [ ] (3) 床の間のつけかもいは，掛け軸を吊るために取り付ける。
   [ ] (4) 落し掛けは，書院につけられるかもいで，無目になっている。
   [ ] (5) 戸当りじゃくりとは，開き戸のための気密性を高めるものであり，大壁開口部に用いられる。
   [ ] (6) くつずりには，加工性のよいスギが多く用いられる。

# 11節 木造枠組壁構法

木造枠組壁構法が，住宅などの構法として広く用いられるようになっている。ここでは，木造枠組壁構法の特徴および構成について学ぶ。

## 1 木造枠組壁構法の特徴

❶ 一般に，枠組壁構法ともいう。以下，枠組壁構法とよぶ。
地下階を除いて3階以下とする制限がある。

**木造枠組壁構法**❶は，アメリカ・カナダなどで一般に用いられている構造形式であり，わが国では**ツーバイフォー構法**（2×4構法）ともよばれる。在来軸組構法が架構式であるのに対して，枠組壁構法は図1のように，床枠組・壁枠組・小屋組を一体に組み立てる構造形式である。

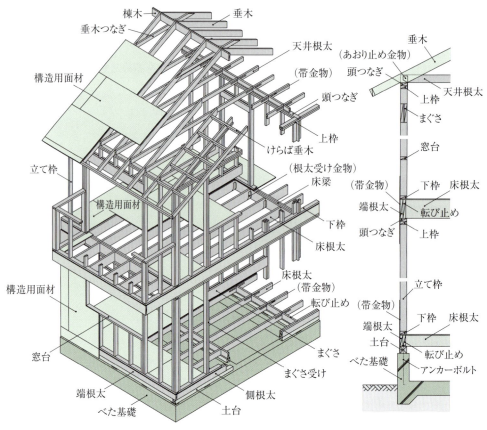

図1　木造枠組壁構法の構成

枠組壁構法は，在来軸組構法と比較すると，次のような長所・短所がある。

116　第2章　木構造

① 耐震性・耐風性にすぐれ，気密性・断熱性・遮音性の高い建築物としやすい。
② 施工が簡単で，規格化された材料のため品質が安定している。
③ 工期短縮が，比較的，容易である。

**短所**

① 壁の配置や構成に制約があり，大きな開口部を設けにくい。
② 間取りに制限があり，改修での間取り変更が難しい。
③ 接合部の強さは，金物類にたよるところが大きい。

## 2 構造材

構造耐力上主要な部分に使用する枠組材，壁・床および屋根に用いる合板やボード類の面材，釘はJISやJASに適合するものを使用する。

### 1 枠組材

枠組壁構法用の製材は，在来軸組構法の製材とは別にJAS❶や国土交通省の告示❷で規定され，製材1本ごとに等級などの格付表示がされている。また，土台や根太には甲種枠組材の2級以上のものを使用するなど，枠組材は，部材によって使用する等級が定められている。

枠組壁構法に用いる製材の寸法は，表1のように全部で11種である。寸法型式204のものが最も多く使用されている。

❶ 農林水産省告示第1035号参照。
❷ 国土交通省告示第1540号参照。

表1 構造用製材の寸法型式

| 寸法型式 | 未乾燥材（含水率が19%を超えるもの）の規定寸法 || 乾燥材（含水率が19%以下のもの）の規定寸法 ||
|---|---|---|---|---|
| | 厚さ | 幅 | 厚さ | 幅 |
| 104 | 20 | 90 | 19 | 89 |
| 106 | 20 | 143 | 19 | 140 |
| 203 | 40 | 65 | 38 | 64 |
| 204 | 40 | 90 | 38 | 89 |
| 206 | 40 | 143 | 38 | 140 |
| 208 | 40 | 190 | 38 | 184 |
| 210 | 40 | 241 | 38 | 235 |
| 212 | 40 | 292 | 38 | 286 |
| 404 | 90 | 90 | 89 | 89 |
| 406 | 90 | 143 | 89 | 140 |
| 408 | 90 | 190 | 89 | 184 |

第11節　木造枠組壁構法　**117**

[1] 含水率が19%以下と規定されている。

北米から輸入される製材品[1]が多く、ベイツガ材などが多く用いられる。おもな種類を表2に示す。

表2 構造用製材の種類

| 種 類 | 区 分 | 備 考 |
|---|---|---|
| 甲種枠組材 | 特級，1級，2級，3級 | おもに高い曲げ性能を必要とする部分に使用する製材 |
| 乙種枠組材 | コンストラクション，スタンダード，ユーティリティ | 甲種以外の製材 |

## 2 構造用面材

床・壁・屋根の下張り材として使用できる面材には，構造用合板やせっこうボードなどがあり，その部分に応じて種類・品質をJISやJASで規定[2]している。

[2] JIS A 6901：2014，令和元年農林水産省告示第475号「合板の日本農林規格」参照。

## 3 釘・接合金物

枠組壁構法の接合部は釘と接合金物でなりたっている。よって，それらの選択・施工は，定められた基準に従って行う。

[3] JIS A 5508：2009 参照。

**(a) 釘[3]** 釘は使用箇所により，その種類・打込み方法・本数などの詳細な規定が設けられている。釘は，表3に示すようなものがあり，図2に釘打ちの種類と表示例を示す。

表3 釘の種類とおもな使用例

| 釘の種類 | おもな使用例 |
|---|---|
| CN65（黄），BN65 | 枠組材相互，壁の枠組と筋かいなど |
| CN50（緑），BN50 | 構造用合板などと枠組材 |
| CN75（青），BN75<br>CN90（赤），BN90 | 枠組材相互，<br>垂木と天井根太など |
| GN40，SFN45 | せっこうボードなどと枠組材 |
| SN40 | シージングボードと枠組材 |
| ZN40，ZN65，ZN90 | 金物接合用 |

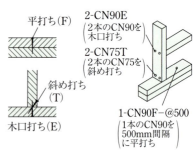

(a) 釘打ちの種類　(b) 釘打ちの表示例

図2　釘打ちの表示例

また，自動釘打ち機専用の特別な釘も多く使用されている。

[4] 日本住宅・木材技術センターの規格参照。

**(b) 接合金物** 接合金物には，図3に示すCマーク表示金物[4]の梁受金物・根太受金物などがある。止付けにはZN釘やボルトを用いる。

(a) 梁受金物<br>（梁と受材）　(b) 根太受金物<br>（根太と端根太）　(c) あおり止め金物<br>（垂木と頭つなぎ・上枠・立て枠）　(d) 柱頭金物<br>（柱と梁）　(e) パイプガード<br>（配線・配管の保護）　(f) ストラップアンカー<br>（立て枠と下枠や土台）

※（　）内はおもな使用箇所を示す。

図3　接合金物

## 3 躯体の構成

各枠組材は，規格に適合したものを，定められた間隔❶に用いなくてはならない。

❶ 国土交通省告示第1540号参照。

### 1 床枠組

床枠組は，床荷重にじゅうぶん耐え，その荷重を土台に伝達するようにする。1階床枠組は土台の上に，2階床枠組は1階頭つなぎの上にのせるようにし，端根太・側根太・床根太などを用いて構成する（図4）。また，1階床枠組は大引き・束を用いる場合もある。

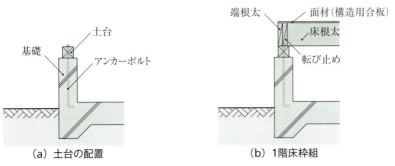

(a) 土台の配置　　(b) 1階床枠組

図4　床枠組の構成

土台はアンカーボルト❷を用いて基礎と緊結し，根太には合板幅に合わせた転び止めを取り付け，断熱材を入れて面材（構造用合板）を張る。その例を図5に示す。

❷ アンカーボルトは $\phi$ 12以上，長さ35 cm以上で，埋め込み深さ25 cm以上とする。設置は隅角部付近と土台継手付近，およびその中間部は2 m以内の間隔とする。

❸ 隅柱は，寸法型式204では3本以上の立て枠で構成し，立て枠を相互に緊結する。

(a) 土台の配置例　　(b) 床根太の配置例

図5　床枠組の例

### 2 壁枠組

壁枠組は，上下枠・立て枠・隅柱❸・頭つなぎなどで構成する（図6）。頭つなぎは，壁枠組における上部相互の振れ止めとして用いる。また，図7のように開口部を設ける場合には，まぐさ・まぐさ受け，窓台を用いる。しかし，枠組が一体的に荷重を支える構造であるため，開口部の位置や大きさには制限がある。

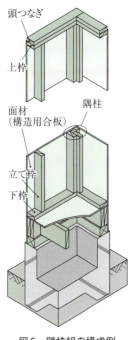

図6　壁枠組の構成例

第11節　木造枠組壁構法　119

図7 壁枠組開口部の例

壁枠組の構成には，次のような基準があり，鉛直荷重や水平力に耐えられるように，耐力壁を構成・配置する（図8）。

❶ 耐力壁の中心線。

① 耐力壁線❶相互の間隔は12m以下にする。
② 耐力壁線に囲まれた面積は40m²以下にする。
③ 外壁の耐力壁線相互の交差部の一方には，長さ90cm以上の耐力壁を設ける。
④ 耐力壁線に設ける開口部の幅は4m以下とし，開口部幅の合計は，その耐力壁線の長さの$\frac{3}{4}$以下にする。

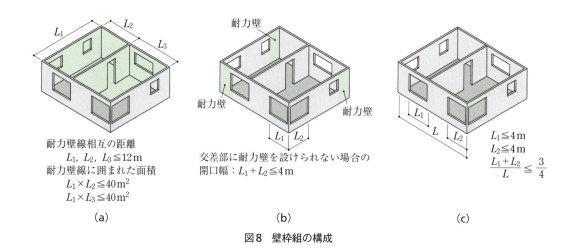

図8 壁枠組の構成

耐力壁は壁材の種類や厚さによって水平力への抵抗性能は異なる。また，用いる壁材に応じた釘の種類や打ち付け間隔が定められている。

### 3 小屋組の構成

枠組壁構法の小屋組には，次の4種類の方式がある（表4）。

表4 小屋組の構成

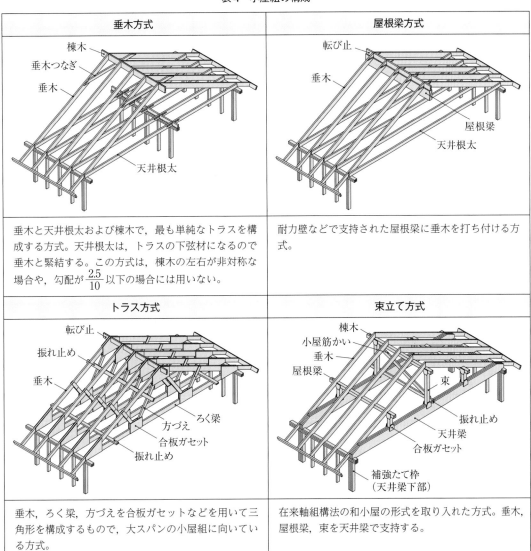

| 垂木方式 | 屋根梁方式 |
|---|---|
| 垂木と天井根太および棟木で，最も単純なトラスを構成する方式。天井根太は，トラスの下弦材になるので垂木と緊結する。この方式は，棟木の左右が非対称な場合や，勾配が $\frac{2.5}{10}$ 以下の場合には用いない。 | 耐力壁などで支持された屋根梁に垂木を打ち付ける方式。 |
| トラス方式 | 束立て方式 |
| 垂木，ろく梁，方づえを合板ガセットなどを用いて三角形を構成するもので，大スパンの小屋組に向いている方式。 | 在来軸組構法の和小屋の形式を取り入れた方式。垂木，屋根梁，束を天井梁で支持する。 |

- 節末問題

**1.** 枠組壁構法の住宅が増加しているが，その理由を考えなさい。

# Practice 章末問題

● **1.** 次の文中の（　）内に適切なことばを記入し，文を完成させなさい。

(1) 柱などには木理が比較的まっすぐな（ ① ）葉樹，建具や床仕上げには硬く木目の美しい（ ② ）葉樹を用いることが多い。

(2) 木材を延長するために加工した部分を（ ③ ），角度を変えて接合するために加工した部分を（ ④ ）という。

(3) 和風の室の壁には柱の見える（ ⑤ ）壁，洋風の室の壁には柱の見えない（ ⑥ ）壁がおもに用いられる。

(4) 屋根の勾配は，瓦葺きでは $\dfrac{(⑦)}{10}$ 以上，金属板瓦棒葺きでは $\dfrac{(⑧)}{10}$ 以上とする。

● **2.** 図1の①〜⑪の部材の名称を右の（　）内にそれぞれ記入しなさい。

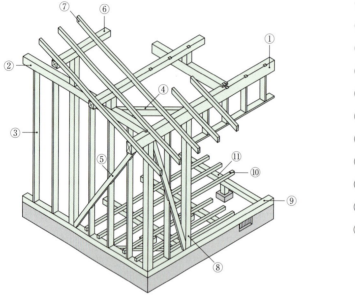

① (　　　　　)
② (　　　　　)
③ (　　　　　)
④ (　　　　　)
⑤ (　　　　　)
⑥ (　　　　　)
⑦ (　　　　　)
⑧ (　　　　　)
⑨ (　　　　　)
⑩ (　　　　　)
⑪ (　　　　　)

図1　在来軸組構法の骨組

● **Let's Try**

木材には，①〜④のような短所がある。短所を補い建築材料として利用するにはどのような方法があるか，項目ごとにグループに分かれて調べ，発表してみよう。

また，短所を補うことができれば，木材を利用した建築物は，構造・規模・用途など，どこまで可能になるか，自分の考えをまとめてみよう。

短所　①燃えやすい
　　　②腐れや虫害を受けやすい
　　　③乾燥により変形しやすい
　　　④強固に接合しにくい

# 第3章
# 鉄筋コンクリート構造

©Daichi Ano

## Introduction

　鉄筋コンクリート構造とは，鉄筋とコンクリートでつくられた一体式構造である。この構造の生まれるきっかけは，19世紀なかごろ，ヨーロッパでつくられたモルタル製のボートや植木鉢である。その後，種々の研究・実験が重ねられ，鉄筋コンクリート構造としての評価を得て，19世紀末に広まりはじめた。わが国では，20世紀のはじめから倉庫・事務所などがつくられ，本格的に普及しはじめたのは，関東大地震（1923年）以降である。

　この構造は，比較的，自由な形の建築物がつくれるが，施工技術や鉄筋とコンクリートの力学的性質から5～6階以下の建築物が多かった。しかし，技術の進歩にともない，20世紀終りころから30階程度の超高層建築物もつくられている。

　この章では，鉄筋とコンクリートの性質や両者の役割，部材の構成，鉄筋の組立や配置などについて学ぶ。

# この章で学ぶことがら

鉄筋コンクリート構造の材料・構造・仕上げについて学ぶ。

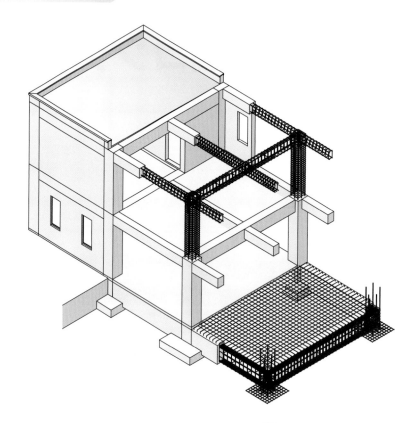

**1　構造の特徴と構造形式　→p.125**
鉄筋コンクリート構造の構造形式の特徴と種類を学ぶ。

**2　鉄筋　→p.127**
鉄筋コンクリート構造に用いられている鉄筋の種類と規格を学ぶ。

**3　コンクリート　→p.129**
コンクリートの材料，種類，性能を学ぶ。

**4　基礎　→p.149**
基礎の形式と杭の種類を学ぶ。

**5　躯体　→p.154**
ラーメン構造を中心に柱・梁・壁・スラブなどの構成と配筋，耐震計画について学ぶ。

**6　仕上げ　→p.176**
外部仕上げ，内部仕上げの種類と特徴について学ぶ。

**7　壁式構造　→p.191**
壁式構造の特徴と構造形式の概要について学ぶ。

**8　プレストレストコンクリート構造　→p.199**
プレストレストコンクリート構造がなりたつ原理と構造の概要について学ぶ。

# 1節 構造の特徴と構造形式

鉄筋コンクリート構造は，どのようになりたっているのだろうか。また，どのような構造形式があるのだろうか。ここでは，これらのことについて学ぶ。

## 1 構造の特徴

コンクリートは，圧縮力に強いが引張力には弱い。図1のように，引張力に抵抗できる鉄筋で補強したコンクリートを**鉄筋コンクリート**❶という。この鉄筋コンクリートを柱や梁などの躯体に用いる構造を**鉄筋コンクリート構造**❷という。

図2(a)に示すように，鉄筋がない場合，梁に荷重が加わると，比較的，小さな荷重でも梁はこわれる。これに対し，図(b)のように，鉄筋がある場合，梁に同程度の荷重を加えても鉄筋が引張力に抵抗し，梁に小さなひび割れが生じるものの，こわれることはない。

この構造は，鉄筋を適切に配置し，鉄筋とコンクリートがずれないように一体化させることによりなりたつ。

図1　鉄筋コンクリート

❶ reinforced concrete：補強されたコンクリートの意味。

❷ reinforced concrete structure：頭文字をとってRC構造またはRC造とよぶこともある。

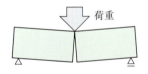
(a) 鉄筋がない場合

(b) 鉄筋がある場合

図2　鉄筋コンクリート構造のしくみ

鉄筋コンクリート構造は，次に示す特徴を生かし，耐久性や耐火性が必要な多くの建築物に用いられている。

**長所**

① 地震や風の力を受けても躯体の変形が小さい。
② 鉄筋をコンクリートでおおうことにより，鉄筋を火熱から守り腐食を防ぐ❸。これにより，耐火性・耐久性に富む構造になる。
③ コンクリートを型枠に流し込んで固めるため，自由な形状の建築物をつくることができる。
④ 遮音性や気密性にすぐれる。
⑤ 主要な材料である鉄筋とセメントは大量生産が可能であり，骨材は入手しやすい。

❸ 鉄筋は高温下では強度が低下する。また，大気中で腐食する。

**短所**

① 必要な強度を得るための部材断面積が大きくなるので，自重が大きくなり，利用できる空間は小さくなる。

② 強度を得るまでに時間がかかることや，現場での工事が多いことから工事期間が長くなる。

③ 取りこわしにくく，騒音や振動が発生する。

## 2 構造形式

代表的な構造形式には，柱や梁で構成されたラーメン構造と，厚い平板でつくられた壁や床で構成された壁式構造とがある。

**(a) ラーメン構造**　図 3(a)のように柱と梁の接合部分を**剛接合**❶とした門型の骨組を**ラーメン構造**❷という。これに壁や床，屋根などの**スラブ**❸を合わせて一体にしたものを**躯体**という。ラーメン構造は，共同住宅や学校の校舎など各種の建築物に広く用いられている。

**(b) 壁式構造**　図(b)のように，壁と床，屋根などのスラブを一体にしたものを**壁式構造**❹という。壁が柱と梁の役割を兼ねている。一般に，壁式構造の開口部は，比較的，小さく，壁の多い5階建以下の共同住宅に多く用いられている。

❶ 外力を受けても接合部が変形しないようにした接合。
❷ rigid frame structure：ドイツ語ではラーメン（Rahmen）という。詳しくは第5節で学ぶ。
❸ slab：鉛直荷重を受ける鉄筋コンクリートの厚い平板。
❹ wall structure
詳しくは第7節で学ぶ。

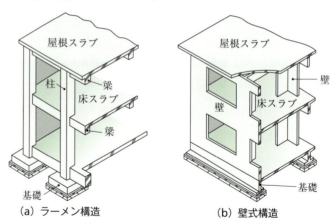

(a) ラーメン構造　　(b) 壁式構造

図3　ラーメン構造と壁式構造

**■ 節末問題 ■**

1. 鉄筋コンクリート構造のおもな特徴を調べなさい。
2. 身近にある鉄筋コンクリート構造の建築物について，どのような構造形式かを調べなさい。

## 2節 鉄筋

鉄筋コンクリート構造に用いられている鉄筋には，どのようなものがあるのだろうか。ここでは，鉄筋の種類や規格などについて学ぶ。

### 1 鉄筋の形状・寸法

鉄筋[1]には，棒状の鋼材（棒鋼）を使用する。棒鋼の代わりに，溶接金網や鉄筋格子を用いることがある。

**(a) 異形鉄筋と丸鋼** 図1のような表面に突起（軸方向の突起を**リブ**[2]，軸方向以外の突起を**節**という）をつけた棒鋼を**異形棒鋼**[3]または**異形鉄筋**という。また，断面が円形の棒鋼を**丸鋼**[4]という。

[1] reinforcing bar, reinforcement

[2] リブを含めた最大の直径寸法を最外径という。

[3] deformed bar

[4] plain bar, round steel

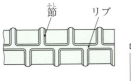 
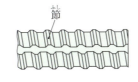 

（a）節が竹節式の鉄筋　　（b）節がねじ式の鉄筋

図1　異形鉄筋の例

鉄筋とコンクリートを一体化させるには，異形鉄筋のほうが丸鋼よりすぐれている。したがって，現在では図2のような異形鉄筋が使用されている。

異形鉄筋の呼び名は，公称直径[5]の寸法を四捨五入して整数にしたもので表される。たとえば，公称直径9.53 mmの異形鉄筋の呼び名はD10[6]と示す。表1のように直径により16種類あり，D4からD51までの呼び名で示される。

丸鋼は，一般に直径9 mmから32 mmまでの8種類が用いられる。丸

図2　柱に使用した異形鉄筋の例

[5] JIS G 3112 : 2020 により規定された直径。

[6] 「デージュウ」と読む。

表1　異形鉄筋の呼び名

| D4 | D5 | D6 | D8 | D10 | D13 | D16 | D19 | D22 | D25 | D29 | D32 | D35 | D38 | D41 | D51 |

❶ 「マルジュウロク」または「ファイジュウロク」と読む。

❷ JIS G 3551 : 2021 参照。

鋼の表示方法は，たとえば直径16mmの丸鋼の場合，$\phi16$❶と示す。

異形鉄筋の標準長さは3.5mから12.0m，丸鋼は3.5mから10.0mである。

**(b) 溶接金網および鉄筋格子**❷　図3のように鉄線を格子状に組み，交点を溶接したものを溶接金網といい，異形鉄筋や丸鋼を用いたものを鉄筋格子という。異形鉄筋を用いた鉄筋格子は，D4からD16があり，格子の間隔は50mm～300mmのものが多い。これらはスラブや，壁などの配筋に用いることがある。

図3　溶接金網の使用例

## 2　鉄筋の品質・表示

鉄筋の種類の記号は，異形鉄筋はSDで示し，丸鋼はSRで示す。その記号のあとに，JISで規定された降伏点の下限値［$N/mm^2$］をつけて表す（表2）。おもな鉄筋の種類を表3に示す❸。

❸ 鉄筋（鋼）の機械的性質については p.209～211 で詳しく学ぶ。

表2　鉄筋の種類の記号と表し方

```
SD   345
 │    └── 降伏点の下限値［N/mm²］を示す。
 └─────── 異形鉄筋を示す。
```

表3　おもな鉄筋の種類

| 鉄筋の種類 | 種類の記号 | 降伏点<br>［$N/mm^2$］ | 引張強さ<br>［$N/mm^2$］ | 伸び<br>［％］ |
|---|---|---|---|---|
| 異　形<br>鉄　筋 | SD295 | 295以上 | 440～600 | 16以上 |
|  | SD345 | 345～440 | 490以上 | 18以上 |
| 丸　鋼 | SR235 | 235以上 | 380～520 | 20以上 |

（JIS G 3112 : 2020 による）

鉄筋の表示は，たとえば，8-D22のように表す。これは，呼び名D22の異形鉄筋を8本用いることを示す。

**▪ 節末問題 ▪**

**1.** SD295の295は，何を示しているのか説明しなさい。

**2.** 3-D32とは，何を示しているのか説明しなさい。

# 3節 コンクリート

Chapter 3

コンクリートには，どのような種類があり，どのようにつくるのか。そして，どのような性能が要求されるのだろうか。ここでは，これらについて学ぶ。

## 1 コンクリートのあらまし

コンクリート❶は，図1に示すようにセメント❷・水・細骨材（さいこつざい）❸・粗骨材（そこつざい）❹からつくられる。セメントと適量の水を練り混ぜたものをセメントペースト❺という。コンクリートは，セメントペーストが接着剤の役割を果たし，図2のように砂・砂利などの骨材を結合させたものである。また，セメントと水と細骨材を練り混ぜたものをモルタル❻という。

❶ concrete
❷ cement
❸ p.132で学ぶ。一般的には砂と考えてよい。
❹ p.132で学ぶ。一般的には砂利と考えてよい。
❺ cement paste
❻ mortar

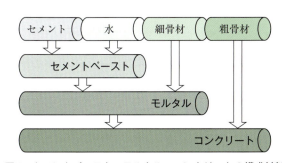

図1　セメントペースト・モルタル・コンクリートの構成材料
図2　コンクリートの断面例
(a) 構成　(b) 切断面

コンクリートの種類は使用骨材により，普通コンクリートと軽量コンクリートがある❼。普通コンクリートは砂利や砂などを骨材とした気乾単位容積質量❽が $2.1\,t/m^3$ を超え $2.5\,t/m^3$ 以下のコンクリートをいい，$2.3\,t/m^3$ 前後のものが多い。軽量コンクリートは，$1.4\,t/m^3$〜$2.1\,t/m^3$ で，普通コンクリートより軽い骨材を使用する。

このほか，さまざまな機能をもった各種のコンクリート❾がある。

一般にコンクリートには，次のような特徴がある。
① 圧縮強度は高く，引張強度は低い。
② 不燃材料であり，水に接しても腐食しない耐水性もある。
③ 硬化・乾燥による収縮が起こる。
④ 強いアルカリ性をもっているが，空気中の二酸化炭素などにより表面から徐々に中性化❿する。

❼ 重い骨材を用いた重量コンクリートもあるが，ふつうの建築物での使用は少ない。
❽ コンクリートを通常の大気中に置いて，乾燥した状態のときの単位容積あたりの質量。
❾ ➡p.146
❿ ➡p.140

**問1** コンクリート，モルタル，セメントペーストのそれぞれの構成材料は何か答えなさい。

## 2 コンクリートの材料

コンクリートの強度・耐久性・作業性などの性能は，使用する材料であるセメント・練混ぜ水・骨材によって大きく変わる。

### 1 セメント

一般に使用されるセメントは，**ポルトランドセメント**❶で，クリンカー❷とせっこうからつくられる。このほか，高炉スラグ❸，フライアッシュ❹などを加えて機能を付加した混合セメント❺や，環境に配慮した原料を用いたエコセメント❻もある。

**(a) セメントの化学的性質**　セメントペーストを構成しているセメントと水が化合して水和物を生成する。これを**水和作用**という。水和作用が進むと流動性を失い，**凝結**❼がはじまる。凝結が進むと**硬化**がはじまり，硬化の進行とともに強度も高くなる。このように，セメントが水と化学反応して凝結・硬化する性質を**水硬性**❽という。

また，セメントは水和作用にともなって発熱する。これを**水和熱**といい，凝結・硬化の促進に役立つ。しかし，コンクリートの体積がひじょうに大きい場合には，表面と内部の温度差が大きくなり，ひび割れが発生する場合がある。

**(b) セメントの種類と品質**　表1のようにセメントは，原料・製法・成分および性質などによって，ポルトランドセメント，混合セメント，エコセメントに分類される。また，セメントはアルカリ性で，その品質はJISで定められている。凝結時間と圧縮強度を表2に示す。

**(c) セメントの強度**　セメントの**強度**❾（$K$）は**材齢**❿とともに上昇する。その上昇速さはセメントの種類によって異なる。

**(d) セメントの風化**　セメントは水を加えなくても空気中の水分や二酸化炭素（炭酸ガス）の影響で水和作用を起こす。これを**風化**といい，セメントの密度は低くなる。風化したセメントは，粉末粒子が凝集するなどして強度が期待できない。したがって，セメントは湿気に触れさせないように保管する。

セメントの粉末度と強度の関係は，粉末が微細なほど強度の上昇は速いが，風化も速い。

**問 2**　各種のポルトランドセメントの強度は，どのように変化していくか，日数との関係をグラフにして比較しなさい。

---

❶ Portland cement
❷ 石灰石・粘土・けい石・酸化鉄などの材料を焼成したもの。
❸ blast furnace slag：シリカ，アルミナ，石灰などの化合物からなる鉱物質。
❹ fly-ash：火力発電所などのボイラーで微粉炭燃焼後に灰として産出される副産物。
❺ blended Portland cement
❻ Ecocement
❼ setting：セメントの水和が進行して，コンクリートやモルタルが硬化しはじめること。
❽ hydraulicity
❾ JIS R 5201：2015によるモルタルの圧縮強さのこと。
❿ モルタルやコンクリートの練混ぜを開始してからの経過日数をいう。

表1　おもなセメントの種類と特徴

| 分類 | 名称 | 特徴 | 記号❶ |
|---|---|---|---|
| ポルトランドセメント | 普通ポルトランドセメント | セメントといえば普通ポルトランドセメントのことで，一般のコンクリート工事用として最も広く使用されている。 | N |
| ポルトランドセメント | 早強ポルトランドセメント | 粉末が普通ポルトランドセメントより細かく，水和熱が大きい。硬化が速く，短期間で強度が得られる。工期の短縮，寒冷期の工事に適する。 | H |
| ポルトランドセメント | 中庸熱ポルトランドセメント | 普通ポルトランドセメントに比べて，水和熱や収縮率が小さく，ひび割れが少ない。夏期の工事や大断面の構造物に適する。 | M |
| ポルトランドセメント | 低熱ポルトランドセメント | 中庸熱ポルトランドセメントに比べて，水和熱が小さい。水和熱をおさえるため，初期の強度は低いが，長期の強度はじゅうぶんに発現する。収縮率やひび割れが少なく，耐久性にもすぐれ，高流動・高強度コンクリート❷に適する。 | L |
| 混合セメント | 高炉セメント（A種，B種*，C種*） | 水を通しにくく，海水・下水・酸類などによる浸食に対して抵抗性が大きい。海水や地下水などに触れる構造物に適する。海洋コンクリートや下水道施設に使用する。B種は一般建築構造物でも広く使用される。 | BA BB BC |
| 混合セメント | フライアッシュセメント（A種，B種*，C種*） | 流動性がよく，水和熱が小さく，乾燥収縮も小さいので，大断面の構造物に適する。ダムや下水道構造物などコンクリート量の多い構造物に使用される。 | FA FB FC |
| エコセメント | 普通エコセメント | 清掃工場から出る焼却灰や汚泥などの廃棄物をリサイクルしてつくられる。普通ポルトランドセメントとほぼ同等の品質がある。鉄筋コンクリート構造物，地盤改良材やコンクリート製品などに用いる。 | E |

*) B種，C種はアルカリ骨材反応を抑制する効果がある。

(JIS R 5210:2019, R 5211:2019, R 5213:2019, R 5214:2019 より作成)

表2　ポルトランドセメントの品質規格

| セメント | 凝結 始発1)[分]（以上） | 凝結 終結1)[時間]（以下） | セメントの強度($K$)[N/mm²]（以上） 1日 | 3日 | 7日 | 28日 | 91日 |
|---|---|---|---|---|---|---|---|
| 普通ポルトランド | 60 | 10 | — | 12.5 | 22.5 | 42.5 | — |
| 早強ポルトランド | 45 | 10 | 10.0 | 20.0 | 32.5 | 47.5 | — |
| 中庸熱ポルトランド | 60 | 10 | — | 7.5 | 15.0 | 32.5 | — |
| 低熱ポルトランド | 60 | 10 | — | — | 7.5 | 22.5 | 42.5 |

注．1) セメントの水和作用による凝結のはじまりを始発，終わりを終結という。

(JIS R 5210:2019 による)

## 2　練混ぜ水

一般に上水道水・地下水・工業用水・河川水・湖沼水などがコンクリート用の**練混ぜ水**に用いられる。上水道水がコンクリート用練混ぜ水として理想的である。上水道水以外の水を用いる場合は，コンクリートの硬化をさまたげたり，鉄筋を腐食させるような有害な物質❸が含まれていないかを確かめるために，水質試験を行う。

❶ 本節の第6項で学ぶレディーミクストコンクリート（p.145）の呼び方に用いる記号。

❷ ➡p.146

❸ 酸・アルカリ・塩分・油分および有機不純物など。

## 3 骨材

❶ aggregate

骨材❶は，コンクリートを構成する材料の大半の容積を占めることから，コンクリートの品質に大きく影響する。このため，骨材は硬くて強度が高く，ごみ・土・塩分などの不純物を含まないものを用いる。

❷ fine aggregate
❸ coarse aggregate

**(a) 骨材の種類**　骨材は，粒の大きさにより**細骨材**❷と**粗骨材**❸に分けられる。細骨材は，10 mm の網ふるいをすべて通過し，5 mm の網ふるいを質量で 85％以上通るものをいう。また，粗骨材は，5 mm の網ふるいに質量で85％以上とどまるものをいう。この判別に用いる網ふるいは，**標準ふるい**❹とよばれ，図3に示すものを用いる。

❹ JIS A 1102：2014 参照。
❺ 普通骨材より密度の小さい骨材。

また，重さにより表3のように**普通骨材**と**軽量骨材**❺に分けられ，使用する骨材により，表4のように普通コンクリート，または軽量コンクリートになる。

(a) 標準ふるい　　　　(b) 網目

図3　ふるいの例（細骨材の場合）

表3　骨材の種類

❻ コンクリート構造物の解体時などに発生するコンクリート塊を砕き分別したもの。

```
骨材 ─┬─ 普通骨材 ─┬─ 砂，砂利，砕砂，砕石
      │           └─ 再生骨材H❻，高炉スラグ砕石など
      └─ 軽量骨材 ─┬─ 人工軽量骨材
                  └─ 天然軽量骨材（火山れき）
```

表4　使用骨材によるコンクリートの種類

| コンクリートの種類 || 使用骨材 || 気乾単位容積質量 [t/m$^3$] |
|---|---|---|---|---|
| || 粗骨材 | 細骨材 | |
| 普通コンクリート || 砂利・砕石・高炉スラグ粗骨材など | 砂・砕砂・高炉スラグ細骨材など | 2.1 を超え 2.5 以下 |
| 軽量コンクリート | 1種 | 人工軽量粗骨材 | 砂・砕砂・再生細骨材Hなど | 1.8〜2.1 |
| | 2種 | 主として人工軽量粗骨材 | 主として人工軽量細骨材 | 1.4〜1.8 |

（日本建築学会編「建築工事標準仕様書・同解説 JASS 5 鉄筋コンクリート工事：2022」より作成）

骨材のうち，川砂・川砂利は河川保護のために採取量が制限されていることから，陸砂利・山砂利・海砂❶あるいは砕石・砕砂が多く使用される。また，資源の再利用のため，再生骨材も用いられる。

**(b) 骨材の粒度・単位容積質量**　骨材の**最大寸法**❷以下の大粒・小粒の混合割合を**骨材の粒度**という。良好な粒度分布❸の骨材を用いれば，骨材どうしのすきまが少なくなり硬化後も均質なコンクリートをつくることができる。

骨材の単位容積質量［kg/L］は，骨材を定められた容器に詰めたとき，容積1Lあたりの骨材間の空隙を含む質量をいう。単位容積質量は，粒度分布が適度で，骨材の密度が高く丸みのあるほど大きい。一般に，細骨材（砂）で1.60 kg/L〜1.75 kg/L，粗骨材（砂利）で1.65 kg/L〜1.70 kg/Lである。

**(c) 骨材の含水状態**　骨材は水を含んだ量により，図4のように4種類❹の状態に分けられる。図(b)のような状態では，骨材が水分を吸収して練混ぜに必要な水が不足することになる。逆に，図(d)の状態では練混ぜ水が過多になる。練混ぜ水の量は，ワーカビリティー，硬化したコンクリートの強度や耐久性に影響することから，骨材の含水状態を確認してコンクリートの調合を行う。

❶ コンクリート中の塩化物の総量が0.3 kg/m³以下となるように制限されているので，細骨材に含まれる塩分濃度を確認して用いる。

❷ 骨材は，鉄筋と鉄筋，および鉄筋と型枠の間を容易に通過できるように最大寸法が定められている。

❸ 大きな粒から小さな粒までが適度に混ざり合っている状態。JASS 5で「骨材の標準粒度」が定められている。

❹ 図(a)は試料などとして人工的につくられる。

| (a) 絶乾状態 | (b) 気乾状態 | (c) 表乾状態 | (d) 湿潤状態 |
|---|---|---|---|
| 骨材内部に水分を含まない状態。 | 骨材内部の一部に水分を含む状態。 | 骨材内部に水分が満たされ，表面が乾燥している場合。 | 骨材内部が水分で満たされ，表面に水分が付着している状態。 |

図4　骨材の含水状態

**問3**　10Lの鉄製ますの容器に粗骨材を詰めてならし，容器中の粗骨材の質量を計測したところ，16.8 kgであった。この粗骨材の単位容積質量［kg/L］を求めなさい。

## 3　フレッシュコンクリート

まだ固まらないコンクリートを，**フレッシュコンクリート**❺という。フレッシュコンクリートは，材料の分離がなく作業性がよいものとしなければならない。

❺ fresh concrete

## 1 ワーカビリティー

フレッシュコンクリートは，材料の分離が生じることなく，運搬・打込み・仕上げなどの作業が容易にできることが要求される。これらの作業のしやすさの程度を，**ワーカビリティー**❶といい，良否で示される。ワーカビリティーは，構成材料が分離せず流動性や粘性が保たれたものが良，流動性があり作業しやすくても，材料が分離するものは否と判断される。

**(a) スランプ**　フレッシュコンクリートの軟らかさの程度をはかる試験を，スランプ試験❷という。図5にスランプ試験を示す。フレッシュコンクリートを，高さ30cmの円錐台状の容器（スランプコーン）に詰める❸。上面を平らにしてから，スランプコーンを垂直に引き抜くと，コンクリートはそれ自体の重さによってくずれて，上面は下がる。その下がり量を0.5cm単位で表し，これを**スランプ値**，または**スランプ**❹という。この値の大きいコンクリートほど，流動性は大きいが逆に，分離や**ブリーディング**❺が生じやすい。スランプは，ワーカビリティーを判断する一つのめやすとなる。

❶ workability

❷ JIS A 1101 : 2020 参照。

❸ コンクリートは3層に分けて詰め，各層とも突き棒の先端でならし，25回ずつ均等に突く。

❹ slump

❺ bleeding：ブリージングともいう。
→p.135

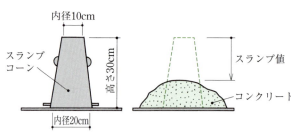
(a) スランプ試験

(b) スランプ試験のようす

図5　スランプ試験

❻ →p.136

❼ 連行空気という。直径0.0025mm～0.25mm程度で，AE剤による規定の空気量はコンクリートの品質によい影響を与える。

❽ コンクリートに含まれる水分の凍結，融解による体積変化に対して，気泡がクッションの働きをする。

❾ 空気とコンクリートの容積比の百分率。

❿ →p.138 表8

**問 4**　スランプ18cmと12cmのフレッシュコンクリートでは，どちらが軟らかいか答えなさい。

**(b) ワーカビリティーの改善**　ワーカビリティーを改善するには，一般的にAE剤❻を使用する。AE剤を添加したフレッシュコンクリートには，ひじょうに小さな気泡❼が無数に発生する。この気泡の働きで流動性がよくなり，均質で凍結融解に対する抵抗性❽もよくなる。ただし，空気量が多くなるにつれて強度は低下するので，コンクリートの空気量❾は4.5%を標準とする。

フレッシュコンクリート中の水量を増すと流動性はよくなるが，分離・ブリーディングが生じやすく，品質のよいコンクリートは得られないので，水量には上限❿が設けられている。

## 2 分離・ブリーディング

フレッシュコンクリートは，練り混ぜてから凝結の初期まで，それから固まるまでと，その性質は刻々と変化する。凝結の最初の段階で生じやすい現象が，分離とブリーディングである。

**(a) 分離** フレッシュコンクリートは，構成材料の密度が異なるため，骨材のように重いものは下方へ，気泡や水などは上方に集まりやすい。また，水が多く粘りのないコンクリートは，運搬や打込み作業のさいに，粗骨材とモルタルが分かれて不均一になる現象が生じやすい。これらの現象を**分離**[1]といい，次のような不良部分が生じ，硬化後のコンクリートの強度や耐久性が低下する。

[1] segregation

- **す・豆板**[2] 分離によって粗骨材が集まって固まり，コンクリート内部に生じるすきまの多い不良部分を**す**という。図6(a)のように，コンクリートの表面に生じたすを**豆板**という。

[2] honeycomb

- **コールドジョイント**[3] 図(b)のように，連続したコンクリート打ち作業の途中で，先に打ち込んだコンクリートと，あとから打ち込んだコンクリートとの打継ぎ部分に生じた一体化しない継目をいう。

[3] cold joint

(a) 豆板　　　　(b) コールドジョイント
図6　豆板とコールドジョイントの例

**(b) ブリーディング** フレッシュコンクリートは打込みの直後から，固体材料の沈降または分離によって練混ぜ水の一部が遊離して，コンクリートの上面に上昇する現象が起こる。これをブリーディングという。このとき，水とともに気泡や骨材・セメント中の軽く微細なものがコンクリートの上面に浮き上がり，薄い層をつくる。これを**レイタンス**[4]という。レイタンスは強度がほとんどないので，コンクリートを打ち継ぐときは，レイタンスを取り除かなければならない。除去がふじゅうぶんだと，コンクリートの連続性は失われる。

[4] laitance

また，コンクリートは，ブリーディングにともなって体積も縮小す

る。そのために，コンクリートの上面は，図7のように時間の経過とともに沈降する。このとき，配置された鉄筋の位置は保たれているので，図8(a)のように鉄筋の下端に**水隙**❶ができたり，図(b)のように鉄筋の上端にあるコンクリートにひび割れが生じたりする。

❶ 水・気泡などのたまったすきま。

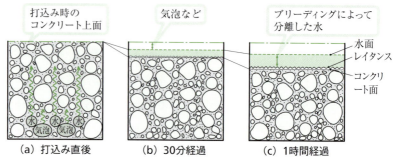

図7　ブリーディングとコンクリートの沈降

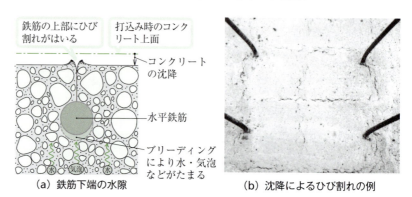

図8　鉄筋下端の水隙と沈降によるひび割れ

## 3　混和剤

**混和剤**❷は，おもにフレッシュコンクリートに要求される品質を改良する目的で使用される。使用量が適切であれば，硬化後のコンクリートの品質はほとんど変わらない。混和剤の種類を表5に示す。

❷ chemical admixture：セメント，水および骨材以外の材料で，コンクリートに特別な性質を与えるために加える混和材料には，混和剤と混和材がある。
　混和剤は，使用量が微量でコンクリートの練上がり容積には算入されない。
　混和材（admixture）は，使用量は少量であるが，コンクリートの練上がり容積に算入される。高炉スラグ微粉末，フライアッシュ，石粉などがある。
　また，セメントと混和材の微粉末状の物質を総称して粉体という。

表5　混和剤の種類と効果

| 種　　類 | 効　　果 |
|---|---|
| AE剤 | コンクリート中に無数の微細な気泡を生じさせ，ワーカビリティーと凍結融解に対する抵抗性を改善する。 |
| 減水剤 | セメント粒子の分散作用により，コンクリートの流動性が増すので，所定のスランプを得るのに必要なコンクリートの単位水量を減らすことができる。 |
| AE減水剤 | AE剤の効果と，減水剤の効果を合わせもつ混和剤。 |
| 高性能AE減水剤 | 高強度，高流動コンクリートや高耐久性コンクリートに使用され，高い減水性能とすぐれたスランプ保持性能を有する。 |

（JIS A 6204：2011による）

混和剤は，フレッシュコンクリートの単位水量をそれほど増加させずにスランプを調節でき，分離やブリーディングを減少させる効果があるので，多くのコンクリートで AE 剤や高性能 AE 減水剤が用いられる。

**問 5** フレッシュコンクリートに AE 剤を用いる理由を述べなさい。

## 4 硬化後のコンクリート

硬化したコンクリートは，要求される強度を満足するものでなければならない。このほか，長期間にわたり安定して性能を保つ耐久性も求められる。

### 1 コンクリートの強度

コンクリートの強度は，圧縮強度を基準にして表す。これは，コンクリートが圧縮力に強い性質をもっているからである。一般に，圧縮強度が高いコンクリートは，耐久性もすぐれている。

**(a) 圧縮強度** コンクリートの強度は，材齢 28 日の標準試験[1]による圧縮強度で判定される。圧縮強度の材齢による変化は，図 9 に示すように，はじめは急速に上昇するが，材齢 28 日ほどで安定し，その後の増加はわずかで，ゆっくりと長期にわたる。

引張強度・せん断強度・付着強度は，表 6 のように圧縮強度から推定できる。圧縮強度が高ければ，ほかの強度も高い。

コンクリートの圧縮強度に影響するおもな要因を表 7 に示す。これらの要因が複雑に関連し合い，圧縮強度に影響を与える。

[1] JIS A 1108:2018「コンクリートの圧縮強度試験方法」と JIS A 1132:2020「コンクリート強度試験用供試体の作り方」による。

[2] 材齢 28 日の圧縮強度を 100 としたときの比率。

[3] ➡ p.138

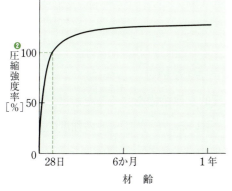

図 9 材齢と圧縮強度率の変化

表 6 コンクリートの強度の割合

| 圧縮強度 | 引張強度 | せん断強度 | 付着強度 |
|---|---|---|---|
| 100% | 約 10% | 約 20% | 約 20% |

圧縮強度を基準(100%)とした場合の各強度の割合

表 7 圧縮強度に影響を与えるおもな要因

| 基本項目 | おもな要因 |
|---|---|
| 時　間 | 材齢 |
| 使用材料 | セメントの種類，骨材，練混ぜ水，混和剤 |
| 調合設計 | 水セメント比[3]，空気量，セメントの圧縮強度 |
| 施工条件 | 打込み方法，締固め方法，温度，養生 |

第 3 節　コンクリート

❶ water-cement ratio：セメント以外の結合材を混和材として加える場合は，水結合材比を用いる。
結合材 (binder) は，セメント，高炉スラグ微粉末，フライアッシュなど水と反応してコンクリートの硬化に寄与する材料のことである。
水結合材比 (water-binder ratio) は水と結合材の質量比のことである。
❷ p.130 に示すセメントの強度 $K$ のこと。

(b) **水セメント比と強度** コンクリートの圧縮強度は，おもに骨材を結合するセメントペースト中の水 $W$ と，セメント $C$ との質量比に影響される。この質量比を**水セメント比**❶という。

●水セメント比 $= \dfrac{W}{C} \times 100$ ［％］

水セメント比 $\dfrac{W}{C}$ と圧縮強度の関係をセメントの強度❷別に図10に示す。水セメント比が小さくなるほど，圧縮強度は高くなる。

なお，水セメント比が大きくなると，強度や耐久性・水密性・乾燥による収縮性などに好ましくない影響を与えるので，水セメント比の最大値❸は表8に示す数値以下に定められている。

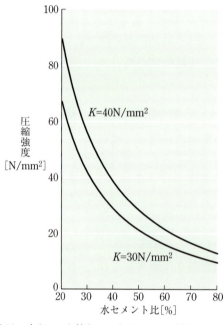

図10 水セメント比とコンクリートの圧縮強度の関係

表8 水セメント比の最大値

| 分類 | セメントの種類 | 水セメント比の最大値 |
|---|---|---|
| ポルトランドセメント | 普通ポルトランドセメント<br>早強ポルトランドセメント<br>中庸熱ポルトランドセメント<br>低熱ポルトランドセメント | 65％ |
| 混合セメント | 高炉セメントA種<br>フライアッシュセメントA種<br>高炉セメントB種<br>フライアッシュセメントB種 | 65％ |

（日本建築学会編「建築工事標準仕様書・同解説 JASS 5 鉄筋コンクリート工事：2022」より作成）

❸ セメント以外に混和材を加える場合は，混和材の微粉末も含めた水粉体比を用いる。水粉体比は，水と粉体の質量比の百分率であり，最大値は水セメント比と同じ65％である。
❹ ➡ p.19
❺ 部材内部に生じる単位面積あたりの圧縮力。
❻ 単位長さあたりの変形量。

**問6** 同じセメントを用いるとき，$\dfrac{W}{C} = 50\%$ と $\dfrac{W}{C} = 60\%$ のコンクリートでは，どちらのほうが圧縮強度は高いか答えなさい。

(c) **設計基準強度** 安全で合理的な建築物をつくるために，構造設計❹が行われる。この構造設計で用いるコンクリートの強度の基準が設計基準強度 $F_c$ である。一般に使用される設計基準強度を表9に示す。

(d) **圧縮応力度とひずみ度** コンクリートの**圧縮応力度**❺と**ひずみ度**❻の関係は，図11のように，圧縮応力度の低い間は直線に近いが，高くなると圧縮応力度の増加に比べてひずみ度の増加が大きくなる。

表9 コンクリートの種類と設計基準強度 [N/mm²]

| コンクリートの種類 | | 設計基準強度 $F_c$ |
|---|---|---|
| 普通コンクリート | | 18以上48以下 |
| 軽量コンクリート | 1種 | 18以上36以下 |
| | 2種 | 18以上27以下 |

(日本建築学会編「建築工事標準仕様書・同解説 JASS 5 鉄筋コンクリート工事:2022」より作成)

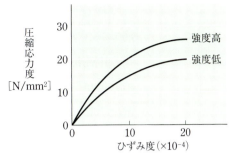

図11 圧縮応力度とひずみ度曲線

なお，一般に，強度の低いコンクリートほど，同一の圧縮応力度に対するひずみ度は高い。

## 2 コンクリートの性質

硬化したコンクリートは，次に示すさまざまな性質をもつ。

**(a) 乾燥による収縮** コンクリートは，乾燥するにつれてセメントペースト中の水分が失われていき，収縮が起こる。その収縮率[1]は，条件によって異なるが，一般に，水セメント比の大きいコンクリートやセメント量の多いコンクリートほど高くなる。

鉄筋コンクリート構造は一体につくられるので，各部材の両端は固定された状態にある。したがって，乾燥による収縮量が大きい部材は，両端から引っ張られた状態になり，ひび割れが起こる。

**(b) 熱に対する性質** コンクリートは熱を伝えにくく，また，燃えない材料（**不燃材料**）である。長時間にわたり高温で熱せられると，コンクリートは劣化する。短時間であれば，熱が内部まで伝わりにくいので，急激な強度低下や破損は現れない。

なお，常温時において鉄筋とコンクリートの**線膨張係数**[2]は，ほぼ等しい。したがって，図12(a)に示すように，常温時では温度の変化

[1] 物体が含む水の量の変化によって，ある長さがどれだけ変化したかを示す割合。普通コンクリートの長さ方向の収縮率は，一般に，$6\sim10\times10^{-4}$ 程度。

[2] 温度上昇の変化によってある長さが，どれだけ膨張するかを示す係数で約 $1\times10^{-5}$ [1/℃] である。

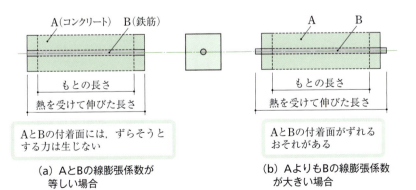

図12 常温でのコンクリートと鉄筋の膨張

につれて二つの部材間には，ずれが生じるおそれはない。これが，鉄筋コンクリート構造がなりたつ条件になる。

**(c) 中性化**　コンクリートはアルカリ性であるから，鉄筋のさび止め効果がある。しかし，年数の経過とともに，空気中の二酸化炭素などにより，コンクリートのアルカリ性が失われて**中性化**❶する。コンクリートの表面から内部に向かって中性化が進み，やがて鉄筋の位置まで達すると，さび止め効果がなくなり鉄筋はさびやすくなる。図13のように鉄筋はさびると膨張し，鉄筋に沿ってコンクリートにひび割れが生じて，やがてコンクリートがはがれ落ちる。

計画供用期間の級❷とも関連するが，コンクリートの耐久性を向上させるには，中性化の進行を遅らせる必要がある。図14に示すように，水セメント比が小さいほど中性化深さ❸は浅くなる。

❶ neutralization

❷ ➡ p.142
❸ コンクリート表面から中性化している部分を測定した深さ。

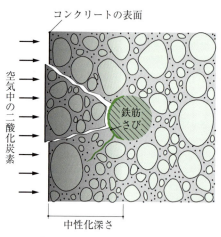

図13　中性化による鉄筋のさびとコンクリートのひび割れ

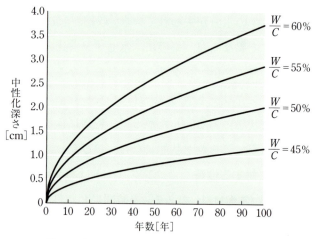

図14　水セメント比とコンクリートの中性化深さ

**(d) アルカリ骨材反応**　骨材中の成分がセメントペーストに含まれるアルカリ成分と化学反応を起こして水分を吸収し，骨材が膨張を起こす現象を**アルカリ骨材反応**❹という。図15に，この現象によってコンクリートにひび割れが発生する例を示す。この現象を起こしやすい骨材は，シリカ質鉱物❺などに多くみられる。

このように骨材自体がもっている性質のほか，コンクリート中のアルカリ総量やコンクリートの調合，建築物の環境，使用条件などいろいろな要因によってアルカリ骨材反応が起こる。

**(e) 塩化物**　コンクリート中に，一定以上の塩化物が存在すると，鉄筋をさびさせる原因となる。そこで，コンクリートの単位容積あた

❹ alkali aggregate reaction

❺ 石英やオパールなど。

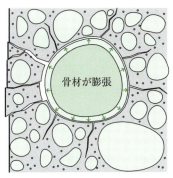

図15 アルカリ骨材反応によるコンクリートのひび割れ　　図16 簡易試験による塩化物イオン量測定の例

りに含まれる塩化物の量が定められている。それを**塩化物イオン量**という。また、$0.30\,\text{kg/m}^3$ 以下とされている。その試験のようすを図16に示す。

**問 7** 同じセメントを用いて同じ年数が経過したコンクリートでは、水セメント比50%と60%では、どちらのほうが中性化深さは深いか、図14より答えなさい。

## 5　コンクリートの調合

コンクリートをつくるときのセメント・水・骨材（粗骨材・細骨材）の混合割合を**調合**❶または**配合**という。

コンクリートの調合は、所要の強度・耐久性やワーカビリティーが得られ、環境性❷や経済性も満足するように、図17の手順で決める。

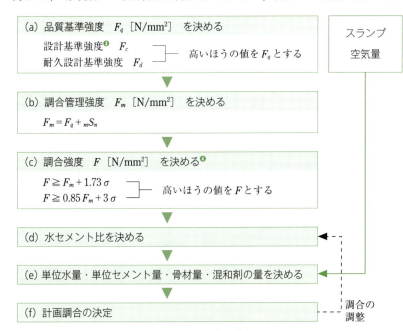

図17　調合の手順

❶ mixing, mix proportion

❷ コンクリートに使用する材料は、建築物の供用期間中に有害化学物質が溶出しないものを使用し、使用する材料の資源循環性と低炭素性を等級評価すること。

❸ ➡ p.139 表9

❹ 調合管理強度を決定したあとに続く調合は、原則としてコンクリート製造工場が行う。

第3節　コンクリート　**141**

❶ 柱・梁・基礎など。

❷ 構造体に大規模な修繕をしなくても使用できる期間。長期供用級はおよそ100年，構造体の鉄筋を腐食させない品質のコンクリートにする。

❸ 現場で躯体に打ち込んだコンクリート。

❹ 供試体を湿潤状態にして，温度を$20\pm3$℃に保ちながら養生すること。

**(a) 品質基準強度 $F_q$ を決める**　構造体❶が必要とするコンクリートの圧縮強度を**品質基準強度** $F_q$ といい，設計基準強度と耐久設計基準強度の大きいほうの値とする。

耐久設計基準強度は，表10に示す構造体の計画供用期間❷の級に応じて，耐久性を確保するために必要とするコンクリートの圧縮強度である。

表10　コンクリートの耐久設計基準強度

| 計画供用期間の級 | 計画供用期間 | 耐久設計基準強度 [N/mm²] |
|---|---|---|
| 短期供用級 | およそ30年 | 18 |
| 標準供用級 | およそ65年 | 24 |
| 長期供用級 | およそ100年 | 30* |
| 超長期供用級 | 100年超 | 36** |

＊　かぶり厚さを10 mm増やした場合は，27 N/mm²とすることができる。
＊＊　かぶり厚さを10 mm増やした場合は，30 N/mm²とすることができる。
（日本建築学会編「建築工事標準仕様書・同解説　JASS 5 鉄筋コンクリート工事：2022」より作成）

これにより，品質基準強度 $F_q$ を満足させれば，計画する強度や耐久性をもったコンクリートを得ることができる。しかし，この値で調合強度 $F$ を決定すると，構造体コンクリート❸が目標とする品質基準強度 $F_q$ に達しないことがある。このため，次の(b)，(c)の補正をして調合強度 $F$ を求める。

**(b) 調合管理強度 $F_m$ を決める**　構造体コンクリートが目標の強度に達したことを確認するには，構造体コンクリートと同じコンクリートでつくり**標準養生**❹した供試体の強度で確認する。

供試体は養生条件がよく，構造体コンクリートより強度が高くなることが一般的である。このため，供試体が目標の強度に達していても，構造体コンクリートは達していないことが多い。構造体コンクリートに確実に目標の強度を与えるためには，供試体の強度の目標を高めに設定しておく必要がある。

この段階における供試体の目標の強度を**調合管理強度** $F_m$ といい，品質基準強度 $F_q$ に，材齢 $m$ 日の供試体と材齢 $n$ 日の構造体コンクリートの強度の差を補う構造体強度補正値 $_mS_n$ を加えて求める。原則として，標準養生した供試体は28日，構造体コンクリートは91日の圧縮強度をとるので，$_{28}S_{91}$ と表す。$_{28}S_{91}$ は標準値が決められており，普通ポルトランドセメントを使用してコンクリートの打込みから28日までの

予想平均気温が8℃以上の場合，3N/mm²をとる。

(c) **調合強度 F を決める** 　現場で打ち込むコンクリートは強度の発生がばらつくことがあるので，コンクリートの圧縮強度の標準偏差σ（シグマ）を用いて調合管理強度 $F_m$ を割り増して**調合強度 F** とする。

標準偏差σは，コンクリート製造工場で供試体の強度試験を数多く行い，その実績から決めるが，工場に実績がない場合は，2.5 N/mm² または 0.1$F_m$ の大きいほうの値をとる。

(d) **水セメント比を決める** 　調合強度 F が得られる**水セメント比**は，実際に使用するコンクリートとスランプ，空気量などの強度以外の性質がほぼ同一となるようにしたうえで，水セメント比を変化させて**試し練り**を行う。図18に示すように水セメント比と試し練りをしたコンクリートの圧縮強度との相関関係を求めて決定する。

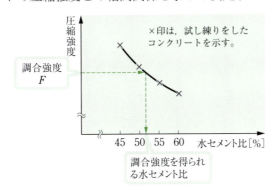

図18　水セメント比と圧縮強度の相関関係

(e) **水・セメント・骨材・混和剤の量を決める** 　フレッシュコンクリート 1 m³ 中に含まれる水・セメント・骨材の質量を単位水量・単位セメント量・単位粗骨材量・単位細骨材量といい，次のように求める。

・**単位水量** 　単位水量は，表11 の標準値から求める。水量が多いと，収縮・ひび割れが発生したり，水密性・耐久性が低下したりするので，水量はなるべく少なくする。普通コンクリートの単位水量は 185 kg/m³ 以下とする。

・**単位セメント量** 　単位セメント量は，水セメント比と単位水量の関係❶から求める。乾燥収縮によるひび割れ防止をするには，セメント量が少ないほうがよいが，少なすぎるとワーカビリティー・耐久性・水密性などの低下をまねきやすい。このため，普通コンクリートの単位セメント量は 270 kg/m³ 以上とする。

❶ →p.138

❶❷ 普通ポルトランドセメントおよびAE減水剤を用いる普通コンクリートを使用した場合。

表11 単位水量の標準値❶ [kg/m³]
（水セメント比55%の例）

| スランプ [cm] | 粗骨材の種類（最大寸法） ||
| --- | --- | --- |
| | 砕石（20 mm） | 砂利（25 mm） |
| 12 | 162 | 151 |
| 15 | 168 | 157 |
| 18 | 179 | 168 |

表12 単位粗骨材かさ容積の標準値❷ [m³/m³]
（水セメント比40～60%の例）

| スランプ [cm] | 砕石最大寸法 20 mm | 砂利最大寸法 25 mm |
| --- | --- | --- |
| 12 | 0.65 | 0.66 |
| 15 | 0.64 | 0.65 |
| 18 | 0.60 | 0.61 |

（表11，12ともに日本建築学会編「建築工事標準仕様書・同解説 JASS 5 鉄筋コンクリート工事：2018」より作成）

- **単位粗骨材量** 単位粗骨材量は表12の標準値と粗骨材の単位容積質量の積で求める。標準値のかさ容量は，骨材を容器に詰めたときの空隙も含めた容積をいう。

- **単位細骨材量** 1 m³のコンクリートに必要なセメント・水・粗骨材・空気の絶対容積❸を算出しておき，1 m³に不足する絶対容積から単位細骨材量を求める。

❸ フレッシュコンクリートにおいて，各材料が占める容積のこと。骨材の場合は，骨材間のすき間を除いた，骨材そのものの容積。

- **混和剤量** 所定のスランプ，空気量が得られるように定める。

(f) **計画調合の決定** コンクリート1 m³あたりの材料使用量が決まると試し練りを行い，次の①～④の条件を満足しているか確認する。その結果，満足していなければ，その原因を明らかにし，調整を行う。

① ワーカビリティーが良好であること。
② スランプ値❹は，所定の範囲内にあること。
③ 空気量❺は，所定の範囲内にあること。
④ 塩化物イオン量❻は，所定の範囲内にあること。

このようにコンクリートの性能を確認して，**計画調合**を決定する。

❹ 普通コンクリートのスランプは，18 cm以下を標準として定めている。

❺ AE剤を用いたコンクリートの空気量は4.5%を目標として調合し，4.5±1.5%の範囲内が許容値と定められている。

❻ ➡p.141

**問 8** 計画供用期間の級を長期供用級，使用期間をおよそ100年とした鉄筋コンクリート構造物を建設する。ここで用いるコンクリートの設計基準強度は$F_c=27$ N/mm²とし，工事中の予想平均気温は20℃である場合，調合管理強度$F_m$を求めなさい。

## 6 レディーミクストコンクリート

❼ ready-mixed concrete

❽ 略して「生コン」ともいう。

レディーミクストコンクリート❼は，コンクリート製造工場でつくられ，図19に示すようにトラックアジテーターで現場に運搬されるフレッシュコンクリートのことで，生コンクリート❽ともよぶ。レディーミクストコンクリートの種類には，普通コンクリート，軽量コンクリー

ト，高強度コンクリートなどがある。

図19　レディーミクストコンクリートの荷卸しの例

　レディーミクストコンクリートの発注は，**呼び強度**を指定する。これは，レディーミクストコンクリートにおける圧縮強度の区分を示すもので，たとえば，呼び強度が21のレディーミクストコンクリートは，$21\,\text{N/mm}^2$の圧縮強度を保証する製品である。このため，呼び強度は調合管理強度以上としている。

　レディーミクストコンクリートの**呼び方**は，コンクリートの種類による記号，呼び強度，スランプまたはスランプフロー，粗骨材の最大寸法およびセメントの種類による記号[1]の5項目で示す。表13にその例を示す。

表13　レディーミクストコンクリートの呼び方

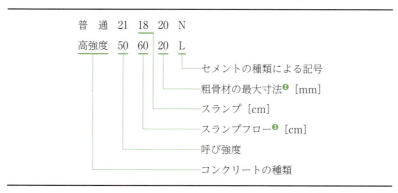

(JIS A 5308：2019による)

[1] ➡**p.131** 表1
[2] JASS 5により定められている（条件により20, 25, 40）。
[3] slump flow：スランプ試験と同様に，スランプコーンを引き上げたあと，広がった試料の直径で表す。図20に試験の例を示す。

図20　スランプフロー試験の例

## 7　いろいろなコンクリート

　普通コンクリートや軽量コンクリートのほかに，さまざまな機能をもったコンクリートがある。表14に，おもなものを示す。

表14 いろいろなコンクリートの種類と特徴

| 種類 | 特徴 |
|---|---|
| 高強度コンクリート[1] | 設計基準強度が$48\,N/mm^2$を超えるコンクリートをいう。プレストレストコンクリート[2]の構造物，高層建築物の躯体などに使用される。水セメント比を小さくして強度を高めるが，流動性が悪くなるので，高性能AE減水剤を用いる。火熱による爆裂を防ぐために細かな繊維や樹脂を混入することもある。 |
| 高流動コンクリート | 構成材料が分離することなく，流動性を著しく高めたコンクリートをいう。セメントや石灰石微粉末などの粉体，または増粘剤を混入し，高性能AE減水剤を用いて流動性を高める。流動性はスランプフローで表し，45cm〜65cmの範囲にする。 |
| 寒中コンクリート[3] | 養生[4]期間中に気温が低く，コンクリートの凍結や強度発現の遅れが生じるおそれのある時期に使用するコンクリートで，単位水量をできるだけ少なくし，AE剤などを混和して気泡を適度に分散させ凍害を防ぐ。気温によっては断熱または加熱して養生する。コンクリートを製造するときに，骨材と水を加熱する方法もとられる。 |
| 暑中コンクリート | コンクリート打ち込み時や養生期間が高温になると，凝結の進行や水分の蒸発が速くなり，スランプの低下や長期強度の低下，ひび割れが発生したりする。これを防ぐために，凝結速度を遅らせる遅延形のAE減水剤をコンクリートに混和する。コンクリートを製造するときに，散水して冷却した骨材を使用することもある。 |

（日本建築学会編「建築工事標準仕様書・同解説JASS 5鉄筋コンクリート工事：2022」より作成）

[1] high-strength concrete
[2] ➡p.199
[3] cold weather concrete
[4] コンクリートに所要の性能を発揮させるため，打込み直後の一定の期間に適切な温度と湿度を保ち，有害な作用から保護すること。

## 8 コンクリート製品

鉄筋コンクリート構造に使用するコンクリート製品は，省力化と工事の簡素化を目的に工場生産される。この工場生産された製品をプレキャストコンクリート[5]といい，柱や梁などの部材に用いたり，プレキャストコンクリート構造[6]のように躯体のほとんどを構成したりする。

[5] precast concrete 略してPCaと表記する。
[6] ➡p.193

**(a) 柱** 全断面を製品化したものと，外周部分を製品化し型枠と躯体の一部を兼ねるものがある。いずれも表面に仕上げを施した製品がある（図21(a)）。

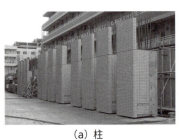
(a) 柱

(b) 梁　　(c) スラブ

図21　柱・梁・スラブの例

(b) **梁**　全断面，柱やスラブに接する部分を除く一部の断面，U字形断面の製品などがある。全断面のものはプレストレス❶を導入した梁として使用されることが多い。一部の断面の製品やU字型断面の製品は，現場で配筋しコンクリートを打ち込み一体化する（図(b)）。

(c) **スラブ**　全断面と，型枠と兼ねる断面の下部だけの製品がある。全断面のものはプレキャストコンクリート構造，断面の下部だけのものは鉄筋コンクリート構造での使用が多い（図(c)）。

(d) **階段・パラペット**　図22のような階段やパラペットなど複雑な形状のものがコンクリート製品として工場生産されている。これらの製品は，接合金物で接合したり，現場で配筋しコンクリートを打ち込み一体化したりする。

❶ ➡p.199

❷ autoclaved light-weight concrete

❸ ➡p.246

（a）階段

（b）パラペット

図22　階段・パラペットの例

**コラム column**

### ALCパネル

ALCパネル❷は，高温高圧蒸気養生で工場生産されるコンクリート製品である。軽量気泡コンクリートパネルともいわれ，パネルの中には鉄筋や鉄線などが補強材として入っている。密度は$0.45\,\text{g/cm}^3$以上，$0.55\,\text{g/cm}^3$未満と軽量で，断熱性に富んだ不燃材料である。ただし，軟質で吸水性があるので，使用場所に適した仕上げを施す。

図23　ALCパネルの例

ALCパネルはおもに，木構造では外壁，鉄筋コンクリート構造では間仕切壁，鋼構造では内外壁や床に使用される。図23は高層集合住宅の外壁に使用している例である。また，不燃性を生かし耐火被覆❸として使用されることもある。

■ **節末問題** ■

**1.** 次はセメントに関する記述である。正しいものは○，誤っているものは×を［ ］内に記入しなさい。
　　［　］(1) 一般の工事では，普通ポルトランドセメントが最も多く使われる。
　　［　］(2) 早強ポルトランドセメントは硬化が速く，夏期の工事に適する。
　　［　］(3) 低熱ポルトランドセメントは，高強度コンクリートに適する。
　　［　］(4) フライアッシュセメントは，流動性がよく水和熱が小さいので，大断面の構造物に適する。
　　［　］(5) 普通エコセメントは，コンクリート廃棄物をリサイクルしてつくる。

**2.** 次のことばの意味を説明しなさい。
　　(1) ブリーディング　　(2) レイタンス　　(3) コールドジョイント
　　(4) $\dfrac{W}{C}$　　(5) スランプ　　(6) ワーカビリティー
　　(7) フレッシュコンクリート　　(8) レディーミクストコンクリート

**3.** 次に示すレディーミクストコンクリートの呼び方について，5項目のそれぞれの意味を説明しなさい。

　　　　　　　　　　軽量1種　27　18　15　H

**4.** 次の文中の（　）内に適切なことばを記入して，文を完成させなさい。
　　(1) 普通コンクリートの気乾単位容積質量は（　①　）t/m³ 前後のものが多い。
　　(2) 高強度コンクリートは，設計基準強度が（　②　）N/mm² を超えるものをいい，（　③　）を小さくして強度を高める。
　　(3) 高流動コンクリートの流動性は（　④　）で表す。
　　(4) （　⑤　）コンクリートは，養生期間中にコンクリートが凍結するおそれがある場合に使用する。

**5.** コンクリート製品を使用することによる利点を考えなさい。

## 4節 基礎

Chapter 3

基礎の役割は、建築物の荷重を地盤に伝えることである。ここでは、木構造に比べて大規模な鉄筋コンクリート構造の基礎について学ぶ。

### 1 基礎の形式

鉄筋コンクリート構造の基礎は、建築物の固定荷重が大きいため大規模となる。

#### 1 基礎の構成と分類

鉄筋コンクリート構造の**基礎**は、図1のように**基礎スラブ**と**杭**を総称したものである。基礎スラブは**フーチング**❶ともよぶ。建築物に働く荷重は、基礎スラブから地業❷、または杭を介して地盤に伝えられる。

❶ footing
❷ ➡ p.42

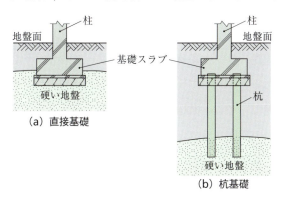

図1 基礎

基礎は支持形式・形状により、表1のように分類される。

表1 基礎の分類

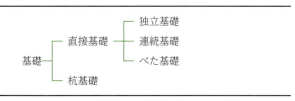

#### 2 直接基礎

直接基礎は、基礎スラブから荷重を直接、地盤に伝える基礎である。建築物の形式や規模、基礎にかかる荷重と地耐力❸の大きさなどに応じて形状を決める。

❸ 建築物を安全に支えられる地盤の強さのこと。

第4節 基礎 **149**

❶ individual footing：独立フーチング基礎ともいう。
❷ つなぎ梁ともいう。

(a) **独立基礎**❶　図2のように，1本の柱の荷重を一つの基礎スラブで支持するものである。この形式は，底面の形を正方形または長方形とし，一般に，基礎梁❷を用いて相互に連結する。

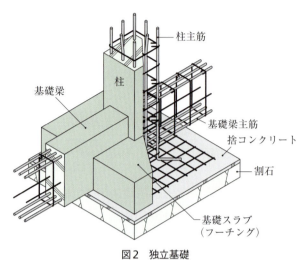

図2　独立基礎

❸ continuous footing foundation：連続フーチング基礎ともいう。

(b) **連続基礎**❸　図3(a)のように，基礎スラブが連続した基礎である。また，基礎スラブと基礎梁が一体となっており，その断面形状は逆T字形である。

❹ ➡p.43

(c) **べた基礎**❹　図(b)のように，建築物の底面全面あるいは広範囲な部分を一つの基礎スラブとして，上からの荷重を地盤に伝える基礎である。べた基礎は，地盤が軟弱な場合，きわめて大きな長期荷重を支えるために基礎底面が著しく広くなる場合や，地下階を有する建築物の場合などに用いることが多い。

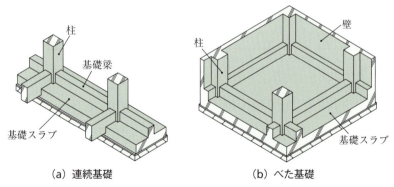

図3　連続基礎とべた基礎

❺ pile foundation

## 3　杭基礎

図4のように，適切な支持層へ杭により荷重を伝える基礎を**杭基礎**❺という。鉄筋コンクリート構造物の質量が大きく，上層地盤の支持力では支えき

れない場合，地質調査に基づいて杭基礎を用いる。

杭は次のように分類できる。

① 支持形式による分類……支持杭，摩擦杭
② 材料による分類……コンクリート杭，鋼杭

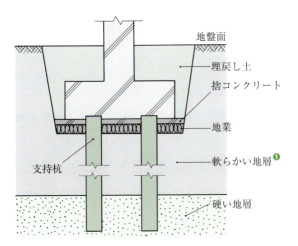

図4　杭基礎（支持杭の例）

❶ 建築物を安全に支えるためにじゅうぶんな支持力がない地層。たとえば，水分を含み，じゅうぶん締め固められていない地層がこれにあたる。

(a) **支持形式による分類**　　杭の選定は，硬い地盤に支持させる支持杭を原則とする。

・**支持杭**　　支持杭は，図5のように杭の先端を硬い地盤に打ち込み，おもにその杭の先端に接する地盤の抵抗で支える。硬い地盤が比較的浅い位置にある場合に，支持杭が用いられる。

・**摩擦杭**　　摩擦杭は，図6のように土と杭の接触面の摩擦力で支える。硬い地層が深い位置にあり，そこまで杭を打ち込むことが困難な場合は，摩擦杭とする。

(b) **材料による分類**　　どの材料の杭にするかの選定は，地盤条件，構造物の特性，施工条件などを総合的に比較して決定する。

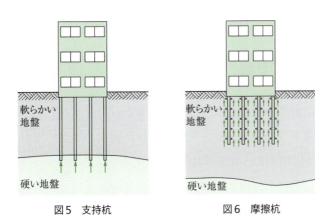

図5　支持杭　　　図6　摩擦杭

・**コンクリート杭**　コンクリート杭には，既製コンクリート杭と場所打ちコンクリート杭がある。図7に示す既製コンクリート杭は，工場生産されたPHC❶杭である。中空円筒形が一般的で，1本の長さが15m程度のものまである。

　場所打ちコンクリート杭は，現場の設置場所に穴をあけ，その地中にかご状の鉄筋を設置し，コンクリートを打ち込んでつくる。大規模な建築物の基礎に用いられることが多い。

・**鋼杭**　鋼杭は，鋼管またはH形鋼を杭として用いる。支持力が大きく，経済的で，溶接などにより長尺杭とすることも可能である。図8のように，鋼管の先端にらせん状の羽根を溶接して，回転圧入することで低騒音，低振動などの利点を備えた鋼管杭もある。

　鋼杭は，地中での腐食❷を見込んで，厚めの鋼材を用いる方法が一般的である。

❶ prestressed high-strength concreteの略：プレストレスト高強度コンクリート

❷ 1年で0.02mm，100年で2mmの腐食を考慮する。

（a）プレストレスト高強度コンクリート杭

（b）プレストレスト高強度コンクリート杭（節付き）

図7　既製コンクリート杭の例

（a）回転圧入鋼管杭

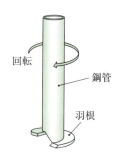
（b）杭先端部

図8　回転圧入鋼管杭の例

**問1**　どのような地盤で杭基礎が用いられるかを調べなさい。また，近くに工事現場があれば，どのような基礎が用いられているかを調べなさい。

## 2　基礎の計画

基礎を設計する場合，次の点に注意する。

① 基礎スラブや支持杭の先端などは，硬質の地盤に支持させる。
② 図9に示すような不同沈下❸が生じないようにするために，異種形式の杭の混用や，直接基礎と杭基礎の混用は避ける。
③ 基礎相互は，基礎梁で連結する。

❸ 構造物全体または部分が傾斜して沈下すること。構造物が傾いたり，ひび割れが発生するなど重大な欠陥を生じる。

④ 基礎底面は，寒冷期に地下が凍結する深さより深くする。

⑤ 圧密や液状化現象❶などに対しては，地盤改良を施すなど，じゅうぶんな対策を行う。

❶ ➡p.41

以上の点を考慮したうえで，基礎にかかる荷重と地耐力の大きさによって，基礎の形状・大きさを決定する。

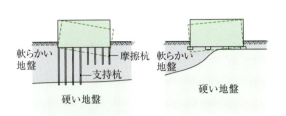

図9 不同沈下の例

### 節末問題

1. 次に示す基礎と杭の特徴を述べなさい。
   (1) 独立基礎　　(2) 連続基礎　　(3) べた基礎　　(4) 杭基礎
   (5) 支持杭　　　(6) 摩擦杭　　　(7) コンクリート杭　　(8) 鋼杭

2. 図10は，基礎伏図の一部である。各基礎の名称を答えなさい。

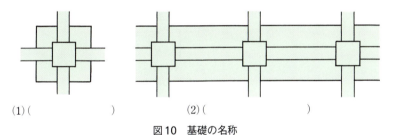

(1)(　　　　　　　)　　(2)(　　　　　　　　　)

図10 基礎の名称

3. 次の文中の（　　　）の中に，適切なことばを記入し，文を完成させなさい。
   (1) 基礎スラブは（　①　）ともよぶ。
   (2) PHC杭の長さは，（　②　）程度のものまである。
   (3) 鋼杭の種類は，鋼管と（　③　）がある。
   (4) 鋼管の先端にらせん状の羽根を溶接して回転圧入する杭は，（　④　）鋼管杭という。

第4節　基礎　153

# 5節 躯体

ここでは，ラーメン構造を中心に，部材の構成，部材断面の大きさのめやす，鉄筋の役割・組み方，技術規準などについて学ぶ。

## 1 躯体の構成

鉄筋コンクリート構造は，図1のように，柱・梁・床・壁などで構成される。

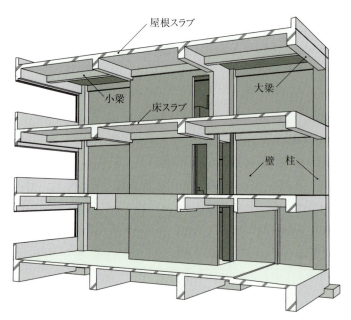

図1 躯体の構成

### 1 柱

屋根・床・梁などの荷重を支え，下部の構造に伝える鉛直部材を柱という。柱の断面は，あらゆる水平方向から加わる地震力に抵抗できるよう，極端に細長い形や不整形なものとせず，一般に，図2のような正方形・長方形・円形の断面とする。

柱に生じる力は，下階にいくほど大きくなるので，断面もこれに応じて上階より下階を大きくする。

一般に，階高が約4mで大梁のスパンが6m前後の場合，最上階における柱断面の最小径を50cm程度とすることが多い。

柱の配置は，平面計画のうえからさまざまな制約を受けるが，なるべく規則的な配置とすることが望ましい。

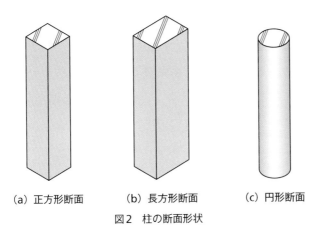

(a) 正方形断面　　(b) 長方形断面　　(c) 円形断面

図2　柱の断面形状

## 2　梁

梁には大梁と小梁がある。大梁とは柱とともに躯体を構成する主要な梁である。また，小梁とは大梁と大梁の間にかけ渡し，スラブを支持し，その荷重を大梁に伝達する梁である。

柱の頭部どうしを大梁でつなぐ構成をラーメン構造という。ラーメン構造は，図3のように，上階の柱は最下階まで通すことを原則として立体格子状に計画することが基本となる。また，柱の間隔は，一般に，5m～7mくらいとし，これが大梁のスパンとなる。

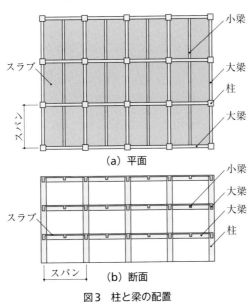

図3　柱と梁の配置

大梁は図4の長方形断面の部分をいい，スラブと一体に構成され，床の鉛直荷重を支えると同時に，地震力その他の水平力にも抵抗する。構造設計では，梁の断面形を，図4のようにスラブを含めT字形あるいはL字形とみなして計算することが多い。

一般に，大梁はスパンが6m前後の場合，梁せいは大梁スパンの$\frac{1}{10}$程度，梁幅は梁せいの$\frac{1}{2}$程度とすることが多い。しかし，梁に生じる曲げモーメントとせん断力は，中央部より端部のほうが大きいので，図5のように，端部の梁せいを大きくとって調整する場合もある。このような傾斜のついた梁端部を**ハンチ**❶という。

❶ haunch

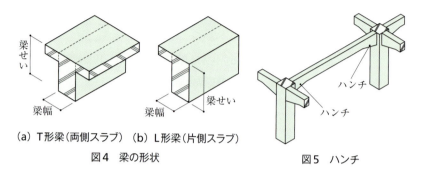

（a）T形梁（両側スラブ）　（b）L形梁（片側スラブ）
図4　梁の形状

図5　ハンチ

問 1　身近にある鉄筋コンクリート構造の建築物について，柱の断面寸法および柱間隔を実際にはかりなさい。

## 3 スラブ

スラブは，通常，積載荷重などの鉛直荷重を直接支持する。図6のように，建築物の床を形成するスラブを床スラブといい，屋根においては屋根スラブという。

スラブは床の鉛直荷重を周辺の梁に伝えるほか，水平力が作用する場合は，梁と一体となり，ラーメン構造をなりたたせるのに必要な堅固な水平面を構成する役割がある。

一般に床スラブは，4辺を梁で支持された周辺固定スラブが用いら

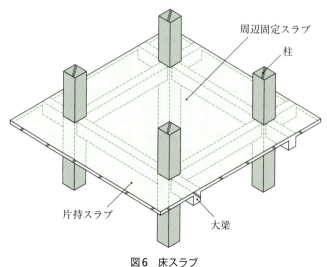

図6　床スラブ

れる。バルコニーなどには，1辺のみを固定した片持スラブが用いられることが多い。周辺を固定した床スラブの厚さは，一般に 15 cm 程度とすることが多い。

　床スラブが広くなる場合，または，倉庫などのように床の積載荷重が大きい場合などは，大梁の中間部に小梁を配置して床スラブを支持する。

**問 2**　鉄筋コンクリート構造の階段踊り場で，スラブ厚を測定できるところをみつけ，実際にはかりなさい。

## 4　壁

壁は，空間を分割する鉛直方向の構造物であり，**耐力壁**と**非耐力壁**がある。

**（a）耐力壁**　空間を分割するだけでなく，鉛直荷重を支え水平力に抵抗する壁を耐力壁という。鉄筋コンクリート構造の場合，とくに地震力に抵抗する役割が大きいので耐震壁ともいう。壁厚は 12 cm 以上とし，**耐力**[1]が減小する原因となる開口部はなるべく設けないようにする。

❶ strength；構造物・部材などの荷重・外力に対する抵抗力。

**（b）非耐力壁**　非耐力壁は，空間を分割するためのものである。したがって，必ずしも鉄筋コンクリート構造とする必要はなく，なるべく軽くて，遮音性や断熱性などにすぐれた材料で構成することが望ましい。

　非耐力壁には，図7のようにコンクリートブロック・ALCパネル・木材・金属などが用いられ，外壁には**カーテンウォール**[2]が用いられることもある。鉄筋コンクリート構造とする場合には，壁厚は，一般に，間仕切壁で 10 cm 以上，外周壁で 12 cm 以上とし，図8のように，

❷ ➡p.251

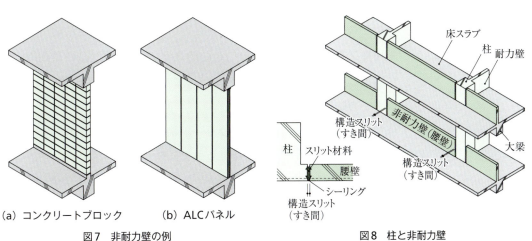

（a）コンクリートブロック　（b）ALCパネル

図7　非耐力壁の例

図8　柱と非耐力壁

❶ 腰壁などは，柱と一体につくると，柱に大きなせん断力を生じさせるので，それを防ぐために，構造スリット（すき間）などを設けて，切り離す。

地震などの水平力の影響で柱が破壊されないように非耐力壁と縁を切る❶こともある。

**問 3** 空間を分割する以外に，壁にどのような役割があるかまとめなさい。

## 5 階 段

鉄筋コンクリート構造の階段は，ほかの構造の階段と比較して，じょうぶで耐火性にすぐれ，形態の自由度も大きい。構造的には，上階と下階をつなぐ傾斜した床スラブと考えることができる。

**(a) 階段の形式**　階段の形式には，周囲の支持状態によって，図9のような形式がある。

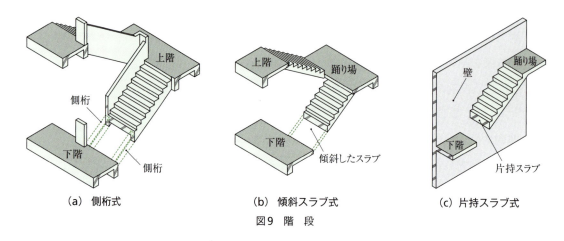

(a) 側桁式　　(b) 傾斜スラブ式　　(c) 片持スラブ式
図9 階　段

• **側桁式（4辺支持）**　側桁式は，図(a)のように，階段スラブの周囲を壁や側桁で支持する階段である。この形式は，階段の幅およびスパンの大きい場合に最も多く用いられる。

• **傾斜スラブ式（2, 3辺支持）**　傾斜スラブ式は，図(b)のように階段に側桁を設けず，上下端または上下端と壁など2, 3辺で支持する傾斜したスラブからなる階段である。長い階段には使用されない。

• **片持スラブ式（1辺支持）**　片持スラブ式は，図(c)のように，壁に固定し支持する形式の階段である。この形式は，一般に幅1.5mくらいまでの階段に使用される。

**(b) 階段の構成**　鉄筋コンクリート構造の階段は，図10のように複雑な構成をしているが，踊り場や手すり壁などと階段のスラブを一体の鉄筋コンクリートとしてつくることができる。また，ひび割れが生じないようスパンに応じた適切なスラブ厚にする必要がある。一般的な階段のスラブ厚は，15cm以上とすることが多い。

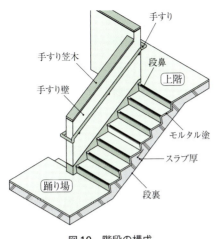

図10 階段の構成

**問4** 身近にある鉄筋コンクリート構造の建築物で使用されている階段の形式を調べなさい。

## 2 耐震計画

地震に耐えるように計画することを耐震計画といい，基本的には柱や梁を強くしたり耐力壁を設けるなどの方法がとられる。このほか，免震や制震の技術があり，免震は中高層の鉄筋コンクリート構造で用いられる。また，地震に対する安全性を向上させるため，既存の建築物の中には耐震改修が必要なものもある。

### 1 耐震

耐力壁を設ける場合は図11(a)のように配置する。図(b)のように耐力壁をかたよって配置すると，地震時に**ねじれ振動**❶を起こしやすく，かえって破壊をまねくことになる。

❶ ➡p.55

なお，耐力壁の配置は，次の①〜③の原則に従い配置する。

① 耐力壁は，平面的に縦・横両方向にバランスよく配置し，重心と剛心をできるだけ近づけることがたいせつである。
② 耐力壁は，図12のように上下階とも同じ位置に配置する。

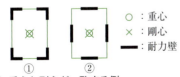

(a) 重心と剛心が一致する例

(b) 重心と剛心が離れた例

図11 重心と剛心

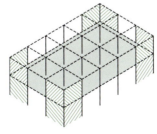

(a) 外周壁の四隅に設けた場合

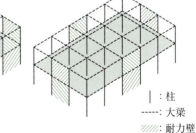

(b) 外周壁の中央部に設けた場合

図12 耐力壁の配置

③ 耐力壁は，下階のほうが多くなるようにする。

また，図13のように，構造規模や形式などの異なる構造が接続する建築物では，温度変化や地震の振動などにより，その接続部分が破壊されやすい。したがって，その部分の躯体を切り離して，**エキスパンションジョイント**❶を設ける。

❶ 温度変化による伸縮，地震による振動，不同沈下などがひき起こす有害な変形や力がたがいの建築物に伝わらないように設ける接合部。

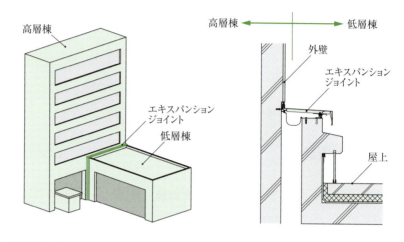

（a）高層棟と低層棟の間に設けた場合　　（b）エキスパンションジョイントの詳細例

図13　エキスパンションジョイントの例

## 2 免震

地震対策として，耐力壁以外に**免震・制震**❷構造を用いる場合が増えている。図14(a)は**免震構造**❸のしくみで，地盤に直接支持されている基礎と建物上部との縁を切ることにより地震による建築物の揺れ（振動）を減らす構造である。揺れを減らすことにより，柱や梁，壁に作用する力が小さくなり，部材の断面を小さくすることができ，建築物の重さを軽くすることが可能となる。図(b)は**免震装置**❹の例で，円盤状のゴムと鋼板を交互にはさんだ積層ゴムやダンパーなどで地震による振動を吸収する。

❷ ➡p.247

❸ 建築物の基礎部分などに積層ゴム，あるいは滑り支承などを入れて地震による揺れを上部に伝達しにくくする構造。

❹ 積層ゴム，滑り支承，ローラー支承，ダンパーなどのこと。

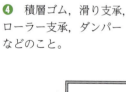

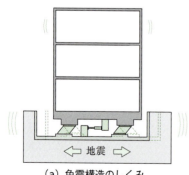

（a）免震構造のしくみ

①積層ゴムの例

②ダンパーの例

（b）免震装置

図14　免震構造

160　第3章　鉄筋コンクリート構造

## 3 耐震補強

旧耐震基準❶で建築された既存建築物の**耐震診断**❷を行った結果,耐震性能が不足している場合は,適切な補強工事を行う。

耐震補強の方法は,既存建築物に図15(a)の鉄筋コンクリート造の耐震壁や図(b)の鋼製ブレースを増設して耐震強度を改善したり,図(c)の**溶接閉鎖形帯筋**❸を入れた鉄筋コンクリートや鋼板・高強度の連続繊維シート❹を柱に巻き付けて柱の変形性能を改善したりする。

また,非耐力壁による拘束で柱が破壊しないように,非耐力壁に構造スリット❺(すき間)を新設する方法で,耐震改修する方法もある。

❶ 1981年に改正された建築基準法に則った耐震基準を新耐震基準といい,それ以前の耐震基準を旧耐震基準という。
❷ 既存建築物の耐震性能を調べ診断すること。それぞれの構造ごとに耐震診断基準がある。
❸ ➡p.170
❹ 一般には炭素繊維が使用される。
❺ ➡p.157

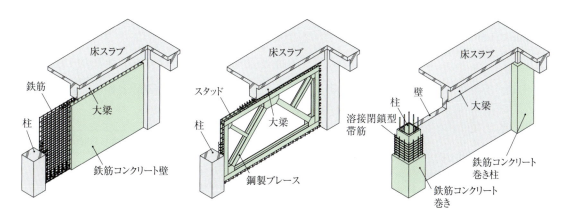

(a) 鉄筋コンクリート造の耐震壁　　(b) 鋼製ブレース　　(c) 鉄筋コンクリート巻き柱

図15　耐震補強の例

**問 5**　図16のような平面形をした鉄筋コンクリート構造の建築物について,耐震壁を計画し,太線で示しなさい。

**問 6**　身近にある鉄筋コンクリート構造の建築物で実際にどのような耐震補強工事が行われているのか調べなさい。

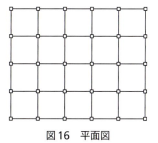

図16　平面図

## 3 配筋

❶ bar arrangement

鉄筋を配置し、組み立てることを**配筋**❶という。

### 1 配筋の基本

鉄筋コンクリート構造では、引張力に強い鉄筋と、圧縮力には強いが引張力にはひじょうに弱いコンクリートを、いかにたくみに組み合わせるかが配筋の基本となる。

**(a) 主筋とせん断補強筋**　部材には、一般的に、曲げモーメント、せん断力、軸方向力が生じる。表1に曲げモーメントとせん断力が生じる場合の、変形とひび割れの関係を示す。鉄筋は引張力に強いので、ひび割れが生じるのを防ぐように配筋する。曲げモーメントには**主筋**❷を、せん断力にはせん断補強筋を用いる。せん断補強筋のうち、梁に用いる場合は**あばら筋**❸、柱に用いる場合は**帯筋**❹という。

❷ main reinforcement：柱・梁に用いるものを主筋とよび、その他の場合を引張鉄筋という場合が多い。
❸ stirrup：スターラップともいう。
❹ hoop：フープともいう。

表1　配筋の基本

| 曲げモーメントが生じる部材 | せん断力も生じる部材 |
|---|---|
| a. 主筋がない場合 | a. あばら筋がない場合 |
| b. 主筋がある場合 | b. あばら筋がある場合 |

主筋とせん断補強筋を組み立てると、図17のように、かごのようになる。このかご状の鉄筋を堅固に組み立てると、内部のコンクリートは破壊しにくくなる。また、主筋に圧縮力が生じても、軸方向には**座屈**❺しにくくなる。

❺ 細長い材に大きな圧縮力が働くと急激に変形する現象。

**(b) 付着**　鉄筋とコンクリートが一体になってこそ、鉄筋コンクリート構造がなり

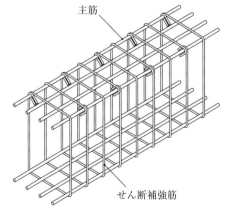

図17　主筋とせん断補強筋

162　第3章　鉄筋コンクリート構造

たつ。したがって，鉄筋とコンクリートは，堅固に付着して荷重に耐えなければならない。

鉄筋とコンクリートの付着力は，コンクリートの圧縮強度が高いほど，鉄筋の表面積が大きいほど増加する。同じ引張強さの鉄筋の場合，異形鉄筋を用いたり，太い鉄筋を使うより細い鉄筋を多く入れたほうが鉄筋の表面積が大きくなり，鉄筋とコンクリートの付着力は増加する。なお，鉄筋に接して水隙❶が生じるとコンクリートと付着する鉄筋の表面積が小さくなり付着力は低下する。

**(c) 定着** ある部材の鉄筋端部を，接続する他部材のコンクリート中に埋め込んで，鉄筋が抜け出さないように固定することを**定着**❷という。

• **フック** 定着効果を高めるため，鉄筋末端を折曲げて**フック**❸を設ける場合がある。柱・梁（基礎梁を除く）の出隅部分の鉄筋❹，煙突の鉄筋，および帯筋，あばら筋の端部にはフックをつける。表2に一般的なフックの形状・寸法を示す。

また，片持梁の上端筋や片持スラブで先端にコンクリート手すりなどがあり荷重が作用する上端筋の先端や，火害を受けやすいところはフックを付けたほうがよい。

❶ ⇒p.136

❷ anchorage

❸ hook

❹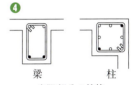
• 出隅部分の鉄筋

表2 フック（形状・寸法）

| 図 | 折曲げ角度 | 鉄筋の種類 | 鉄筋の径による区分 | 鉄筋の折曲げ内法直径 $D$[mm] |
|---|---|---|---|---|
| （180°、135°、90°の図） | 180°<br>135°<br>90° | SD295<br>SD345 | D16以下 | $3d$以上 |
| | | | D19〜D41 | $4d$以上 |

注.1) $d$は呼び名に用いた数値とする。
　2) スパイラル筋の重ね継手部に90°フックを用いる場合は，余長は$12d$以上とする。
　3) 片持スラブ先端，壁筋の自由端側の先端で90°フックまたは180°フックを用いる場合は，余長は$4d$以上とする。

（日本建築学会編「建築工事標準仕様書・同解説 JASS 5 鉄筋コンクリート工事：2022」より作成）

• **定着長さ** 定着された鉄筋が引張力を受けても抜け出さず安全であるためには，定着長さとして表3に示す**定着基点**❺から直線定着長さ，またはフック付き定着長さ（**必要定着長さ**❻）以上をとる。ただし，床スラブ，小梁の下端筋の定着長さはこれと異なる。

❺ 定着する部材と接する仕口面。梁であれば，柱と接する柱の表面のこと。

❻ 必要付着長さと同様に，種々の条件のもとで決定される。

表3 定着長さ（寸法・形状）

| (a) 直線定着長さ $L_2$ [mm] ||| (b) フック付き定着長さ $L_{2h}$ [mm] |||
|---|---|---|---|---|---|
| コンクリートの設計基準強度 $F_c$[N/mm²] | SD 295 | SD 345 | コンクリートの設計基準強度 $F_c$[N/mm²] | SD 295 | SD 345 |
| 21 | $35d$ | $35d$ | 21 | $25d$ | $25d$ |
| 24～27 | $30d$ | $35d$ | 24～27 | $20d$ | $25d$ |

注. 1) 表中の $d$ は，異形鉄筋の呼び名の数値を表す。
　　2) フック付き鉄筋の定着長さ $L_{2h}$ は，定着起点から鉄筋の折曲げ開始点までの距離とし，折曲げ開始点以降のフック部は定着長さに含まない。
　　3) フックの折曲げ内法直径 $D$ および余長は表2による。
（日本建築学会編「建築工事標準仕様書・同解説 JASS 5 鉄筋コンクリート工事:2022」より作成）

❶ 梁と柱の接合部では柱内部，小梁と大梁の接合部では大梁内部などのこと。

❷ $L_a = l_s + 0.5D + d$

● **柱・梁の仕口の定着**　表4のように，大梁の主筋を**仕口内**❶で90°折り曲げて定着する場合，表(a)に示す位置で直線定着長さ $L_2$ やフック付き定着長さ $L_{2h}$ が表3の値以上になるよう配筋する。

柱の幅が小さいなどにより，フック付き定着長さ $L_{2h}$ が確保できない場合は，表(b)のように定着部分の主筋の全長を $L_2$ 以上にしたうえで，表5に示す**投影定着長さ** $L_a$ ❷ の値以上になるよう配筋する。

表4　大梁主筋の定着

表5　投影定着長さ　[mm]

| コンクリートの設計基準強度 $F_c$[N/mm²] | SD 295 | SD 345 |
|---|---|---|
| 21～27 | $15d$ | $20d$ |

注. 表中の $d$ は異形鉄筋の呼び名の数値を示す。

（日本建築学会編「建築工事標準仕様書・同解説 JASS 5 鉄筋コンクリート工事:2022」より作成）

• **機械式定着** 柱・梁の仕口部の定着では，柱と梁主筋の配筋が複雑に交差するため，主筋の端部に図18のような機械式定着具を使用してフックを設けない例もある。図19は，最上階の仕口部の配筋例である。

図18 機械式定着具の使用例　図19 機械式定着具の配筋例

❶ 梁の主筋を所定の位置に配置するための補助鉄筋。

**問7** 鉄筋とコンクリートの付着力を大きくするためには，どのような方法があるのかを説明しなさい。

**(d) 鉄筋のあき**　表6に示す鉄筋間の距離を**あき**という。これはコンクリートを打ち込むさい，粗骨材が鉄筋間にひっかからないようにするためと，鉄筋の周囲を隙間なくコンクリートで固め一体とするために必要な距離である。したがって，鉄筋を配置する間隔は，使用する粗骨材の最大寸法や鉄筋径によって定められている。

❷ ➡p.127

表6　鉄筋のあき

| 異形鉄筋 | 鉄筋のあき | 鉄筋間隔 |
|---|---|---|
| 間隔<br>$D$ あき $D$ | ・鉄筋径（$d$）の数値の1.5倍<br>・粗骨材最大寸法の1.25倍<br>・25 mm<br>のうち最も大きい数値 | ・鉄筋径（$d$）の1.5倍＋最外径❷（$D$）<br>・粗骨材最大寸法の1.25倍＋最外径（$D$）<br>・25 mm＋最外径（$D$）<br>のうち最も大きい数値 |

$d$：呼び名　$D$：最外径
（日本建築学会編「建築工事標準仕様書・同解説 JASS 5 鉄筋コンクリート工事：2022」より作成）

**(e) 鉄筋のかぶり厚さ**　鉄筋をおおうコンクリートの厚さを**かぶり厚さ**という。部材に用いられる鉄筋のうち，図20に示すように，部材の最も外側に配置された鉄筋の表面からコンクリート表面までがかぶり厚さの寸法となる。

コンクリートが**中性化**❸すると，鉄筋は腐食しやすくなる。また，鉄筋は，高温によって強度が著しく低下する。したがって，火熱やコンクリートの中性化の影響が，鉄筋に及ばないようなかぶり厚さとすることが必要である。

❸ ➡p.140

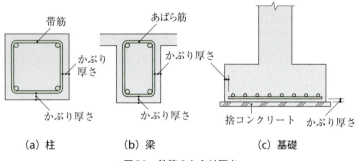

図20 鉄筋のかぶり厚さ

　かぶり厚さが小さいと，鉄筋に大きな引張力が作用した場合にコンクリートが**はく離**[1]して付着力が低下したり，施工時にコンクリートを打ち込むことが困難になる。また，鉄筋が計画した位置より内側に入ると，かぶり厚さは大きくなるが，曲げモーメントに対する耐力が低下する。それらを考えて，一般劣化環境[2]でのかぶり厚さは，表7に示す値以上を確保する。

❶ 鉄筋に沿ってコンクリートにひび割れが生じてコンクリートが部分的にはがれること。

❷ 海水の作用や激しい凍結融解作用を受けない環境のこと。

表7　設計かぶり厚さ（計画供用期間の級が標準および長期の場合）

| 部材の種類 | 場所 | 非腐食環境（屋内等） | 腐食環境（屋外[1)]等） | 建築基準法施行令 |
|---|---|---|---|---|
| 構造部材 | 柱・梁・耐力壁 | 40 mm | 50 mm | 3 cm 以上 |
| | 床スラブ・屋根スラブ | 30 mm | 40 mm | 2 cm 以上 |
| 非構造部材 | 構造部材と同等の耐久性を要求する部材 | 30 mm | 40 mm | 2 cm 以上 |
| 直接，土に接する柱・梁・壁・床および布基礎の立ち上がり部分 | | 50 mm | | 4 cm 以上 |
| 基礎 | | 70 mm | | 6 cm 以上 |

注．1）　計画供用期間の級が標準および長期で，張仕上げや塗仕上げなどの仕上げを施す場合は，屋外側では，設計かぶり厚さを10 mm減じることができる。

（日本建築学会編「建築工事標準仕様書・同解説 JASS 5 鉄筋コンクリート工事：2022」より作成）

　外部から影響を受けやすい外壁や，直接，土と接する地下や基礎，耐久性が要求される場所，太径の鉄筋を使用する場合は，かぶり厚さを大きくする必要がある。

　ただし，設計かぶり厚さは，施工性や鉄筋の組立精度を考慮した余裕をもった数値であり，鉄筋の組立が完了したときのかぶり厚さは，表7に示す建築基準法の数値以上とする。

　**問8**　一般劣化環境での建築物の躯体において，計画供用期間が長期で腐食環境（屋外側）の柱・梁・耐力壁の設計かぶり厚さはどれくらいとればよいか答えなさい。ただし，耐久性上，有効な仕上げは施さないものとする。

(f) 継手　鉄筋は標準長さが決まっており，配筋に必要な長さが不足するときは，鉄筋どうしをつなぐ継手を設ける場合がある。鉄筋の継手には，**重ね継手**[1]とガス圧接継手などがある。

重ね継手は，図21に示すように，直線重ね継手とフック付き重ね継手がある。重ね継手は，鉄筋の材端を相互に重ね合わせ，必要とする長さ（**必要付着長さ**[2]）以上が重なるようにする。必要な重ね長さは，鉄筋に生じる引張力や圧縮力，鉄筋とコンクリートの付着力，鉄筋周辺のコンクリート強度などによって決定される。

図22に示すガス圧接継手や溶接，機械式継手は，継手が接合する鉄筋と同等以上の強さをもつようにする。図23にガス圧接による継手と機械式による継手の例を示す。

D35以上の太径の異形鉄筋は，重ね継手とせずガス圧接などとする。なお，柱・梁の主筋の継手はガス圧接や機械式継手を，壁・スラブの鉄筋は重ね継手を用いることが多い。

[1] lap joint

[2] 重ね継手の必要付着長さは，鉄筋降伏強度を用いて計算される。JASS 5では，直線重ね継手は $L_1$ として，フック付き重ね継手は $L_{1h}$ として，表8, 9のように定められている。表8, 9の $d$ は異形鉄筋の呼び名の数値を表す。

表8　直線重ね継手

| コンクリートの設計基準強度 $F_c$ [N/mm$^2$] | 直線重ね継手 $L_1$ [mm] ||
|---|---|---|
| | SD295 | SD345 |
| 21 | 40$d$ | 45$d$ |
| 24〜27 | 35$d$ | 40$d$ |

表9　フック付き重ね継手

| コンクリートの設計基準強度 $F_c$ [N/mm$^2$] | フック付き重ね継手 $L_{1h}$ [mm] ||
|---|---|---|
| | SD295 | SD345 |
| 21 | 30$d$ | 30$d$ |
| 24〜27 | 25$d$ | 30$d$ |

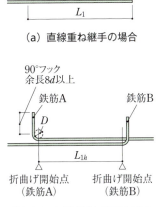

図21　重ね継手

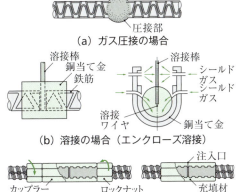

図22　ガス圧接，溶接，機械式継手

図23　継手の例

継手を設ける位置は，鉄筋に生じる引張力の小さいところとする。一般には，図24に示す位置とし，継手の位置は，その部材の同一断面上にそろえない。

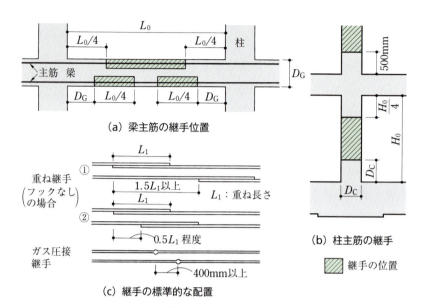

図24 継手の位置と標準的な配置
(日本建築学会編「建築工事標準仕様書・同解説 JASS 5 鉄筋コンクリート工事：2022」より作成)

## 2 基礎の配筋

基礎は，上部構造からの荷重を地盤に伝える。その結果，地盤から上向きの反力が作用する。その反力により，基礎スラブには曲げモーメントやせん断力が生じる。それに対して，図25，26のように，スラブの下端に格子状に配筋する。なお，基礎の鉄筋に対するコンクリートのかぶり厚さは，捨コンクリートの部分を除いて70mmとする。

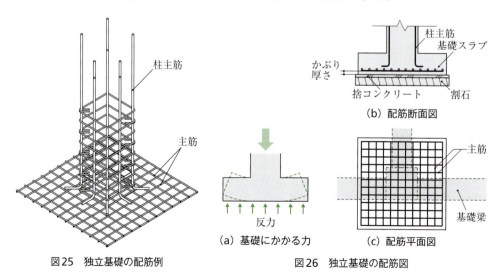

図25 独立基礎の配筋例　　図26 独立基礎の配筋図

## 3 梁の配筋

梁には,おもに曲げモーメントとせん断力が生じるので,これにじゅうぶん耐えられるように配筋する。

**(a) 主筋** ラーメン構造の場合,図27(a)のように,長期荷重によって,曲げモーメントが生じ,梁中央部では下側に,端部では上側に引張力が生じる。コンクリートは引張力に弱いので,引張力の生じる部分には主筋を配置して,引張力を負担させる。

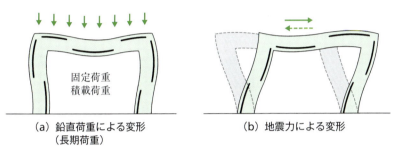

図27 荷重とラーメンの曲げ変形(曲げモーメントによる変形)

さらに,短期荷重が作用している場合に生じる力は,長期荷重に図(b)に示す力を加えた力となり複雑となる。したがって,これらの荷重に耐えられるよう,図28のように梁の上下に主筋を入れ,複筋梁とする。また,主筋の本数が多く,1段では鉄筋のあきが不足する場合は,2段以上で配筋する。

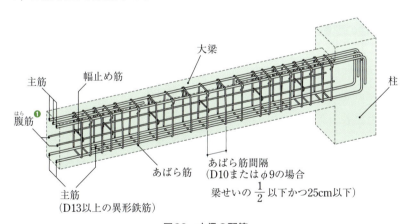

図28 大梁の配筋
(日本建築学会編「鉄筋コンクリート構造計算規準・同解説:2018」より作成)

❶ 腹鉄筋・中段筋ともいう。上下の主筋の中間に材軸方向に配置する鉄筋のこと。

❷ ➡p.162

**(b) あばら筋** 梁には,曲げモーメントとともにせん断力が生じる。梁のせん断補強筋を**あばら筋**❷という。あばら筋は,主筋の外側を取り囲むように配筋する。あばら筋の末端部にはフックを付けるか,

その端部どうしを溶接する。

また，プレストレストコンクリート構造などでは，図29のような工場で加工した溶接閉鎖形のあばら筋❶を使用することもある。

あばら筋は，せん断力の大きさを考えて，その間隔を決める。ふつう，梁の中央部より端部のせん断力が大きいので，端部では間隔が狭くなる場合が多い。

図30(a)のように，梁せいが大きい場合，あばら筋の幅を一定に保ち，振れ止め，はらみ止めとして，腹筋と幅止め筋を設ける。幅止め筋は約1000mmの間隔で入れる。せん断力が大きく，主筋の外側のあばら筋だけでは不足する場合，図(b)のように梁内部に副あばら筋を入れる。また，幅の広い梁や主筋が1段にたくさん並ぶ場合も，主筋のはらみ出し防止のため，副あばら筋を入れる。

❶ 工場で加工し溶接されるため，精度が高く品質がよい。また，フックがないためコンクリートの充填性もよくなる。帯筋もある。

図29 溶接閉鎖形あばら筋の例

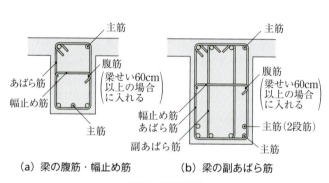

(a) 梁の腹筋・幅止め筋　　(b) 梁の副あばら筋

図30 梁断面図

## 4 柱の配筋

柱は，図31のように，梁とともにラーメン構造の骨組を構成する重要な部材である。柱が曲げモーメントやせん断力に耐え，圧縮力にも耐えられるように主筋と帯筋を配筋する。

柱の破壊は，建築物の致命的な被害につながるため，急激に破壊しないように配筋する。

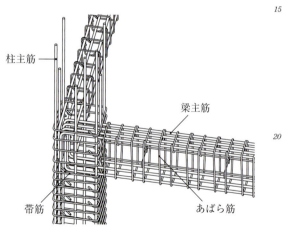

図31 配筋の例（柱）

(a) **主筋** 柱には，長期荷重により，つねに大きな圧縮力が生じているほか，曲げモーメントやせん断力も生じている。さらに地震力によって同様な力が加わる。

地震力は，柱に対してあらゆる方向から作用する。地震力による曲げモーメントに抵抗するため，一般に柱の軸方向には，図32のように，断面の**図心**❶を通る軸に対して対称に主筋を配置する。

❶ 二次元の図形の重心。正方形・長方形では，対角線の交点，円形では中心点のこと（図33）。

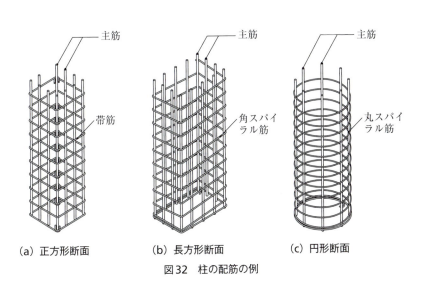

(a) 正方形断面　(b) 長方形断面　(c) 円形断面

図32　柱の配筋の例

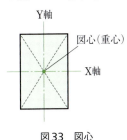

図33　図心

(b) **帯筋** 柱のせん断補強筋を**帯筋**❷という。帯筋は，せん断力に抵抗するとともに，主筋の位置を固定し，圧縮のために主筋が外側にはらみ出すことを防ぐものである。また，帯筋は，割れて水平方向に移動しようとするコンクリートをとどめ，圧縮に対してコンクリートが急激に耐力を失わないように柱に粘り強さ❸を与える役割も果たす。

帯筋は，図32(b)，(c)のように，長い鉄筋をらせん状に巻き付けることもある。これをスパイラル筋という。スパイラル筋は，フックがある帯筋と比較して，コンクリートのはらみをおさえ，強度と粘り強さを増す効果が大きい。柱と梁の仕口部は，図31のように必ず帯筋を配筋する。

帯筋の配筋は，図34のように，主筋を取り囲むようにし，帯筋と主筋は強固に取り付ける。このときせん断力が大きい場合は副帯筋を用いる。あばら筋同様，帯筋は末端部に135°以上に曲げたフックを付けるか，末端どうしを溶接しなければならない。

帯筋間隔は，図35に示すように，最低値が決められている。

❷ ➡p.162

❸ 靭性ともいう。逆に変形能力が低く，急激に耐力を失う性質を脆性といい，構造材料には適さない性質となる。

第5節　躯体　**171**

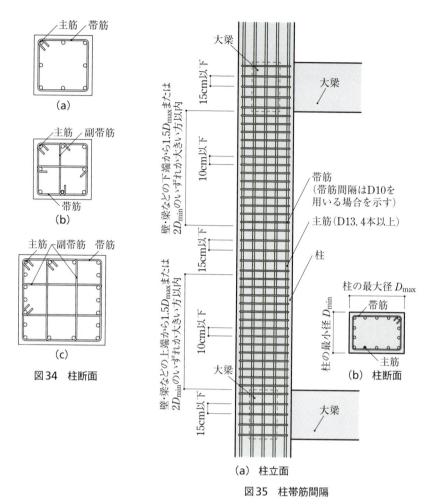

図34 柱断面

図35 柱帯筋間隔

**問 9** 梁と柱の配筋を比較し，共通する点と異なる点について考えなさい。

## 5 床スラブの配筋

床スラブは，おもに曲げモーメントに抵抗するように配筋する。

たとえば，図36(a)のような片持スラブでは，図(b)のように，**引張鉄筋**[1]を上側に配筋する。補強として，引張鉄筋の下側にも配筋し，さらにそれらと直交するように配筋する。

[1] tension reinforcement：曲げモーメントを受ける材の引張側に配置する鉄筋。

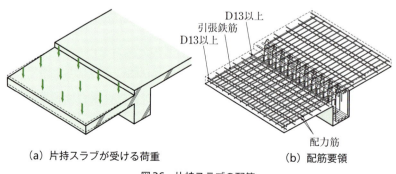

(a) 片持スラブが受ける荷重　　(b) 配筋要領

図36 片持スラブの配筋

周辺固定の長方形スラブでは，曲げモーメントにより，図37(a)のように，周辺部は上側に，中央部では下側に引張力が生じる。このため，短辺，長辺ともに全幅において，周辺部は上側に，中央部では下側に鉄筋を配置する。

鉄筋は，D10以上の異形鉄筋あるいは鉄線の径が6mm以上の溶接金網を用いる。鉄筋の間隔は構造計算により求めるが，異形鉄筋では，曲げモーメントが大きくなる中央部は，短辺方向で200mm以内，長辺方向で300mm以内かつスラブの厚さの3倍以内の間隔で配置する。

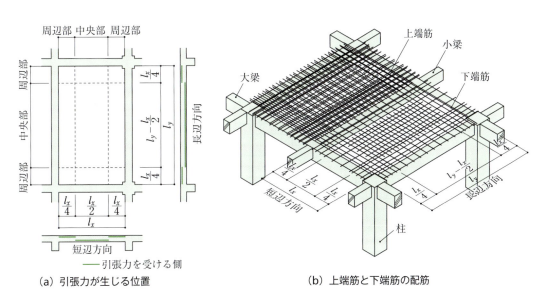

(a) 引張力が生じる位置　　(b) 上端筋と下端筋の配筋

図37　長方形スラブの配筋

構造計算上，鉄筋が必要ない箇所もあるが，スラブが一体化して荷重に抵抗できるように，中央部の上側を除く❶すべての箇所で図(b)のように，上端筋，下端筋ともに鉄筋を直交させて，格子状に配筋する。

これらの鉄筋は，短辺方向の鉄筋をコンクリートの表面側に配置し，端部は梁に定着させる。図38は，床スラブの配筋の例である。

また，スラブ配筋の乱れを防止するため，中央部と周辺部の境目など配筋が変わる位置では上端筋を支持するよう，D13の異形鉄筋を配置する。

❶ スラブのひび割れ防止のために中央部の上側にも配筋することが多い。

図38　配筋の例（床スラブ）

問10　独立フーチング基礎の配筋と片持スラブの配筋について，共通点と相違点について調べなさい。

## 6　壁の配筋

壁には，耐力壁と非耐力壁がある。それぞれ，以下のように配筋する。

**(a) 耐力壁**　地震力により，耐力壁にはせん断力が生じるので，せん断補強筋として，縦・横に格子状の鉄筋を配筋する。壁厚が薄い場合は，図39(a)のように，壁心に1列に鉄筋を組んだ単筋式（シングル）とする。壁厚が200mm以上になる場合には，図(b)のように，壁心をはさんで二重に鉄筋を組んだ複筋式（ダブル）とする。

耐力壁にはなるべく開口部を設けないようにするが，やむを得ず設ける場合は，その周辺と隅部を鉄筋で補強する。配筋の例を図40に示す。

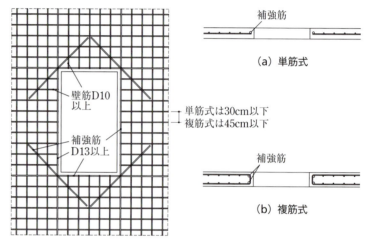

図39　耐力壁の配筋の例

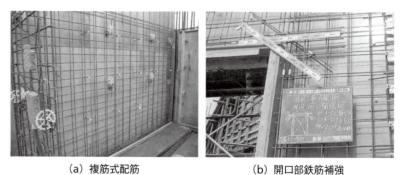

図40　配筋の例（耐力壁）

**(b) 非耐力壁**　壁の補強鉄筋は，D10とする。鉄筋間隔は縦・横とも15cm～30cmとし，開口部周辺は耐力壁にならって補強する。

問 11　図36(b)の片持スラブの配筋図と図39(a)の壁の配筋図を見比べて，その違いについて調べなさい。

### ▪ 節末問題 ▪

1. 次の文中の（　　）内に適切なことばを記入し，文を完成させなさい。

    (1) 柱とともにラーメンを構成する部材は（ ① ）であり，（ ② ）はスラブの荷重のみを支えるものである。ラーメン構造では，（ ③ ）を効果的に配置することによって，耐震性を高めることが重要である。

    (2) 柱や梁で曲げモーメントによる引張力を負担する鉄筋を（ ④ ）という。また，せん断補強のために，梁には（ ⑤ ），柱には（ ⑥ ）を入れる。

    (3) 鉄筋とコンクリートの付着力は，（ ⑦ ）の圧縮強度が高いほど増加し，同じ引張強さの鉄筋の場合，太い鉄筋を使うより，細い鉄筋を多く入れたほうが付着力は（ ⑧ ）する。

    (4) 梁の主筋を柱のコンクリート中に埋め込んで，鉄筋が抜け出さないように固定することを（ ⑨ ）という。（ ⑨ ）効果を高めるため鉄筋末端部を折り曲げることを（ ⑩ ）を設けるという。

    (5) 鉄筋どうしをつなぐ継手には，重ね継手のほかに（ ⑪ ）継手，（ ⑫ ）継手，（ ⑬ ）継手などがある。

2. 鉄筋コンクリート構造の大梁でスパンが 7 m の場合，一般的な大梁の断面寸法を答えなさい。

3. 柱間隔が 5 m，階高が 4 m，2×2 スパンのラーメン構造 2 階建てを想定し，柱と大梁の配筋図を作図しなさい。

# 6節 仕上げ

鉄筋コンクリート構造の建築物の外部や内部には，必要に応じて各種の塗仕上げや張仕上げが施される。ここでは，各部の仕上げの種類とその特徴について学ぶ。

## 1 外部仕上げ

建築物の外部には，とくに防水性や耐候性が要求されるが，建築物の外観を形成するので意匠についても配慮が必要である。

### 1 陸屋根

鉄筋コンクリート構造の屋根は，ほぼ水平な陸屋根が用いられることが多い。陸屋根の水勾配は $\frac{1}{100} \sim \frac{1}{20}$ が多く，スラブを傾斜させて厚さを変えずに勾配をとる。

コンクリートは，乾燥による収縮などでひび割れが起こると，そのままでは雨水による漏水を防ぐことができない。このため，陸屋根は，コンクリート表面に不透水性皮膜を形成する**メンブレン防水**などの方法により，防水しなければならない。また，日射などによる熱の貫通移動を防ぐため**断熱**[1]が必要である。

メンブレン防水は次の（a）〜（c）の方法がある。この方法はバルコニー・壁・床・地下外壁などの防水にも用いられる。

**(a) アスファルト防水** 図1のように動植物性繊維でつくられたフェルトにアスファルトをしみ込ませたアスファルトルーフィング類

❶ 屋根スラブの屋外側に行う外断熱と屋内側に行う内断熱がある。

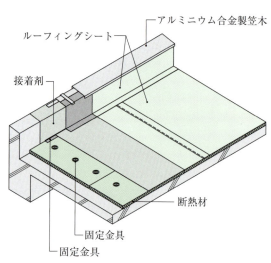

図1 アスファルト防水（外断熱の例）　　図2 シート防水（外断熱の例）

を，溶解したアスファルトで張り重ねて防水層を形成する方法を**アスファルト防水**❶という。その方法は，建築物の用途・種別・施工箇所・仕上げ程度などによってさまざまであり，使用材料・張付け層数などが異なる。図3は，屋根のアスファルト防水の例である。

アスファルトは，寒冷期の低温でも柔軟性を保ち，夏期の高温にも流れ出すものであってはならない。また，日射や外気温の変化による躯体の膨張・収縮などの動きにも順応して，じゅうぶんな耐候性をもつことが要求される。

(b) **シート防水**　図2のように1層のルーフィングシートを，下地に接着剤で張り付けたり，固定金具で止め付け，防水する方法を**シート防水**❷という。ルーフィングシートは，合成ゴムや塩化ビニル樹脂などの薄い不透水性のもので，伸びや強さが大きく，下地の動きに対する追随性がある。図4は，屋根のシート防水の例である。

(c) **塗膜防水**　合成ゴム系などの液体状屋根用塗膜防水材を，塗布するか吹き付けて防水皮膜を形成する方法を**塗膜防水**❸という。また，補強布を入れる場合もある。複雑な形状でも防水可能であり，屋上にある機械設備の基礎や，バルコニー・外部廊下・ひさしなどに用いられる。図5は，ひさしの塗膜防水の例である。

❶ asphalt membrane waterproofing

❷ sheet-applied membrane waterproofing

❸ liquid-applied membrane waterproofing

❹ 型枠をはずしたのち，表面に仕上げ材料を施さず，そのまま仕上面とする方法。

図3　屋根のアスファルト防水の例

図4　屋根のシート防水の例

図5　ひさしの塗膜防水の例

**問1**　身近な鉄筋コンクリート構造の陸屋根の防水には，どのような種類が用いられているか調べなさい。

## 2　外壁

外壁は，耐候性があり，じょうぶでなければならない。また，汚れにくさや意匠性，防水性，断熱性も要求される。そのため，コンクリート表面に，吹付けや塗仕上げ，張仕上げなどを施したり，断熱材を設けたりする。

(a) **打放しと吹付け**　鉄筋コンクリート構造では，外壁を**コンクリート打放し仕上げ**❹とすることがある。この場合，図6のように躯体表面がそのまま仕上面となるため，精度に配慮し，コンクリート表面

図6　コンクリート打放し仕上げの例

に豆板などの不良が生じないようにする。

　また，耐候性や防水性に配慮し，コンクリート面に塗膜を形成するため，防水材・建築用仕上塗材・合成樹脂系塗料などを吹き付けることもある。吹付けを施すことは，耐久性を向上させるだけでなく，建築物の意匠を高める役割も果たす。

**(b) 塗仕上げ**　　塗仕上げには，モルタル塗と塗装がある。

- **モルタル塗**　　モルタル塗の場合，図7のように，塗厚12mm～30mm程度で仕上げることが多い。

　モルタル塗は，自由な形状に仕上げることができ，開口部周辺などの複雑な納まりにも対応することができる。しかし，ひび割れがはいりやすく，汚れが目だち，躯体との接着状態が悪いとはがれることがある。表面を塗装するなど，仕上げを施すことが多い。

- **塗装**　　塗装は，壁の表面に，はけやローラーを用いて合成樹脂系の塗料などを塗る仕上げである。吹付けと同様，外壁の耐候性・防水性などを高め，意匠をよくするために行われる。

**(c) 張仕上げ**　　張仕上げには，タイル・れんが・石などが用いられる。いずれも吸水率が低く凍害❶に強いものを使用する。

- **タイル張り**　　タイルは，微粉砕した粘土や長石などを調合・成形した素地を，高温で焼いてつくる。うわぐすりを施したり，焼く温度を高くしたりすることにより，硬くて吸水性を小さくすることもできる。

　外壁には，外装壁タイルのうち吸水性のほとんどないⅠ類タイル❷や，吸水性の小さいⅡ類タイル❸が適する。これらは，軽量で耐久性が高く，また色調も豊かであり，意匠的にすぐれた効果をあげることができる。

　一般にタイルは，躯体面にモルタルで下地をつくり，図8(a)のように張付けモルタルを接着材として張り付けるが，躯体面に直に張り付ける場合もある。目地には，図(b)のような，芋目地・破れ目地などがある。目地幅は，ふつう4mm～10mm程度とする。外壁タイル張りの例を図(c)に示す。

- **れんが張り**　　れんがは，粘土を練り混ぜて形を整え，乾燥させ高温で焼いてつくる。21cm×10cm×6cmの直方体が一般的で，これ以外にもさまざまな寸法や形状のものが生産されている。高い温度で焼くほど，強度が高く，また，吸水率が低くなる。

図7　モルタル塗

❶　タイルなどの材料に入り込んだ水分が，凍結や融解によって体積の変化を繰り返し，材料を疲労破壊させる現象をいう。

❷　白色の陶土で素地をつくり，高温で焼いたタイル。たたくと金属性の音を発する。磁器質タイルともいう。

❸　せっ器粘土で素地をつくり，磁器よりやや低い温度で焼いたタイル。せっ器質タイルともいう。

178　第3章　鉄筋コンクリート構造

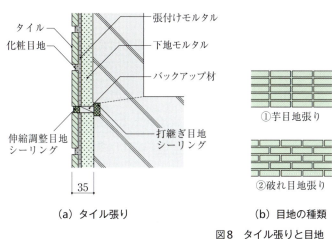

(a) タイル張り　　(b) 目地の種類　　(c) 外壁タイル張りの例

図8　タイル張りと目地

　れんがは，もともと構造材として用いられていたが，現在は化粧材として，壁の表面に張り付けられることが多い。

・**石張り**　　石張りは，耐火性・耐水性・耐久性などの点ですぐれている。しかし，砂岩は吸水性が大きく，また，大理石は酸に侵され風化しやすく耐火性が劣る。このように，外壁にはやや不向きなものもあるので注意する。

　石張りは，図9(a)のように，引金物とモルタルを用いて取り付ける方法と，図(b)のように，専用の取付け金物を用いる方法がある。外壁に石を張った例を図(c)に示す。

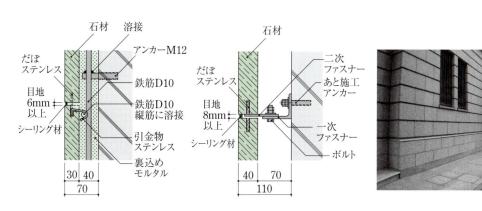

(a) 引金物とモルタルによる取付け　　(b) 金物による取付け　　(c) 外壁石張りの例

図9　石張り

**問 2**　校舎の外壁仕上げに，どのような材料が使われているかを調べなさい。

**(d) シーリング材による防水**　　シーリング材は，合成樹脂や合成ゴムなどでつくられた充てん剤で，シーラントともいう。目地や開口部まわりなどの部材接合部のすきまに充てんし，雨水の浸入を防ぎ，気

密性を高め，すきまを防ぐなどの目的で用いる。したがって，接着性がよく，接合する部材と部材のずれにもある程度耐えられる弾力をもち，容易に劣化しないことが要求される。

すきまには，図10(a)に示すコンクリート目地のように，すきまの変形がほとんどないノンワーキングジョイントと，図(b)に示す金属部材の接合部のように，すきまが変形しやすいワーキングジョイントがある。

❶ シーリング材が所定の形状寸法に充てんされるように，目地などの奥に挿入されるポリエチレンフォームなどの成形材料。

❷ 2面接着にすると，シーリング材は自由に伸縮でき，すきまの大きな変形に耐えることができる。

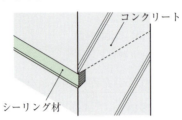
(a) ノンワーキングジョイントの例
（3面接着）

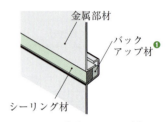
(b) ワーキングジョイントの例
（目地底は接着させない2面接着）

図10　外壁のシーリングの例

**問3** シーリング材はどこに用いられているかを調べなさい。

## 3　断熱

断熱をほどこす部分は，外壁，屋根スラブ，最下階の床スラブと基礎である。コンクリートは，熱伝導率が木材に比較して高く❸熱が移動しやすいが，**熱容量**❹が大きいので熱しにくく，冷めにくい。

**(a) 屋根の断熱**　屋根の外断熱は，p.176図1のように防水層の上に断熱材を施工する方法と，p.176図2のように断熱材の上に防水する方法がある。外断熱は，温度変化による屋根スラブのひび割れ発生を防ぐ効果があり，多く用いられている。

内断熱は，図11のように断熱材を型枠に取り付けて屋根スラブ下に打ち込む方法と吹き付ける方法がある。スラブ下に取り付ける支持材などは結露防止のため断熱性のあるプラスチック製のものを使用する。

**(b) 外周壁の断熱**　外周壁の外断熱は，断熱材を型枠に取り付けるなどの方法でコンクリートを打ち込み一体とする方法と，後から吹き付けたり張り付ける方法がある。外断熱は，コンクリート躯体の蓄熱性を利用でき室内温度の変化が少ない環境を実現できるが，図12(a)のように断熱層を貫通するバルコニーなどの室内側や，断熱材の欠損部や開口部まわりなどは断熱補強が必要である。

内断熱では，板状の断熱材を打ち込む方法もあるが硬質ウレタン

❸ →p.89
❹ 物質の温度を1℃上昇させるのに必要な熱量。比熱と質量の積。

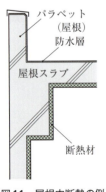

図11　屋根内断熱の例

フォームなどを吹き付ける方法が多い。図(b)のように断熱層を貫通するスラブや間仕切り壁などの室内側は，断熱補強が必要である。

(c) **土間床の断熱**　土間床の断熱は，2章❶で学んだように砂利地業の上に防湿シートを敷き込み，その上に断熱材を敷いてコンクリートを打ち込むことが多い。

❶ ➡**p.89**図27(f)

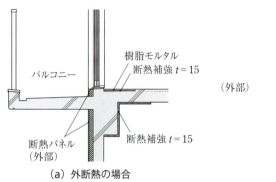

図12　外周壁断熱の例

## 2　内部仕上げ

### 1　床

内部の床は，外部仕上げほどではないが，ある程度の耐水性が要求される。また，場合によっては，外部仕上げと同程度の耐水性が必要な場合もある。さらに，歩行などに対する耐摩耗性があり，滑りにくく歩行感がよいことも重要である。また，仕上材の厚さや種類，下地の構成により，床スラブから仕上材の表面までの高さが図13のように変わる場合は，床の高さをそろえ段差をなくすために，床スラブの位置を調整する。

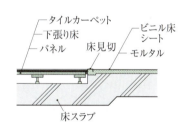

図13　床スラブ段差の例

(a) **コンクリート直均し**　コンクリートを打ちながら表面をたいらに均し，そのまま仕上げる。簡単な仕上げであるが，コンクリート表面の精度を確保するのが困難である。

(b) **塗仕上げ**

・**モルタル塗**　図14(a)のように，コンクリート表面にモルタルを塗って仕上げる。モルタル塗は，乾燥にともなう収縮などにより，ひび割れやはく離が生じやすいので，目地を設ける。

●**人造石塗**　人造石塗は，図(b)のように，下塗をモルタル塗とし，上塗に種石のはいったモルタルを塗り，洗出し，研出し（じん研ぎ）・小たたきなどの仕上げをする。とくに大理石や花こう岩などを種石としたものをテラゾーとよぶ。

　テラゾー塗仕上げは，色彩が豊かで，美しい仕上げとなるが，傷がはいりやすく，表面の光沢が消えやすいので，使用する例が少なくなっている。

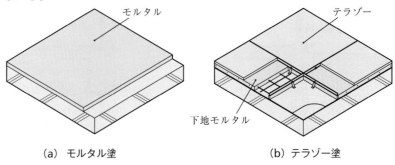

図14　床の塗仕上げの例

●**高分子系材料塗**　高い防水性が要求される部分では，塗膜防水と同様に，合成樹脂・合成ゴム系の液体状塗膜防水材を塗布して，床仕上げとする。

**(c) 張仕上げ**　床の張仕上げには，図15のようにタイルなど耐水性にすぐれたものと，フローリングブロックやカーペットのように耐水性は劣るが，感触・防音などに配慮して用いられる材料がある。

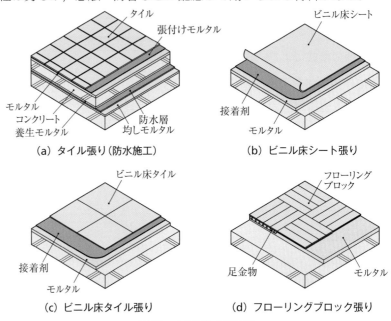

図15　床の張仕上げの例

- **タイル・れんが・石張り**　　内部でも便所・浴室など水を使うことの多いところでは，内装床タイルのⅠ類タイル張りとすることが多い。目地幅を1mm～8mm程度とし，目地には目地用に調整したモルタルをじゅうぶんに詰めて，水が内部に浸入しないようにする。

とくに高い防水性が要求されない場合，Ⅲ類タイル[1]やれんがなどが用いられることもある。また，石材を使用するさいは，すり減りの大きい砂岩や凝灰岩などは避け，花こう岩や安山岩などの硬いものを選ぶのが望ましい。

- **ビニル床シート・ビニル床タイル・カーペット張り**　　硬質材による床仕上げは，歩行音が発生しやすいので，衝撃を吸収するビニル床シート・ビニル床タイル・カーペットなどを張って仕上げる場合がある。図16(a)にカーペット張りの例を示す。

ビニル床シートなどの床の張仕上げ材料は，使用場所の用途に応じた材質を選択する。また，張り付ける接着剤も使用場所の条件によって適切なものを選択する。

- **フローリングブロック張り**　　図(b)に示すようなフローリングブロック張りは，床スラブの上に硬練りモルタルで，市松模様に張り付ける。

[1] 陶器質タイルともいう。素地は多孔質で吸水が多く，たたくと濁音を発する。

(a) カーペット張り　　(b) フローリングブロック張り

図16　床仕上げの例

## (d) 二重床

- **乾式二重床**　　合板などのパネルに支持脚を取り付けたユニットを敷き並べ下張り床を張り付けたその上に仕上材を張る，乾式の二重床が一般的である（図17(a)）。

- **フリーアクセスフロア**　　OAフロアともいう。金属製やセメント製などのパネルを支持脚の上に敷き並べその上に仕上材を張る方式が多い。パネルは容易に取り外しができ，パネル下の空間を自由に配線

し（図(b)），必要な場所から電線を取り出せる。電算機室以外に，一般の事務室の使用が増えている。

・**転ばし床**　転ばし床は，床スラブの上に大引や根太を取り付け，下張り床を張り付けたその上に床板を張るものである。床下が密閉されて腐りやすいので，乾燥した材料を使用し，防腐処理を施す必要がある（図(c)）。

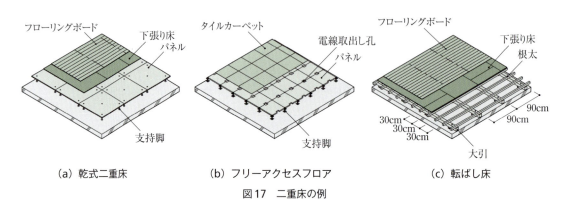

(a) 乾式二重床　　(b) フリーアクセスフロア　　(c) 転ばし床

図17　二重床の例

**問 4**　学校の各実習室の床仕上げの種類を調べ，そのような仕上げが用いられている理由を考えなさい。

## 2　内　壁

鉄筋コンクリート構造の建築物では，外周壁や耐震壁以外の間仕切壁を金属製や木製などにして，軽量化をはかる場合が多い。したがって，内壁の仕上げは，躯体に仕上げる場合と，図18のように金属や木材の骨組に合板やせっこうボードなどを取り付けて仕上げる場合がある。

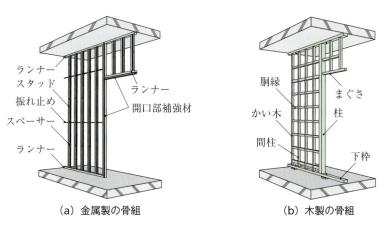

(a) 金属製の骨組　　　　　(b) 木製の骨組

図18　内壁の骨組

(a) **塗仕上げ**　外壁と同様，内壁にも塗装やモルタル塗が施される。また，図19(a)のように，プラスターや珪藻土が塗られることもある。合成樹脂調合ペイント[1]はアルカリに弱く，モルタルやコンクリートの表面に塗装を行うと変色したりするので使用しない。

[1] JIS K 5516 : 2019 参照。木部や鉄部の塗装に用いられる。

(b) **張仕上げ**　張仕上げには，合板・ボードなどやタイル・れんがなどが用いられる。合板・せっこうボード・繊維板などは，図(b)，(c)のように躯体に胴縁などを取り付け，釘止めをする。あるいは，接着剤を用いて，直接，張り付ける。その上に塗装仕上げや壁紙を張る場合もある。

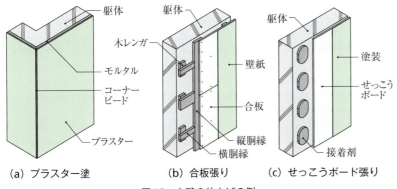

図19　内壁の仕上げの例

タイル・れんが・石などは，外壁ほど耐水性，耐候性に注意する必要はなく，吸水率が大きなタイルや大理石なども使用することができる。

石張りの場合，一般のひき割り材は，裏込めモルタルを充てんして張るが，大理石は図20のように引金物で躯体に堅固に取り付ける。引金物部分は取付け用モルタルを充てんして被覆する。

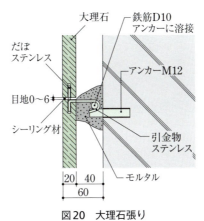

図20　大理石張り

## 3　天井

吊天井は，図21のように吊りボルト・吊木などを用いて，金属製または木製の下地骨組を吊り上げ，これに耐火性のある吸音板や金属板を張り上げる。

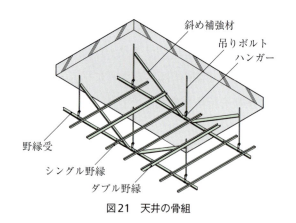

図21 天井の骨組

なお、天井のふところが1.5m以上ある場合は、吊ボルトの水平補強、斜め補強を行う。ホールなど大規模な空間の**特定天井**[1]は、天井の質量に制限があり、天井材をボルト、ビスで相互に緊結し、斜め部材で補強した上で、壁との隙間を設けることもある。

図22(a)は、下地骨組にせっこうボードを張り、それに天井仕上材を張る二重張りで、図(b)は、下地骨組に直に天井仕上材を張る直張りの場合である。

[1] 国土交通省告示第771号・国土交通省告示第791号による。
人が日常利用する場所に設置する、6mを超える高さにあり、200m²を超え、質量2kg/m²を超える天井のこと。

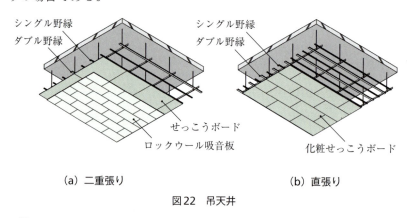

(a) 二重張り　　　　　　(b) 直張り

図22 吊天井

直天井は、上階床スラブの下側に直接しっくいやプラスターを塗ったり、塗料などを吹き付け、天井とするものである。また、躯体に直に壁紙を張る場合もある。

直天井は、経済的であるが、防音・防暑・保温などの効果を期待する場合は、天井ふところのある吊天井のほうが有利である。

問5 図23のように、学校・図書館・美術館・映画館など身近な建築物の内壁・天井の仕上げがどのように違うかを調べなさい。

(a) 壁　　　　(b) 天井

図23　壁・天井の仕上げの例

### 4　造作

内壁が床と接する部分には，**幅木**が取り付けられる。幅木は，内壁の汚損防止と，床材と壁仕上材相互の納まりをよくするための仕上材である（図24）。

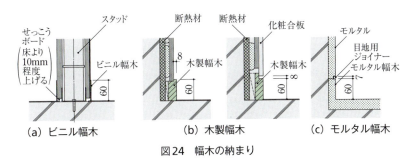

(a) ビニル幅木　　(b) 木製幅木　　(c) モルタル幅木

図24　幅木の納まり

**天井回り縁**は，内壁が天井と接する部分に取り付けられ，内壁と天井の見切りを兼ねて，それぞれの材料の納まりをよくするための仕上材である（図25）。

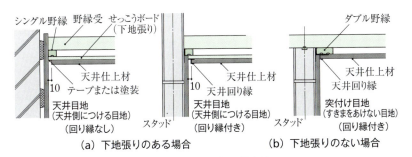

(a) 下地張りのある場合　　(b) 下地張りのない場合

図25　天井回り縁の納まり

内壁の保護と納まりをよくするために，突出部や異種材料の取り合いには，図26(a)のように，**見切り縁**が用いられる。

また，内壁の仕上げが，せっこうプラスターなどの欠けやすい材料である場合，出隅部分には床上1.8m程度のところまで，図(b)のように，コーナービード❶を取り付けて保護する。

❶ ➡ p.185 図19(a)

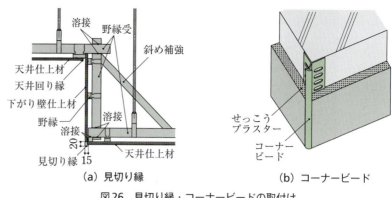

(a) 見切り縁　　　　(b) コーナービード

図26　見切り縁・コーナービードの取付け

## 3　開口部

　鉄筋コンクリート構造の建築物には，金属製建具が多用される。金属製建具には，アルミニウム合金・鋼・ステンレス鋼などのサッシ・扉・シャッターなどがある（図27）。金属製建具は，使用金属の材質や雨仕舞などを考えて，枠と建具が1組としてつくられる。

　枠の取付けは，ふつう，躯体ができあがって行う場合が多い。その場合は，躯体へ埋め込んだ鉄筋，または取付け金物と，枠裏側に設けた取付け金物を溶接，またはボルトで接合する。躯体のコンクリートと枠の間に防水剤などを混入したモルタルを詰め込み，さらに雨水の浸入を防ぐためにシーリング材を施す。

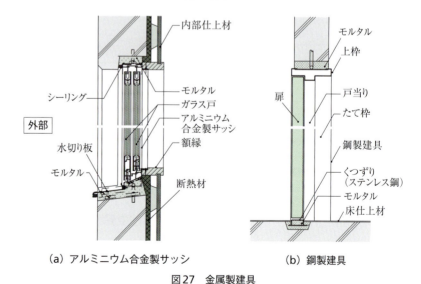

(a) アルミニウム合金製サッシ　　　　(b) 鋼製建具

図27　金属製建具

**問 6**　校舎内の開口部建具の材質・寸法を調べなさい。

## 4 階段

鉄筋コンクリート構造の階段は形状が複雑で精度が必要なため、コンクリート表面にモルタルを塗り、その上に張仕上げをすることが多い。

### 1 踏面の仕上げ

階段の踏面は、同じ場所がくり返し踏まれることが多く、その箇所の摩耗が著しい。とくに踏面端部である段鼻では、耐摩耗性が要求される。

仕上げには、床仕上げと同様な方法を用いるが、滑らず、割れにくく、摩耗の少ない材料を選び、はがれないように固定する。

**滑り止め**には、金属製・タイル製・硬質ビニル製などがある。浮いたり、とれたりしないように、下地に取り付ける場合には接着剤にアンカーを併用するなどして固定する。

図28に階段の仕上げと滑り止めの取付け例を示す。

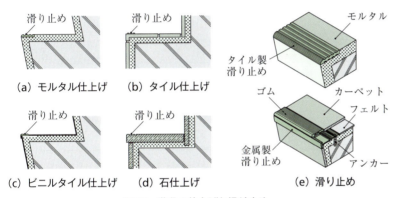

図28 階段の仕上げと滑り止め

### 2 手すり

木製・金属製・鉄筋コンクリート製など、いろいろな形式のものが用いられる。鉄筋コンクリート製の手すりは、ふつう、階段スラブのコンクリートと

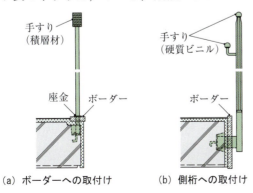

図29 手すりの取付け

❶ border：縁飾り

一体につくられる。木製・金属製の手すりは，階段のボーダー❶・踏面・側桁・壁などに取り付けられる（図29）。

**問 7** 校舎内の階段に用いられている滑り止めの材質を調べなさい。

### ■ 節末問題 ■

**1.** 表の区分に従って，身近な鉄筋コンクリート構造の建築物の外部仕上表と内部仕上表をつくり，材料の選択が適正であるか検討しなさい。

表1　外部仕上表

| 場所 | （例） | 仕上材 |
|---|---|---|
| 屋根 | シート防水 | |
| 庇 | 塗膜防水 | |
| 笠木 | アルミニウム合金製笠木 | |
| 外壁 | コンクリート打放し　吹付仕上げ | |
| 開口部 | アルミニウム合金製サッシ | |
| 玄関 | 床：外装床タイル（Ⅰ類タイル） | |

表2　内部仕上表

| | 階数 | 室名 | 床 | 幅木 | 壁 | 天井 |
|---|---|---|---|---|---|---|
| （例） | 1階 | 店舗 | ビニル床タイル | ビニル幅木 | 壁紙 | ロックウール化粧吸音板 |
| | | | | | | |
| | | | | | | |
| | | | | | | |
| | | | | | | |

**2.** 身近にあるタイルの材質と寸法を調べなさい。

# 7節 壁式構造

これまで学んできたラーメン構造に対して、壁式構造は、どのようになりたっており、どのような構造形式があるのかを学ぶ。

## 1 壁式鉄筋コンクリート構造

図1のような壁式鉄筋コンクリート構造は、壁とスラブを一体に構成する形式で、室内に柱や梁が突き出ない。このため、ラーメン構造と比べて施工が容易で経済的であり、室内空間の利用のうえからもつごうがよく、共同住宅によく用いられる。しかし、上下階の壁の位置がずれている建築物や規模の大きい倉庫や工場などの建築物には適さない。

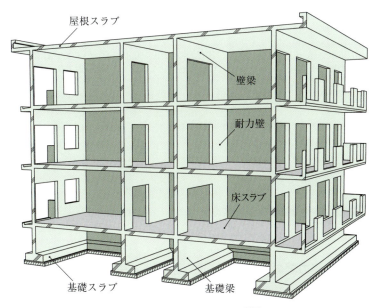

図1 壁式鉄筋コンクリート構造

### 1 構造の特徴

壁式鉄筋コンクリート構造は、耐力壁が主要な構造体となって鉛直荷重と水平力に有効に働くようにつくられている。

建築物の高さは、地上階数は5階以下とし、軒高は20m以下、各階の階高は3.5m以下などの規定❶がある。

使用するコンクリートは、設計基準強度18N/mm² 以上とし、コンクリートに用いられる粗骨材の最大寸法は20mm以下である。

❶ 国土交通省告示第1026号参照。
➡p.192, 193

## 2 躯体の構成

耐力壁は壁梁や基礎梁[1]を含めて，すべて連続して設ける。壁梁のせいは 45 cm 以上とし，壁梁および基礎梁の厚さは，これと連結する耐力壁の厚さ以上とする。これらは，耐力壁の浮上がりや転倒を防ぐ主要な役割を担う。

## 3 耐力壁

耐力壁の壁量の検討は，壁の水平断面の長さで行う。次の (a) で求めた長さが，(b) で規定されている長さ以上になるようにする。また，(c)，(d) で規定されている厚さと配筋量を確保する。

(a) **耐力壁となる壁** 長さが短い壁は耐震性が劣るので，次の二つの条件を満たす壁を耐力壁とし，梁間方向・桁行方向のそれぞれを求める。

① 図2のように，壁の長さ L が，同一実長[2]を有する部分の高さ[3] h の 30％以上であること。

② 壁の長さ L が 45 cm 以上であること。

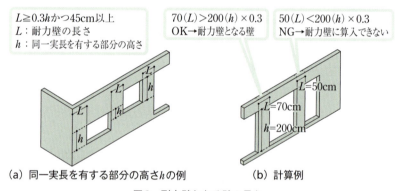

(a) 同一実長を有する部分の高さhの例　　(b) 計算例

図2　耐力壁となる壁の長さ

(b) **必要な耐力壁の長さ** 必要な耐力壁の長さ（壁量）は，床面積をもとに表1から求める。梁間方向・桁行方向それぞれに配置された耐力壁の量が，梁間方向・桁行方向ともに表1の値を満たすようにする。直上階にバルコニーやひさしがある場合は，その床面積の $\frac{1}{2}$ 以上の面積を加え，各階ごとに検討する。

耐力壁は，梁間方向・桁行方向ともにつり合いよく配置する。上階の耐力壁は，下階の耐力壁の上に配置する。

(c) **必要な耐力壁の厚さ** 耐力壁の厚さは，表1の壁の厚さの規定値と，図3のように構造耐力上主要な鉛直支点間の距離 H による算定とを比べ，大きいほうの値とすることが定められている。

（d）**必要な耐力壁の配筋量** 耐力壁の垂直方向の断面積に対する横筋の断面積の割合と，水平方向の断面積に対する縦筋の断面積の割合は，表1の値以上とする。

耐力壁に用いる縦筋と横筋は，D10以上とし，配筋間隔は，30cm以下とする。また，厚さ18cm以上の耐力壁は**複筋式**❶とする。複筋式とする場合は，片側の横筋および縦筋の間隔は45cm以下とする。

（e）**耐力壁の曲げ補強筋** 耐力壁の端部，交差部，開口部の鉛直の縁など構造上，重要な箇所には，曲げ補強筋を入れる。

（f）**その他** コンクリートの取り扱い，鉄筋の定着および継手・かぶり厚さなどに関連した事項，床スラブや階段の配筋などについては，鉄筋コンクリート構造の躯体と同様である。

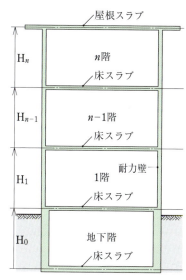

図3　鉛直支点間距離

❶ ➡ p.174

表1　必要とする耐力壁の長さ・壁の厚さ・配筋量

| 階 | | 耐力壁の規定 | | | | |
|---|---|---|---|---|---|---|
| 地上階 | 5階 | 壁量[cm/床m²] 12<br>壁の厚さ[cm] 15かつ$H_5/22$<br>配筋量[％] 0.20 | — | — | — | — |
| | 4階 | 壁量[cm/床m²] 12<br>壁の厚さ[cm] 18かつ$H_4/22$<br>配筋量[％] 0.20 | 12<br>15かつ$H_4/22$<br>0.20 | — | — | — |
| | 3階 | 壁量[cm/床m²] 12<br>壁の厚さ[cm] 18かつ$H_3/22$<br>配筋量[％] 0.25 | 12<br>18かつ$H_3/22$<br>0.20 | 12<br>15かつ$H_3/22$<br>0.20 | — | — |
| | 2階 | 壁量[cm/床m²] 15<br>壁の厚さ[cm] 18かつ$H_2/22$<br>配筋量[％] 0.25 | 12<br>18かつ$H_2/22$<br>0.25 | 12<br>18かつ$H_2/22$<br>0.20 | 12<br>15かつ$H_2/22$<br>0.15 | — |
| | 1階 | 壁量[cm/床m²] 15<br>壁の厚さ[cm] 18かつ$H_1/22$<br>配筋量[％] 0.25 | 15<br>18かつ$H_1/22$<br>0.25 | 12<br>18かつ$H_1/22$<br>0.25 | 12<br>15かつ$H_1/22$<br>0.20 | 12<br>12かつ$H_1/25$<br>0.15 |
| 地下階 | | 壁量[cm/床m²] 20<br>壁の厚さ[cm] 18かつ$H_0/18$<br>配筋量[％] 0.25 | | | | |

$H_n$：$n$階の構造耐力上主要な鉛直支点間の距離［cm］（$H_0$階は地下階を示す）
床m²：床面積1m²

（日本建築学会編「壁式鉄筋コンクリート造設計・計算規準・同解説: 2015」より作成）

**問1** 壁式鉄筋コンクリート構造4階建の建築物で，各階の床面積が100m²の場合，各階・各方向の耐力壁の必要長さを求めなさい。

## 2　壁式プレキャスト鉄筋コンクリート構造

壁式プレキャスト鉄筋コンクリート構造とは，あらかじめ工場などで，壁や床となる鉄筋コンクリート構造の**プレキャストパネル**❷をつくり，それを現場で組み立ててつくる構造である。ただし，基礎は現場打ちの鉄筋コンクリート構造とする。その例を図4に示す。

❷ あらかじめつくった板状の部材。

第7節　壁式構造　193

構造の規模は，一般に5階以下，軒高は20m以下，耐力壁の中心線により囲まれた部分の水平投影面積は60m²以下とする。用途は共同住宅が多く，戸建住宅にも用いられる。

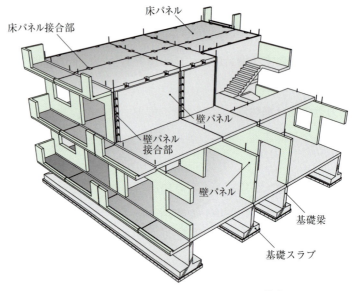

図4　壁式プレキャスト鉄筋コンクリート構造

鉄筋コンクリート構造のプレキャスト化は，より良質で正確な躯体をつくり，工期の短縮が目的である。しかし，プレキャスト化すると，構造の一体性が低下する。したがって，各部材の接合部の緊結方法や屋根スラブ接合部の防水方法を確認しなければならない。

接合例を図5に示す。各パネルの周辺から鉄筋または鋼板を突き出しておき，機械式継手や溶接❶，高力ボルト❷などで緊結し，そのすきまに，モルタルまたはコンクリートを充てんして仕上げる。

❶ ➡p.220
❷ ➡p.215

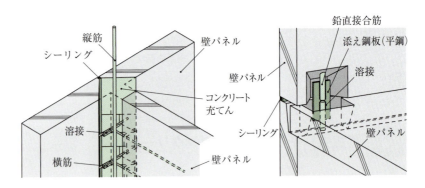

(a) 鉛直方向の接合　　　(b) 壁パネルと床パネルの接合

図5　接合例

## 3 補強コンクリートブロック構造

補強コンクリートブロック構造は，鉄筋で補強された空洞コンクリートブロックからなる耐力壁と，その耐力壁を支え，連結する鉄筋コンクリート造の臥梁❶，床・屋根スラブ，および，布基礎などで構成された壁式構造の一種である。

### 1 構造の特徴

使用されるおもな**建築用コンクリートブロック**❷は，図6(a)のような空洞コンクリートブロックの基本形ブロックと基本形横筋ブロックである。ブロックは圧縮強さによりA(08)，B(12)，C(16)，D(20)❸の4種類がある。

使用するブロックの種類よって，A(08)では2階以下，軒高は7.5 m以下，B(12)とC(16)では3階以下，軒高11 m以下と規定❹されている。

ブロック壁には，縦と横にせん断補強筋を配置する。鉄筋が配置されるブロックの空洞部と縦目地に接する空洞部には，モルタルまたはコンクリートを充てんし，ブロックと鉄筋が一体になるようにつくる。また，目地は，図(b)に示す芋目地とし，目地塗面の全部をモルタルで接着・組積する。

❶ circumferential girder：ブロック壁の上部に伏（臥）せるように設けられるので臥梁という。

❷ JIS A 5406 : 2023 参照。

❸ （ ）内の数字は，圧縮強さを示す。A(08) は，圧縮強さが 8N/mm² 以上の空洞コンクリートブロックである。

❹ 日本建築学会編「壁式構造関係設計規準集・同解説（メーソンリー編） : 2006」には，D(20) に関しての規定はないが，B(12)，C(16) と同様である。

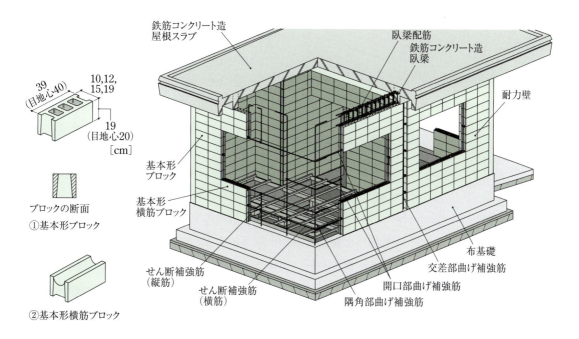

(a) おもなブロック　　　(b) 構成例

図6　補強コンクリートブロック構造

第7節　壁式構造

## 2 躯体の構成

臥梁と基礎は，耐力壁の上，下部を連結して強固な壁体を構成し，臥梁と床・屋根スラブは，水平面の剛性を確保し，鉛直荷重や地震などの水平力に対して，損傷しないように設計する。

臥梁の幅は20cm以上，かつ耐力壁の支点間距離の$\frac{1}{20}$以上と規定[1]され，基礎の幅は耐力壁の壁厚以上とし，基礎のせいは平屋建では45cm以上，2，3階建では60cm以上かつ軒高の$\frac{1}{12}$以上とする。

[1] 建築基準法施行令第62条の5参照。

## 3 耐力壁

補強コンクリートブロック構造の耐力壁は，以下のように構成する。

**(a) 耐力壁となる壁**　長さの短い壁は耐震性に劣るので，耐力壁となる壁の最小限の長さは図7のように規定[2]されている。図7の条件を満たした壁が耐力壁となり，図8のようにX，Yそれぞれの方向ごとに壁の水平断面の長さとして求める。耐力壁となる壁の長さ$l$は，壁の端部や隅角部に必要とされる現場打ちコンクリートを含んだ長さになる。

[2] 日本建築学会「壁式構造関係設計規準集・同解説（メーソンリー編）：2006」参照。

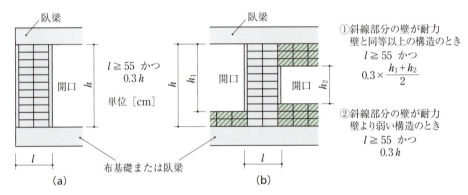

図7　耐力壁として認められる最小限の長さ

**(b) 必要な耐力壁の配置**　耐力壁は，平面上につり合いよく配置し，上下階の耐力壁の位置は重なるようにする。また，建築物の外周壁隅角部には，図8のように耐力壁をL形・T形に設ける。

床・屋根が鉄筋コンクリート構造スラブの場合は，耐力壁の中心線で分割された面積は60m²以下とする。また，耐力壁の直角方向の水平力に抵抗するため，図9のようにX方向の耐力壁に対して，Y方向に適切な間隔で耐力壁を設ける。この間隔を水平支点間距離といい，耐力壁の厚さの40倍[3]以下とする。

[3] 建築基準法施行令第62条の4には，50倍以下と規定されている。

**(c) 必要とする耐力壁の長さ・壁の厚さ**　必要とする耐力壁の長さ（壁量）とは，各階において各方向（たとえば，図8ではX，Y方向）別

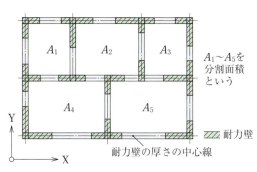

図8 耐力壁の配置と分割面積

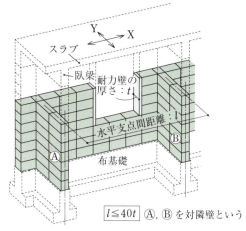

図9 水平支点間距離

に耐力壁の長さの合計を求め，壁量算定用床面積❶で割った値をいう。

壁量の最小値・壁の厚さは，補強コンクリートブロック構造の種別，階の位置などによって，表2のように規定されている。

❶ 壁量を算定する階の床面積に，直上階にあるバルコニーなどの$\frac{1}{2}$以上の面積を加えたもの。

表2 必要とする耐力壁の長さ・壁の厚さ

| 階数 | ブロックの種類 | 耐力壁の規定 | 3階建 | 2階建 | 平屋 |
|---|---|---|---|---|---|
| 3階 | A（08）<br>B（12）<br>C（16） | 壁量<br>[cm/m²] | ―<br>15<br>15 | | |
| 3階 | A（08）<br>B（12）<br>C（16） | 壁の厚さ<br>[cm] | ―<br>15 以上かつ<br>$h/20$ 以上 | | |
| 2階 | A（08）<br>B（12）<br>C（16） | 壁量<br>[cm/m²] | ―<br>18<br>15 | 15 | ― |
| 2階 | A（08）<br>B（12）<br>C（16） | 壁の厚さ<br>[cm] | ―<br>19 以上かつ<br>$h/16$ 以上 | 15 以上かつ<br>$h/20$ 以上 | |
| 1階 | A（08）<br>B（12）<br>C（16） | 壁量<br>[cm/m²] | ―<br>25<br>20 | 21<br>18<br>15 | 15 |
| 1階 | A（08）<br>B（12）<br>C（16） | 壁の厚さ<br>[cm] | ―<br>19 以上かつ<br>$h/16$ 以上 | 19 以上かつ<br>$h/16$ 以上 | 15 以上かつ<br>$h/20$ 以上 |

$h$：ブロック積み部分の高さ（図7参照）

（日本建築学会編「壁式構造関係設計規準集・同解説（メーソンリー編）：2006」より作成）

**(d) 耐力壁の配筋** 耐力壁内に配筋されるせん断補強筋の縦筋・横筋は，D10以上の鉄筋を縦横に80cm以内の間隔で配筋し，端部，隅角部にはD13以上の曲げ補強筋を縦に配置する。せん断補強筋の縦筋は，重ね継手で継ぐことはできないが溶接接合であれば継ぐことができる。縦筋の末端は，かぎ状に折り曲げて屋根スラブや臥梁と基礎などに定着する。定着長さは鉄筋の呼び名の40倍（フックを付ける場合は30倍）以上とする。

耐力壁の横筋は，端部で交差する耐力壁に定着する。定着長さは，鉄筋の呼び名の25倍以上とする。開口部上下縁の曲げ補強筋は左右の耐力壁内に定着する。

## 4　補強コンクリートブロック構造の塀

補強コンクリートブロック構造の塀は，図10のように，鉄筋で補強された空洞コンクリートブロック❶からなる壁と，その壁を支え，連結する控壁および，基礎などで構成される。

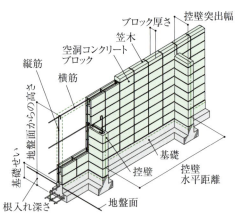

図10　補強コンクリートブロック塀

❶ 補強コンクリートブロック構造と同じものを使用する。鉄筋で補強されたブロックの空洞部と縦目地に接する空洞部には，モルタルまたはコンクリートを充てんする。

この構造の塀は，支持する地盤が軟弱な場合は強風や地震で倒壊する危険がひじょうに高いので，以下のような規定がある。

地盤面からの高さは2.2 m以下とし，ブロックの厚さは高さが2 m以下の場合は10 cm以上，2 mを超える場合は15 cm以上とする。

また，高さが1.2 mを超える場合は，水平距離3.4 m以内に高さの$\frac{1}{5}$以上突出した控壁を設け，地盤面から根入れ深さ30 cm以上でせい35 cm以上の基礎を設ける。

壁頂および基礎は横に，端部および隅角部は縦に，D10以上の鉄筋を配筋する。壁内には，D10以上の鉄筋を80 cm以内ごとに縦・横に配筋する。なお，鉄筋の末端はかぎ状に折り曲げて，縦筋は壁頂および基礎の横筋に，横筋は縦筋にかぎ掛けして定着する。縦筋が鉄筋の呼び名の40倍以上，基礎に定着できる場合は，基礎の横筋にかぎ掛けしなくてもよい。

縦筋は，重ね継手で継ぐことはできないが，溶接接合であれば継ぐことができる。

控壁は，D10以上の鉄筋を配筋する。

■　節末問題　■

**1.** 壁式構造とラーメン構造の違いについて説明しなさい。

# 8節 プレストレストコンクリート構造

Chapter 3

大スパンの梁などに用いられるプレストレストコンクリート構造とは、どのような構造なのだろうか。ここでは、この構造がなりたつ原理と構造の概要を学ぶ。

## 1 構造のしくみと特徴

鉄筋コンクリート構造の梁は、曲げモーメントによって表1(a)のように引張側にひび割れが発生することがある。そのひび割れを防ぐためには、表(b)のように、あらかじめ圧縮力を与えておき、曲げモーメントによって生じる引張力と差し引きして0に近づければよい。このように、あらかじめ与えておく部材に生じる力を、**プレストレス**❶といい、この原理を利用したコンクリート部材を用いる構造を**プレストレストコンクリート構造**❷という。プレストレストコンクリート構造は、スパンの大きな建築物に用いられる。

❶ prestress：元応力ともいう。

❷ prestressed concrete structure：略してPC構造またはPC造ともいう。

表1 プレストレストコンクリート構造の概要

| 荷重状態 | (a) 鉄筋コンクリート構造 | (b) プレストレストコンクリート構造 |
|---|---|---|
| 荷重0の状態 | プレストレスなし／梁／鉄筋／鉄筋内部に生じる力は0の状態 | プレストレスあり／プレストレス／梁／PC鋼線／PC鋼線に引張力を加えた状態で、両端を梁に固定すると、PC鋼線はもとに戻ろうとして梁にプレストレスが生じる(圧縮力)。 |
| 荷重により梁は曲げられる | 荷重／圧縮力／引張力／曲げによって引張側のコンクリートにひび割れが生じ、鉄筋が抵抗する。 | 荷重／引張力と圧縮力が相殺しあう／梁の下側では、曲げによる引張力と、プレストレスによる圧縮力が相殺しあっている。後者が大きければ引張力は生じない。 |

プレストレストコンクリート構造には①～③のような特徴がある。
① 曲げによるひび割れをおさえ、たわみを小さくする。
② 高強度の鋼材・コンクリートの使用により、鉄筋コンクリート構造より、大スパンの構造物をつくることができる。

❶ PC鋼線を固定するためシース内に圧入する流動性のある無収縮性のセメントペーストまたはモルタル。

❷ pre-tension
❸ post-tension

❹ PC鋼線を規定通りに配置するための薄鋼板製のパイプ。

❺ グラウトを圧入しない方法もある。

③ プレストレスの与え方やグラウト❶の圧入など，高度な技術が必要である。

## 2 プレストレスの与え方

コンクリートにプレストレスを与える方式には，表2に示すようにプレテンション方式❷とポストテンション方式❸がある。

前者は，おもに工場で製作される方式である。後者は，現場でプレストレスを与える方式で，長大な部材に用いられる場合が多い。

表2 プレテンション方式とポストテンション方式

| 順番 | (a)プレテンション方式 | (b)ポストテンション方式 |
|---|---|---|
| 1 | 最初にPC鋼線を緊張する。 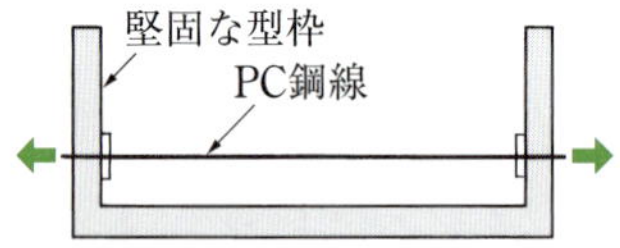 | 最初にシース❹を配置する。 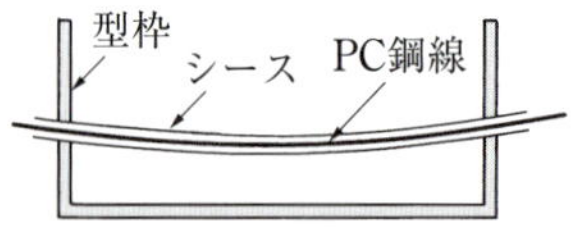 |
| 2 | コンクリートを打ち込む。 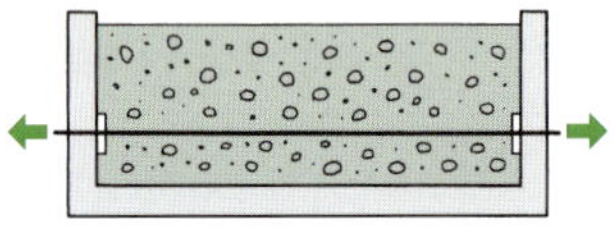 | コンクリートを打ち込み硬化したあと，型枠を除去し，PC鋼線をジャッキで緊張し，端部を固定する。 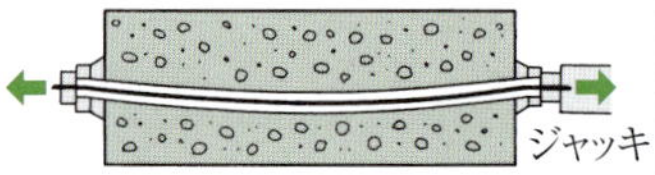 |
| 3 | コンクリート硬化後，型枠をはずす。プレストレスが与えられた状態になる。 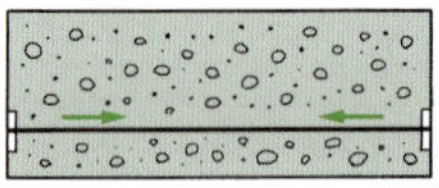 | シース内にグラウトを圧入する❺。プレストレスが与えられた状態になる。 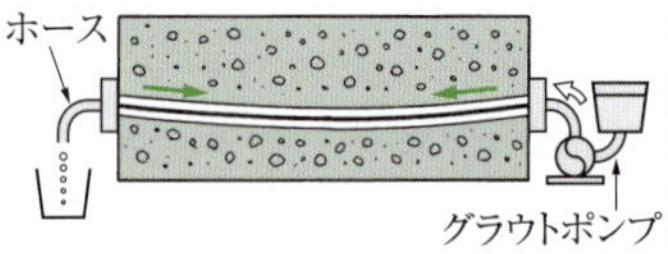 |

## 3 材料

(a) 鋼材　緊張材として引張強度の高いPC鋼材を用いる。PC鋼材には，鋼棒や図1のような鋼線をより合わせたものがあり，鋼材としての強さは1700 N/mm²～1800 N/mm²以上になる。

(b) コンクリート　部材に大きな圧縮力が生じる構造になるので，

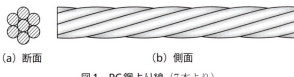

(a) 断面　　　(b) 側面
図1　PC鋼より線（7本より）

強度の高いコンクリートを用いる。設計基準強度はプレテンション方式で35 N/mm²以上，ポストテンション方式で24 N/mm²以上にする。

## 4 プレストレストコンクリートを用いた建築物

**(a) 工場生産される部材** 工場製作されるプレテンション方式の製品は，規格化され，大量に生産される。図2に示すような製品例があり，梁やスラブとして使用する例が多い。図3は空胴プレストレストコンクリートパネルを床スラブとして使用した例である。

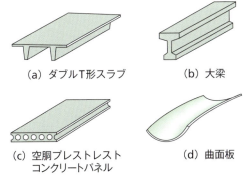
図2 プレテンション方式の製品例

図3 プレテンション方式床スラブの使用例

**(b) 現場でつくられる躯体** 現場で施工されるポストテンション方式は，PC鋼線を自由に配置できるので，いろいろな躯体をつくることができる。しかし，鉄筋との取合いや，型枠工事との調整が必要で複雑である。また，躯体にプレストレスを与える時期や，シース内にグラウトを確実に注入する方法などを検討する必要がある。

図4はポストテンション方式の施工例である。

図4 ポストテンション方式の施工例

### 節末問題

**1.** プレストレストコンクリート構造の建築物を現場で施工する場合，ポストテンション方式が用いられるのはなぜか，説明しなさい。

# Practice 章末問題

● **1.** 次の文の（　）内に，下の語群から適切なことばを選んで記入し，文を完成させなさい。

（1）コンクリートは，おもに（　①　），（　②　），（　③　），（　④　）を練り混ぜてつくる。

（2）耐久性に影響するコンクリートのひび割れは，（　⑤　），（　⑥　），（　⑦　），（　⑧　）がおもな要因である。

（3）鉛直荷重や，地震力などの水平力に抵抗する壁を（　⑨　）または（　⑩　）という。

（4）鉄筋に対するコンクリート被覆の厚さを（　⑪　）という。

【語群】

| アスファルト　アルカリ骨材反応　塩化物　かぶり厚さ　凍害　細骨材 |
| シート　スラブ　セメント　粗骨材　耐震壁　耐力壁　中性化　塗膜　水 |

● **2.** 次の鉄筋コンクリート構造に関する記述で，一般に正しいものには○印，誤っているものには×印を［　］内に記入しなさい。

［　］(1) 骨材は，粒度が均一のものがよい。
［　］(2) 水セメント比が小さいほど圧縮強度も低くなる。
［　］(3) 柱の主筋は，断面の図心に対して対称に配置する。
［　］(4) せん断補強筋を，柱ではあばら筋，梁では帯筋という。
［　］(5) 鉄筋の端部にフックを付けると，定着効果が向上する。
［　］(6) 杭基礎は，原則として支持杭形式を用いる。

● **Let's Try**

鉄筋コンクリート構造で，5階建の共同住宅を計画した。構造形式には，ラーメン構造や壁式構造が考えられるが，自分が構想する共同住宅には，どちらの構造形式がふさわしいか考えてみよう。

選択した構造形式ごとにグループに分かれて，空間構成と構造形式の関連などを検討し，結果を発表してみよう。そして，自分が計画する共同住宅にふさわしい構造形式は何か，それ以外の構造形式も含めて自分の考えをまとめてみよう。

# 第4章 鋼構造

## Introduction

　鋼構造とは，建築物の骨組に鋼材を用いた構造をいう。
　18世紀にイギリスで鉄製の橋がかけられた。これが，鉄を骨組にした構造物（鉄骨構造）のはじめで，鋳鉄と錬鉄による構造が長く続く。その名残りで，こんにちにおいても鋼構造を鉄骨構造とよぶことが多い。その後，製鉄技術が発達した欧米では，19世紀後半から鋼構造の建築物が建てられるようになった。
　わが国においても，19世紀末に鋼構造の建築物が建てられた。構造理論や加工技術の進歩，建築生産の工業化などにより発達し，わが国の重要な建築構造の一つである。
　現在では，着工面積が鉄筋コンクリート構造を追い越し，中低層の建築物をはじめ，高層や超高層建築物，ドーム，アリーナなど大空間の建築物まで広く用いられている。
　この章では，鋼材の特徴と各種接合方法，各部材の構成などについて学ぶ。

# この章で学ぶことがら

鋼構造の材料・構造・仕上げについて学ぶ。

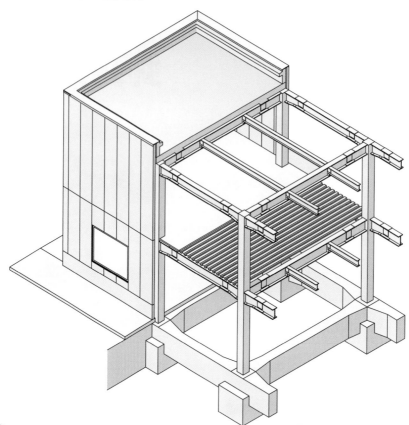

 **1 構造の特徴と構造形式** →p.205
鋼構造の構造形式の特徴と種類を学ぶ。

 **2 鋼と鋼材** →p.208
鋼の性質と鋼材の種類について学ぶ。

 **3 鋼材の接合** →p.215
形鋼や鋼板の接合方法の種類と特徴を学ぶ。

**4 基礎と柱脚** →p.226
鋼構造に適した基礎と柱脚について学ぶ。

 **5 骨組** →p.229
骨組の部材の構成を学び，部材に生じる力と部材の種類や性能，耐火の方法，耐震・耐風計画について学ぶ。

**6 仕上げ** →p.249
外部仕上げ，内部仕上げの方法，開口部や断熱について学ぶ。

 **7 軽量鋼構造と鋼管構造** →p.254
軽量鋼構造と鋼管構造の種類と特徴を学ぶ。

# 1節 構造の特徴と構造形式

鋼構造とは，建築物の骨組に鋼材を用いた構造をいう。この構造は，これまでに学んだ構造と，どのように異なるのだろうか。また，骨組の組み方により，どのような構造形式があるのだろうか。ここでは，構造の特徴と構造形式について学ぶ。

## 1 構造の特徴

鋼構造[1]は，H形や箱形などの断面形状をした鋼材を組み立てて，骨組をつくる構造である。鋼構造は次に示す特徴を生かし，図1のような超高層建築物や大空間をもつ建築物から，中・小規模の建築物まで広く用いられている。

[1] steel structure：頭文字からS構造またはS造ともいう。

**長所**

① 鋼材は強度が高く粘り強いので，比較的，小さな断面の部材で大きな荷重に耐えることができる。

② 骨組の部材を任意の位置で接合できるので，さまざまなデザインの建築物に対応しやすい。

③ 骨組の部材は工場で加工し，工事現場で組み立てる。このため，現場での作業が少なくなり工期を短縮しやすい。

④ 部材が工場製品のため，品質や精度がよい。

**短所**

① 骨組は地震だけでなく，積雪や風で変形しやすい。

② 鋼材は熱に弱く，さびやすいので，これらにより骨組の強さを失う場合がある。

③ 部材の座屈[2]や接合部の破断が生じると，骨組全体の耐力を急激に失うことがある。

[2] ⇒ p.162, 232, 238

図1　鋼構造の特徴

## 2 構造形式

基本となる構造形式は，ラーメン構造とブレース構造である（図2）。

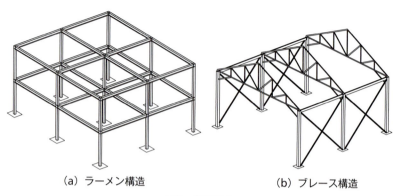

(a) ラーメン構造　　　　(b) ブレース構造

図2　構造形式

### 1 ラーメン構造

ラーメン構造は，図2(a)のように柱と梁を剛強に接合した構造で，荷重・外力が作用したとき，一体化した柱と梁で骨組の変形を防ぐ。そのため，部材断面は，ブレース構造よりは大きくなるが，部材数は少なくなる。この構造の用途としては，事務所建築・商業建築など中低層の建築物から高層建築物まで，多層多スパンの建築物に広く用いられている。

### 2 ブレース構造

ブレース構造は，筋かい構造ともいう。図(b)のように，柱や桁などに囲まれた面にブレース（筋かい）を入れて組み立てる。各部材の接合はラーメン構造ほど剛強ではなく，部材断面も小さい。水平方向の力が作用したとき，柱・梁・ブレースが構成する三角形で骨組の変形を防ぐ。ブレース構造では，屋根を支える部分にトラス部材を用いることが多い。トラス部材で構成された屋根には，図3(a)のように同一平面に組み立てた平面トラスと，図(b)のように立体的に組み立てて骨組を構成する立体トラスがある。

立体トラスは大空間をおおうのにすぐれた構造形式であるが，構造が複雑で，平面トラスに比べて構造解析[1]がむずかしく，施工に高度な技術を必要とする。しかし，技術の進歩もあって，大きな空間を必要とする体育館や展示場などに多く用いられている。

[1] 骨組や部材に生じる力，変形や振動の状態などを数値計算によって解くこと。

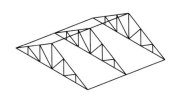 

(a) 平面トラス　　　　　(b) 立体トラス

図3　トラス部材（屋根）

**問 1** ラーメン構造とブレース構造の特徴を比較しなさい。

### 3　その他の構造形式

鋼構造には，図4(a)のような鋼製の梁部材に緊結したケーブルと束材でプレストレスを与えて梁部材に大きな曲げモーメントを生じさせないようにした**張弦梁構造**や，図(b)のように，梁を吊り下げて支える**吊構造**などがあり，小さな断面の部材でも大きなスパンを支持できる。

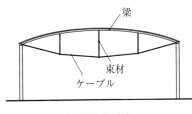

(a) 張弦梁構造　　　　　(b) 吊構造

図4　その他の構造形式

- **節末問題**

1. 鋼構造はどのような種類の建築物に用いられているか，身近な建築物からさがしなさい。また，それらの建築物の特徴を調べなさい。

# Chapter 4　2節　鋼と鋼材

　鋼構造の骨組となる鋼材は，さまざまな種類のものが生産されている。鋼材の素材である鋼は，どのような性質をもっているのだろうか。また，どのような種類の鋼材が，鋼構造に用いられているのだろうか。ここでは，鋼の性質と鋼構造に用いる鋼材の種類について学ぶ。

## 1　鋼

　化学的に純粋な鉄は，軟らかく強度が低い。しかし，鉄に**炭素**が含まれると硬くなり，強度も高くなる。そこで，適量の炭素と微量の合金元素を含んだ鉄で強度と粘(ねば)りを出したものを**炭素鋼**❶といい，これを鋼構造に用いる。鋼構造では，一般に炭素鋼が用いられるので，本書では炭素鋼のことをたんに**鋼**❷とよぶ。

❶ carbon steel

❷ steel

### 1　鋼の分類

　鋼のおもな成分は鉄(Fe)で，これに0.03～1.7%の炭素(C)と，微量のマンガン(Mn)やケイ素(Si)などが含まれている。含有物のうち炭素が鋼の性質に最も影響を与える。鋼は，炭素量が多いか少ないかの違いにより，図1のような性質をもつ。

　鋼を炭素量により分類したものを表1に示す。鋼構造では，一般に，

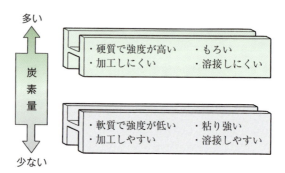

図1　鋼の炭素量による性質の違い

表1　鋼の分類

| | | [炭素量] | [製品例] |
|---|---|---|---|
| 鋼 | 極軟鋼 | 0.12%以下 | ブリキ板・溶融亜鉛めっき鋼板 |
| | 軟　鋼 | 0.12～0.3% | 棒鋼・形鋼・鋼板・釘・ボルト |
| | 硬　鋼 | 0.3～0.5% | 歯車 |
| | 最硬鋼 | 0.5～0.9% | ワイヤロープ |

## 鋼材ができるまで

図2に鋼材ができるまでの過程を示す。鉄鉱石を原料とする場合には，高炉で銑鉄をつくり，転炉で精錬する。鉄くずを原料とする場合には，電気炉で精錬して鋼をつくる。次の鋳造において，鋼塊のビレット，ブルーム，スラブを製作してから，これらを圧延加工し，形鋼や線材，鋼板などの製品にする。さらに鋼板を加圧形成して角形鋼管や鋼管などの製品にする。

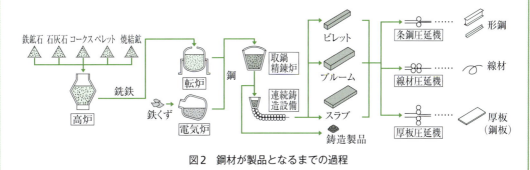

図2　鋼材が製品となるまでの過程

---

軟鋼❶が用いられる。

　炭素をおもな含有物とするもの以外に，多量のニッケル（Ni）やクロム（Cr）を加えた**ステンレス鋼**❷がある。また，ニッケル（Ni）・マンガン（Mn）・モリブデン（Mo）などの金属を1種類以上，ごく少量加えて耐火性を向上したり，さびに強くするなど，性質を改善した鋼もある。

❶ mild steel

❷ stainless steel

> **問 1**　鋼材は，炭素の含有量により性質が異なる。どのように異なるのかを調べなさい。

## 2　物理的性質

鋼の密度は，7.79～7.87 g/cm³で木材やコンクリートに比べはるかに大きい。鋼が融ける温度である**融点**❸は，1425～1530℃である。熱の伝わりやすさの度合いを示す熱伝導率は，36～60 W/(m・K)で木材やコンクリートに比べて熱を伝えやすい。**線膨張係数**❹は，$1.04 \times 10^{-5}$～$1.15 \times 10^{-5}$ 1/℃である。これらのうち，密度・熱伝導率・線膨張係数は，炭素量が増加するほど減少する。

❸ 固体が融解しはじめる温度。

❹ ➡p.139

## 3　機械的性質

鋼の強さや伸びなどを**機械的性質**といい，建築物の安全性に，直接，関係する重要な性質である。鋼の引張試験（図3）を行ったときの**引張応力度**❺と**ひずみ度**❻の関係を図4に示す。このうち**降伏点**と**引張強さ**は，とくに重要である。

❺ 引張応力度
　$= \dfrac{\text{引張荷重}}{\text{断面積}}$

❻ ひずみ度
　$= \dfrac{\text{伸びた分の長さ}}{\text{もとの長さ}}$

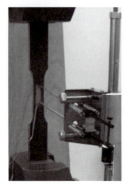
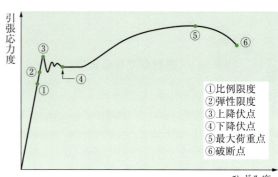

図3　鋼の引張試験　　　　図4　鋼の引張応力度とひずみ度の関係

次に，図4の各点における鋼の性質を示す。

①**比例限度**　　図4の①で，ここまでは引張応力度とひずみ度の関係は直線的に変化する。ここまでのひずみ度に対する応力度の割合を**ヤング係数**❶といい，$2.05×10^5 \mathrm{N/mm^2}$ になる。

②**弾性限度**　　図4の②までは荷重をもとに戻すと，鋼はもとの形に戻る。この性質を**弾性**❷という。弾性限度を超えると鋼は荷重を戻してももとの形に戻らなくなる。この性質を**塑性**❸という。

③④**降伏点**　　図4の③を**上降伏点**，④を**下降伏点**という。一般には，上降伏点を**降伏点**❹という。この点に達すると鋼の結晶面❺に滑りを生じ，ひずみが急激に進行して，引張荷重は不安定になる。上降伏点は測定しやすく，弾性限度ときわめて接近している。このため，上降伏点を弾性と塑性の分かれ目を示す指標として用いる。

⑤**引張強さ**　　下降伏点に達した鋼をさらに引っ張ると引張荷重はふたたび上昇しはじめ，応力度は増加する。やがて図4の⑤の最大荷重を迎えるが，このときの応力度を**引張強さ**という。

⑥**破断点**　　引張強さを超えて引っ張ると，くびれが生じて断面積が部分的に減少し，荷重も減少する。これが進行して図4の⑥の破断点にいたり，図6のように鋼材は破断する。

❶　Young's modulus：縦弾性係数ともいう。

❷　elasticity

❸　plasticity

❹　yield point

❺　図5のように鋼はたくさんの結晶粒からなる多結晶体とよばれる構造をしており，力が降伏点に達すると個々の結晶粒の一番弱い結晶面に滑りが生じ，それらが合わさって変形が急激に進行する。結晶面の滑りはもとに戻らないので，滑りがもたらす変形は荷重を取り除いたあとも永久変形として残る。

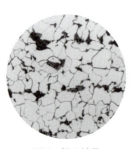

図5　鋼の結晶

図6　鋼材の破断

## 4 温度による機械的性質の変化

図7に示すように，鋼は温度の上昇にともない，降伏点や引張強さが変化する。引張強さは200℃～300℃で最大になり，1,000℃になると強度をほとんど失う。このため，鋼材が露出した状態で火災にあうと，建築物は大きな被害を受ける。また，350℃付近では，降伏点が常温時に比べ$\frac{2}{3}$程度に低下するため，火災時でも柱や梁では鋼材が350℃程度を超えないように耐火被覆を設ける。

逆に，低温になると粘りを失い，もろくなる。とくに，鋼材に傷があると，その部分から割れやすくなる。

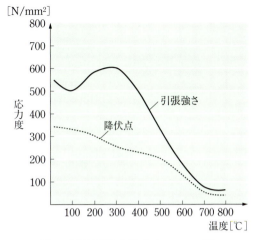

図7 鋼材の温度と強さ（SM490の例）

## 5 さびと防食

鋼は空気中で酸化し，**さび**を生じる。さびは鋼の内部まで侵食し，断面を欠損することがある。とくに，空気中に水分・塩分・硫黄酸化物があると侵食の速さを増す。このため，表面を滑らかにしたり，モルタルやコンクリートでおおったり，亜鉛めっき・塗装などの防食を施す必要がある。鋼を製造するときに，表面に生じる黒い酸化物は**黒皮**（ミルスケール）ともよばれ，皮膜をつくり，空気を遮断するので防食効果がある。

構造上では，水はけをよくし，乾燥しやすい形にすることも重要である。

**問2** 鋼材のさびを防ぐ方法を調べなさい。

# 2 構造用鋼材

鋼構造の骨組に用いられる鋼材を**構造用鋼材**といい，種々のものが生産されている。

## 1 形状

形状や製法により，表2～5のような鋼材がある。

**(a) 形鋼**[1] 表2のようなH形・山形・溝形など所定の断面形状や長さに，熱間圧延製造[2]されたものをいう。おもに骨組に用いられ，一般的に図8のようなH形鋼の広幅は柱に，細幅は梁に用いられる。中幅は寸法により柱・梁の両方に用いられる。

[1] shape steel
[2] 鋼を高温に加熱して，回転するロール間に差し込み，連続して圧力を加え，所定の断面形状にする方法。

表2 形鋼

| 名称 | 形状 | 寸法表示例 |
|---|---|---|
| H形鋼<br>(JIS G 3192:2021) | 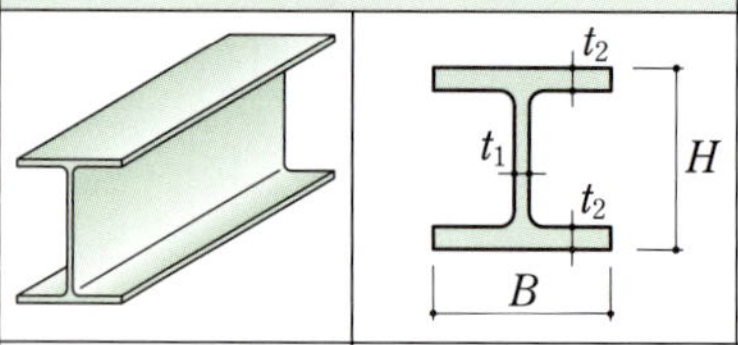 (H形鋼の図、$t_1$, $t_2$, $H$, $B$) | H - $\dfrac{200}{H} \times \dfrac{100}{B} \times \dfrac{5.5}{t_1} \times \dfrac{8}{t_2}$ |
| 等辺山形鋼<br>(JIS G 3192:2021) | 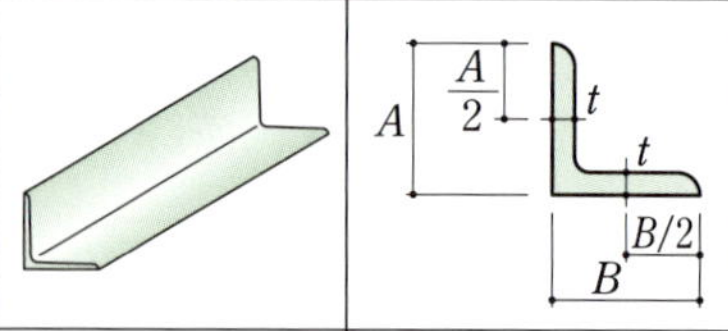 (等辺山形鋼の図、$A$, $A/2$, $B/2$, $t$) | L - $\dfrac{100}{A} \times \dfrac{100}{B} \times \dfrac{10}{t}$ |
| 溝形鋼<br>(JIS G 3192:2021) | 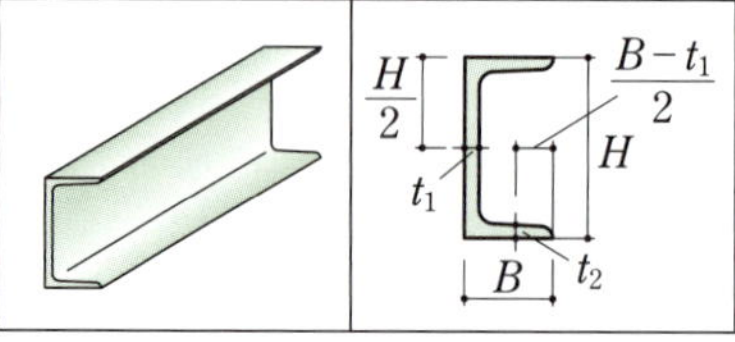 (溝形鋼の図、$H/2$, $\dfrac{B-t_1}{2}$, $H$, $B$, $t_1$, $t_2$) | [ - $\dfrac{150}{H} \times \dfrac{75}{B} \times \dfrac{9}{t_1} \times \dfrac{12.5}{t_2}$ |

(a) 広幅　　(b) 中幅　　(c) 細幅

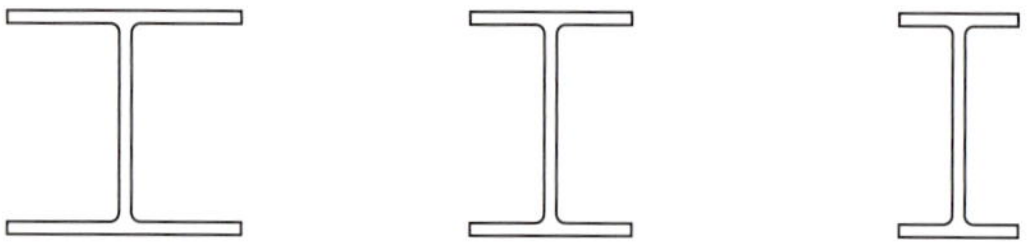

図8　H形鋼の幅の種類

❶ light-gage steel

**(b) 軽量形鋼**❶　　厚さ6mm以下の薄鋼板を常温で成形し，表3のような断面形状にしたもので，おもに鋼構造の母屋・胴縁などやプレファブ建築物の骨組に用いられる。

表3　軽量形鋼

| 名称 | 形状 | 寸法表示例 |
|---|---|---|
| リップ溝形鋼<br>(JIS G 3350:2021) | 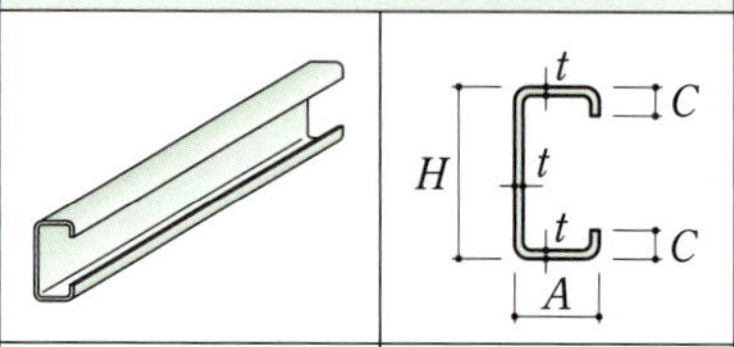 (リップ溝形鋼の図、$H$, $A$, $C$, $t$) | [ - $\dfrac{100}{H} \times \dfrac{50}{A} \times \dfrac{20}{C} \times \dfrac{2.3}{t}$ |
| 軽溝形鋼<br>(JIS G 3350:2021) | 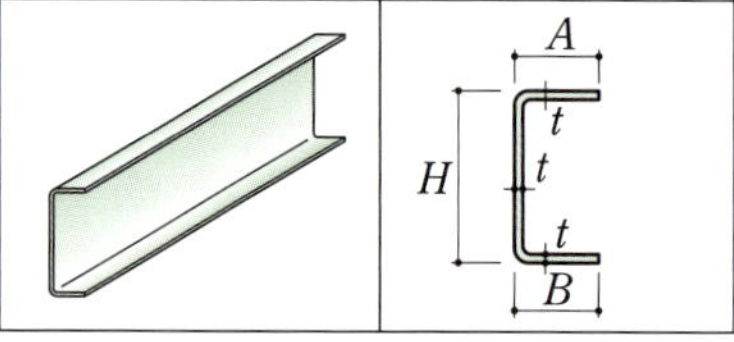 (軽溝形鋼の図、$H$, $A$, $B$, $t$) | [ - $\dfrac{150}{H} \times \dfrac{50}{A} \times \dfrac{50}{B} \times \dfrac{2.3}{t}$ |

❷ steel plate
❸ flat steel bar

**(c) 鋼板**❷**・平鋼**❸　　平板状の鋼材には，表4のような鋼板と平鋼がある。鋼板は厚さ方向に圧延したもので，必要とする形状に切断して用いる。平鋼は所定の幅と厚さに圧延したもので，必要とする長さに切断して用いる。

表4 平板状の鋼材

| 名称 | 形状 | 寸法表示例 |
|---|---|---|
| 鋼板<br>(JIS G 3193:2019) | | $PL-\dfrac{12}{t}$ |
| 平鋼<br>(JIS G 3194:2020) | | $FB-\dfrac{100\times 6}{b\ \ \ t}$ |

(d) **鋼管**[❶]　表5のように断面が円形と角形のものがある。これらを骨組に用いる場合は，構造用鋼管や構造用角形鋼管を用い，配管用鋼管や水道用亜鉛めっき鋼管などを用いてはならない。

❶ steel tube

表5 鋼管

| 名称 | 形状 | 寸法表示例 |
|---|---|---|
| 鋼管<br>(JIS G 3444:2021) | | $\phi-\dfrac{318.5\times 8}{D\ \ \ t}$ |
| 角形鋼管<br>(JIS G 3466:2021) | | $\square-\dfrac{200\times 200\times 12}{A\ \ \ B\ \ \ t}$ |

(e) **棒鋼**[❷]　円形断面の鋼材で，鋼構造ではブレースなどに使われる。直径は，10mm～30mm程度が用いられる。

❷ steel bar

## 2 種類と強さ

構造用鋼材の種類は，製法や強さ・性能などの違いによって，JISで分類されている。鋼材の種類の記号は，表6のように種類の記号と強さを示して表す。同じ種類や強さであっても性能が異なるときには，末尾に性能の区分の記号をつける。

表6 種類の記号の表し方

　JISで規格された構造用鋼材の種類を表7に，これらのうち，おもな鋼材の引張試験の規格を表8に示す。これ以外に，国土交通大臣認定

の構造用鋼材がある。代表的なものとして，建築構造用に規格化された角形鋼管のBCR[1]やBCP[2]がある。

❶ 建築構造用冷間ロール成形角形鋼管
❷ 建築構造用冷間プレス成形角形鋼管

表7 構造用鋼材の種類

| 鋼材の種類 | 種類記号 | 特　徴 |
|---|---|---|
| 建築構造用圧延鋼材 JIS G 3136:2022 | SN | 建築物用の鋼材で，ABCの三つの性能の区分がある。A種は溶接しない部材に適し，B種は粘り強く，骨組に用いる。C種は板厚方向の強さを強化したもので，板厚方向に大きな力が生じる部分に用いる。 |
| 一般構造用圧延鋼材 JIS G 3101:2022 | SS | 一般構造用の圧延鋼材。 |
| 溶接構造用圧延鋼材 JIS G 3106:2022 | SM | 圧延鋼材で，とくに溶接性がよいもの。 |
| 一般構造用軽量形鋼 JIS G 3350:2021 | SSC | 冷間成形[3]された軽量形鋼。 |
| 一般構造用炭素鋼鋼管 JIS G 3444:2021 | STK | 一般構造用の円形断面の鋼管。 |
| 一般構造用角形鋼管 JIS G 3466:2021 | STKR | 一般構造用の角形断面の鋼管。 |
| 建築構造用炭素鋼鋼管 JIS G 3475:2021 | STKN | 建築物用の円形断面の鋼管。SN材と同等の性能をもつ。 |

❸ 常温で所定の断面形状にする方法。

表8 鋼材の規格（引張試験）

| 種類の記号 | 降伏点または耐力* [N/mm$^2$] | 引張強さ [N/mm$^2$] | 伸び [％] |
|---|---|---|---|
| SN400 | 215〜235以上　335〜355以下 | 400〜510 | 17〜24以上 |
| SN490 | 295〜325以上　415〜445以下 | 490〜610 | 17〜23以上 |
| SS400 | 215〜245以上 | 400〜510 | 17〜23以上 |
| SM490 | 295〜325以上 | 490〜610 | 17〜23以上 |

＊ 明瞭な降伏点が計測されないとき，0.2％の永久ひずみが生じるときの応力度を降伏点に代えて耐力とする。

注．1）規格の値は，鋼材の性能の区分・厚さ・引張試験片の形状により異なる。
　　2）鋼材の厚さは100mm以下。
　　3）SN400Aおよび厚さ12mm未満のSN材には，降伏点の上限の規定はない。
（JIS G 3101:2022，G 3106:2022，G 3136:2022より作成）

■ 節末問題 ■

**1.** 身近な鋼構造の建築物において，構造用鋼材がどのように使用されているか，調べなさい。

# 3節 鋼材の接合

鋼構造は，数多くの形鋼や鋼板を接合して，全体をつくりあげていく構造である。形鋼や鋼板は，どのようにして接合されるのだろうか。ここでは，接合方法の種類と特徴を学ぶ。

## 1 接合方法

接合方法には，表1のように**機械的接合方法**と**冶金的接合方法**がある。機械的接合方法は図1(a)のように，接合部に高力ボルトやボルトなどを使用して接合する。冶金的接合方法は，図(b)のように，金属的に接合部を一体化させて接合する。

表1　接合の種類

接合方法 ─┬─ 機械的接合方法……高力ボルト・ボルト
　　　　 └─ 冶金的接合方法……溶接

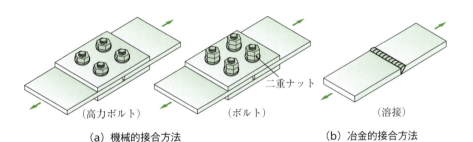

(a) 機械的接合方法　　　　(b) 冶金的接合方法
図1　接合方法

## 2 高力ボルト接合

引張強さが，ふつうのボルトの2倍以上もある**高力ボルト**を用いて鋼材を接合する方法を，**高力ボルト接合**という。この接合方法は，リベット接合❶に代わるものとして開発されたものである。施工時の騒音が小さく，作業が容易で，労力の節約，工期の短縮が可能であることから，現場での接合に多く用いられる。

高力ボルト接合は，**摩擦接合**・引張接合・支圧接合などの形式があり，このうち摩擦接合が多く用いられる。

❶ 鋼材に孔をあけ，赤熱したリベットを通し，ハンマーで打撃し，かしめて接合する方法。

第3節　鋼材の接合　**215**

摩擦接合は図2(a)のように，接合部を強い力で締め付けて，部材間に生じる摩擦力を利用する接合方法である。引張接合は図(b)のように，あらかじめ圧縮力を部材の間に加えておくと，引張力が作用したとき，圧縮力が引張力を打ち消し，より大きな引張力に耐えることができる接合方法である。支圧接合は図(c)のように，ボルトのせん断力に耐える強さで力を伝達する接合方法である。

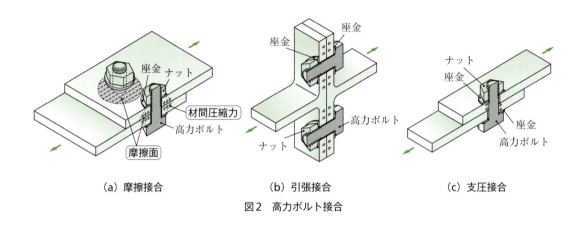

(a) 摩擦接合　　(b) 引張接合　　(c) 支圧接合
図2　高力ボルト接合

## 1 高力ボルト摩擦接合

高力ボルトで接合部を強く締め付けると，接合される部材間に圧縮力が生じ，その結果，部材どうしをずらそうとすると摩擦力が生じる。この摩擦力を利用して力を伝達させる方法を高力ボルト摩擦接合❶という。

高力ボルトの締付け力は図2(a)に示すように伝わり，接合される部材間にボルト軸を中心とした円形の摩擦面が形成される。この摩擦面で力が伝達されるが，伝達面積が大きいため力の集中が起こらず，力の流れが滑らかになる。

接合部の強さは，材間に生じる摩擦力により決定される。このため，高力ボルトの締付け力（導入ボルト張力）を適切な値にし，摩擦面を適切な粗さにして摩擦力を確保する。

## 2 高力ボルトの種類

高力ボルトは，JISで形状や性能が定められたJIS形高力ボルト❷と，それ以外の特殊高力ボルトに分類される（図3）。これらのうち，特殊高力ボルトの一つであるトルシア形高力ボルト❸が多く用いられている。高力ボルトには軸径により表2のような種類があり，ねじの呼びで示される。ねじの呼びは，Mのあとに軸径［mm］を続けて示す。

❶ 押さえ付けていると，本はなかなか引き抜けない。これが摩擦接合の原理である。

❷ JIS B 1186 : 2013 参照。

❸ 日本鋼構造協会規格（JSS Ⅱ 09）参照。

(a) JIS形

(b) トルシア形

図3 高力ボルト

表2 高力ボルトのねじの呼び

| M12 | M16 | M20 | M22 | M24 | M27 | M30 |

注. M12はJIS形のみ

**(a) JIS形高力ボルト**　六角ボルト・六角ナット・座金2枚を1組のセットとして用いるように規定されている。表3に示すような種類があるが，実際に使用されているのは，ほとんどが2種である。

　高力ボルトのように高い強度をもつ鋼材は，明確に降伏点を求めることができない。そのため，引張荷重を取り除いたのち，試験体に0.2％のひずみが残る応力度を**耐力**とよび，降伏点の代わりに用いる。

表3 高力ボルトの種類

| 種類 | ボルト | ナット | 座金 | ボルトの耐力 [N/mm²] | ボルトの引張強さ [N/mm²] |
|---|---|---|---|---|---|
| JIS形1種 | F8T | F10(F8) | F35 | 640以上 | 800～1000 |
| JIS形2種 | F10T | F10 |  | 900以上 | 1000～1200 |
| トルシア形 | S10T | F10 |  |  |  |

注. ( )をつけたものは，なるべく使用しない。

**(b) トルシア形高力ボルト**　ボルト・六角ナット・座金をセットとして用いる（図4）。このボルトは，ボルト頭の座面の面積が大きいため，座金は頭側にはなくてよい。

　トルシア形高力ボルトは，導入ボルト張力が所要の値になるまで専用の工具で締め付けると，破断溝が破断してピンテールがとれる。こ

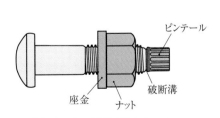
(a) トルシア形のボルトセット

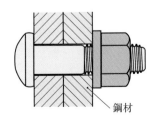
(b) 施工後のトルシア形のボルト

図4 トルシア形高力ボルト

第3節　鋼材の接合　**217**

のため，外観を観察することにより，所要のボルト張力になっていることを容易に確かめることができる。

## 3 ボルト接合

引張強さが高力ボルトほど大きくないボルトと，ナット・座金を用いて接合する方法を**ボルト接合**という。ボルトは，一般に表4に示すねじの呼びのものが用いられる。高力ボルトと同様に，Mのあとに軸径 [mm] を続け，ねじの呼びとして示す。

表4　ボルトのねじの呼び

| M12 | M16 | M20 | M22 | M24 |

接合形式には，図5のようなせん断形式（支圧形式）と引張形式がある。

❶ splice plate：スプライスプレートともいう。

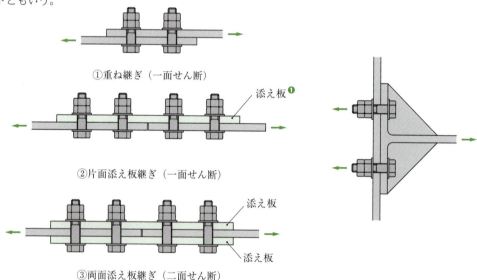

（a）せん断形式　　　　　　　　　　（b）引張形式
図5　ボルトの接合形式

❷ 鋼構造の場合は，柱・梁・筋かいなどが，これにあたる。建築基準法施行令第1条参照。

❸ 延べ面積が3 000 m² 以下の建築物で，軒高が9 m 以下で，かつ梁間が13 m 以下のものをいう。建築基準法施行令第67条参照。

この方法は，ボルトを強い力で締め付けることができないため，接合部に滑りが生じやすい。繰返しの荷重を受けると，接合部はしだいに緩み，建築物に変形を生じさせる。このため，大規模な建築物の構造耐力上主要な部分❷や，振動・衝撃・繰返し荷重を受ける部分には使用できない。

用途はかぎられているが，施工が容易で，解体しやすいことから，一定規模以下の小規模な建築物❸には用いられる場合がある。この場合，

接合部が緩むのを防ぐために，ナットを溶接したり，ナットを二重にしたりするなどナットの戻り止めを行う。

## 4 高力ボルト・ボルトの配置

高力ボルトやボルトは，力を滑らかに伝達でき，容易に施工できるように配置する。構造耐力上主要な部分では2本以上を配置する。

**(a) ゲージライン❶** 高力ボルトやボルトは，図6のように材軸に平行な直線（ゲージライン）上に規則正しく配置する。ゲージラインは部材断面の図心を通る線になるべくそろえる。部材の幅が広く伝達する力が大きい場合には，ゲージラインを複数とって多列配置にする。ゲージライン間の距離をゲージとよぶ。

❶ gauge line

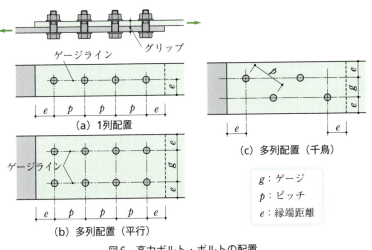

図6 高力ボルト・ボルトの配置

**(b) ピッチ❷** 高力ボルトやボルトの軸心の間隔をいう。軸径の2.5倍以上とするが，施工のしやすさを考慮して，軸径16mmと20mmのものでは60mmを標準としている。

❷ pitch

**(c) 孔径❸** 高力ボルトの孔径は，軸径27mm未満のものでは軸径+2mmとする。ボルトの孔径は軸径+0.5mm❸とする。

❸ 建築基準法施行令第68条では+1.0mm以下，ボルト径が20mm以上で構造耐力上支障がない場合は+1.5mm以下。

**(d) 縁端距離** ボルト孔から部材縁端部までの距離をいう。短すぎるとその部分が変形したり，破断したりするおそれがあり，長すぎると鋼材がそってすきまができ，内部にさびが生じやすくなる。このため，最小縁端距離や最大縁端距離には制限がある。縁端距離は，軸径16mmと20mmのものでは40mmを標準としている。

## 5 溶　接

鋼材や溶接技術の進歩により，すぐれた鋼材の接合方法として，**溶接**[1]は広く用いられている。

### 1　溶接の種類と特徴

溶接には，表5のような種類がある。鋼構造では，融接のうち，電極間のアーク熱[2]で鋼材の接合部を溶かし，鋼材と鋼材を一体化する**アーク溶接**が多く用いられている。

[1] weld
[2] 高熱と白熱光を発生する放電現象。

表5　溶接の種類

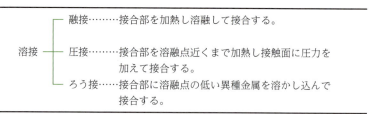

溶接は，高力ボルト接合と比べ，次のような特徴がある。

**長所**

① ボルト孔による断面欠損がなく，全断面で力を伝達できる。
② 接合部の形状が単純になり，力を滑らかに伝達できる。

**短所**

① 溶接熱で接合部が急激に温度変化するため，局部的に膨張・収縮する。このとき，鋼材の一部に変形が生じたり，その変形を拘束すると鋼材の内部に力が生じて接合部が割れたりすることがある。
② 所定の方法で施工しなかったり，じゅうぶんに溶接できなかったりすると，接合部の材質が変化したり断面が不足したりするなど，健全な接合部が得られないことがある。

### 2　溶接に適した材料

接合するそれぞれの鋼材を**母材**という。図7のように溶接棒と母材との間にアークを発生させると，溶接棒の心線が溶けて**溶着金属**[3]となる。母材の間では，溶着金属と母材が溶け合わさり，冷えて固まる。これを**溶接金属**[4]とい

[3] deposited metal
[4] weld metal

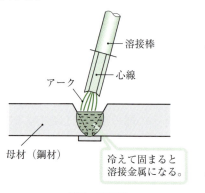

図7　溶接部

220　第4章　鋼構造

い，これを介して母材と母材を金属的に一体化させる。母材は，炭素量が少なく硫黄などの不純物の含有量が少ないものを用いないと，溶接金属が割れるなどの欠陥が生じることがある。

溶接棒は母材に適したものを用い，溶接金属が母材と同等またはそれ以上の機械的性質をもつようにする。

### 3 溶接継手

図8のような接合部の形状を**溶接継手**という。材端と材端を突き合わせて接合するときには，図8(a)のような**突合せ継手**，材と材を重ね合わせて接合するときには，図(b)のような**重ね継手**を用いる。材と材に角度をつけて接合するときには，図(c)のような**T継手**，図(d)のような**角継手**を用いる。

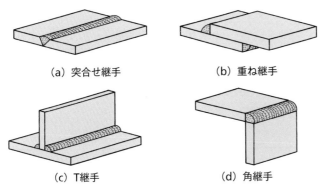

(a) 突合せ継手　　(b) 重ね継手
(c) T継手　　(d) 角継手

図8　溶接継手

### 4 溶接継目

溶接部分の断面の形態を**溶接継目**という。各種の継目があるが，鋼構造ではおもに，完全溶込溶接・隅肉溶接が用いられる。これ以外に，部分溶込溶接も用いられることがある。

これらの継目を用いて継手を構成する。接合部の形状により継目が交差する場合もある。継目の交差する部分は，複数回にわたり加熱することになるので，熱の影響による欠陥が生じやすい。このため，図9(a)のような**スカラップ**を設けて欠陥を防ぐ。しかし，スカラップを設けるため切り欠いた

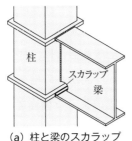
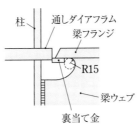

(a) 柱と梁のスカラップ　　(b) 改良型スカラップの例

図9　スカラップ

部分の形状によっては力が集中し，部材の破断の原因ともなるので，図(b)のような改良型スカラップを設ける方法やスカラップを設けない方法もある。

**(a) 完全溶込溶接**　図10のように突合せ継手・T継手・角継手に**完全溶込溶接**[❶]が用いられる。この継目は，母材の全断面を溶かし一体化するので，接合部の強さが母材の強さより大きくなる。したがって，力の伝達には理想的な継目となる。

❶ full penetration weld

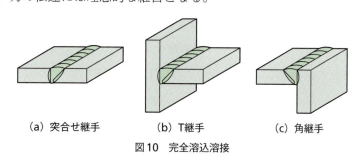

(a) 突合せ継手　　(b) T継手　　(c) 角継手

図10　完全溶込溶接

● **グルーブ**　接合部は，内部まで完全に溶かし合わせなければならない。このため，接合部に図11のような溝状の加工をする。この加工された溝を**グルーブ**[❷]（開先<sub>かいさき</sub>）という。

❷ groove

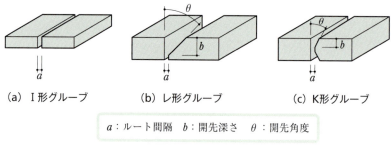

(a) I形グルーブ　　(b) レ形グルーブ　　(c) K形グルーブ

$a$：ルート間隔　$b$：開先深さ　$\theta$：開先角度

図11　グルーブの形状

● **エンドタブ**　接合部の全幅を完全に溶接するので，溶接の始端と終端には欠陥が生じやすく，図12のような**エンドタブ**[❸]を用いて始端・終端を接合に必要な範囲外に出す。エンドタブは溶接終了後，取り除くのが原則であるが，力の伝達に悪影響を与えないことを確かめた箇所では，そのまま残すこともある。

❸ end tab

● **裏当て金・裏はつり**　完全溶込溶接は，片面から溶接する方法と，両面から溶接する方法がある。片面からの溶接は，開先の底部に溶込み不足が生じやすいので，図12のような**裏当て金**を用いる。両面からの溶接は，先に溶接した面の第一層に欠陥が生じやすいので，図13のように裏面から溶接するまえに削り落す。これを**裏はつり**という。

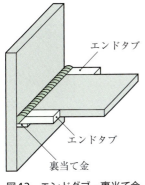

図12 エンドタブ・裏当て金

図13 裏はつり

(b) **隅肉溶接**　図14のように母材の隅部分を溶接する方法を**隅肉溶接**❶といい，T継手や重ね継手に用いられる。完全溶込溶接と異なり，力の伝わり方が滑らかでなく，全断面を溶接しないので母材の強さより接合部のほうが弱くなることが多い。

❶ fillet weld

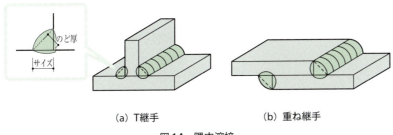

(a) T継手　　　(b) 重ね継手

図14 隅肉溶接

図15のように溶接線❷が力が作用する方向に直角のものを**前面隅肉溶接**，平行なものを**側面隅肉溶接**という。溶接継目の断面の大きさは，一般にサイズ❸（脚長）で示され，薄いほうの母材の厚さ以下にする。

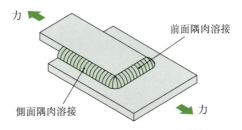

図15 前面隅肉溶接と側面隅肉溶接

(c) **部分溶込溶接**　図16のように，接合部の全断面を溶け込ませないものを**部分溶込溶接**❹といい，突合せ継手・T継手・角継手に用いられる。継目の全断面が溶け込んでいないので，溶接継目に力が集中しやすく，溶接の第一層目に生じやすい欠陥が取り除けないなどの欠点がある。このため，継目の直角方向に引張力が作用する部分や，継目を軸とする曲げが作用する部分，繰返し荷重の作用する部分には用いることはできない。

❷ 溶接継目の各断面の中心を結んだ線。外観上は，連続した溶接金属でできた線。

❸ 隅肉溶接の断面に含まれる最大の直角二等辺三角形の一辺の長さで，のど厚（力を伝達する溶接金属の厚さ）を指定するための寸法。隅肉溶接の場合は，ふつう，のど厚＝0.7×サイズとする。

❹ partial penetration weld

第3節　鋼材の接合　**223**

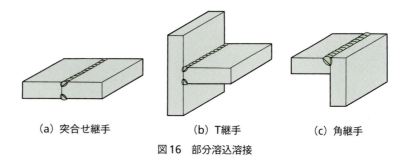

(a) 突合せ継手　　　　(b) T継手　　　　(c) 角継手

図16　部分溶込溶接

**問1**　部分溶込溶接を用いてはいけない部分を調べなさい。

## 5　溶接記号

溶接継目の種類・大きさ・範囲，工場溶接と現場溶接の区別などは**溶接記号**を用いて，設計図書に明示する。

溶接記号は，図17のように表示する。**基線**は水平とし，**矢**は基線から60°を基本とする。**尾**は必要がなければ省略してよい。表6のような，完全溶込溶接のレ形やK形グルーブのように片方の材に開先をとる場合には，開先をとるほうの材に矢を向ける。

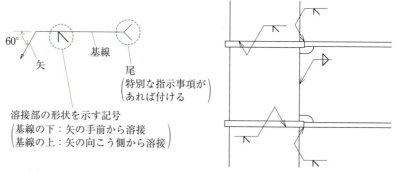

(a) 溶接記号の表記方法　　　(b) 柱と梁の仕口における溶接記号の例

図17　溶接記号

表6　おもな溶接部の形状を示す記号

| 溶接部の形状 | 基本記号 | 実形 | 記号表示 |
|---|---|---|---|
| 完全溶込溶接 レ形グルーブ | V | 開先角度45°／ルート間隔6 | 6／45° |
| 完全溶込溶接 K形グルーブ | K | 開先角度45°／開先深さ16／ルート間隔2／9 | 45°／2／9／16 |
| 隅肉溶接 | ▲ | (両側連続隅肉溶接)／6　6 (サイズ(脚長)) | 6 |

224　第4章　鋼構造

## 6 溶接欠陥

溶接は高力ボルト接合などに比べて、施工の良否による影響を受けやすいので、図18のような欠陥が生じないよう、材料や施工方法に注意しなければならない。外部に現れた欠陥は目視検査によるが、内部の欠陥は超音波などによる検査によって調べる。

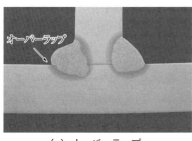
(a) オーバーラップ

(b) スラグ巻込み・ブローホール

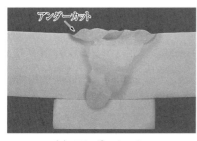
(c) アンダーカット

(d) ピット

図18 生じやすい溶接欠陥の例

### 節末問題

1. 次の文中の（　）内に適切なことばを記入し、文を完成させなさい。
   (1) 高力ボルト接合では、（ ① ），（ ② ），（ ③ ）をセットで用いる。
   (2) ボルトの並んだ直線を（ ④ ）といい、1列配置の場合、その直線上のボルト間隔を（ ⑤ ）という。
2. 高力ボルト摩擦接合とボルト接合の力の伝達方法の違いを調べなさい。
3. ボルト接合は、大規模な建築物などには使用を制限される。その理由を考えなさい。
4. 次の溶接に関することばを説明しなさい。
   (1) スカラップ　　(2) グルーブ　　(3) エンドタブ
   (4) 裏当て金

# 4節 基礎と柱脚

基礎の形式は，荷重の大きさと地盤の状況によって決められる。これまでに学んだ基礎との違いは，どこにあるのだろうか。ここでは，鋼構造に適した基礎について学ぶ。

## 1 基 礎

鋼構造の基礎は，鉄筋コンクリート構造とほぼ同じ形式のものが用いられる。

鋼構造は強度が高い鋼材が骨組になるので，柱間隔は大きくなり，柱 1 本が負担する荷重は大きくなることが多い。このため，同規模の鉄筋コンクリート構造と，基礎の形状や大きさはあまり変わらない。

図 1(a)は事務所などに用いられる均等スパンの建築物の基礎である。独立基礎を基礎梁でつなぐ鉄筋コンクリート構造と同じ形式をとる。

図(b)は，工場などの低層の大スパン建築物に用いられる基礎の例である。スパンが大きくなると基礎梁のせいも大きくなり，施工が難しく不経済となるため，梁間方向に基礎梁を設けないことが多い。しかし，骨組への力のかかり方や柱と基礎の接合方法によっては，基礎梁がない方向では，基礎が回転することがあるので，構造的な検討を行う必要がある。

いずれの基礎も，地耐力が不足する場合には杭を用いる。また，鋼製の柱を固定するためのアンカーボルトを設ける。

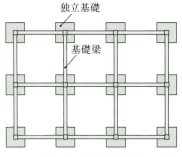
(a) 均等スパンの建築物の基礎の例

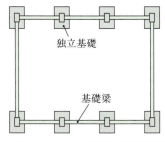
(b) 大スパンの建築物の基礎の例

図1 独立基礎

## 2 柱 脚

　図2のような柱と基礎の接合部を**柱脚**[1]という。柱脚は，コンクリートと鋼材という異なった種類の材料を接合するため，構造上の弱点になりやすい。

[1] column base

(a) 柱脚の例　　(b) 柱脚の基本構成

図2　柱　脚

　柱脚の形式は，図3のように分けられ，接合の強い順から埋込形式・根巻形式・露出形式となる。

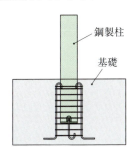

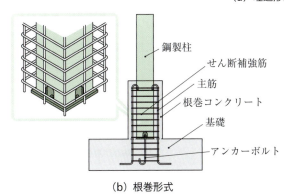

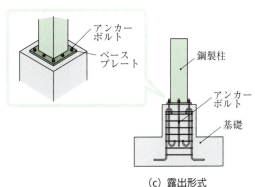

(b) 根巻形式　　　　　　　　　　　(c) 露出形式

注．図(a)〜(c)の基礎スラブ主筋の表記は略した

図3　柱脚の形式

**(a) 埋込形式**　図3(a)のように，柱脚部を基礎に埋め込み，コンクリートでおおう。埋込深さは柱径の2倍以上[2]とし，柱に対するコン

[2] 建設省告示第1456号参照。

クリートのかぶり厚さは柱径以上とする。柱の周囲には，主筋やせん断補強筋を配置する。建築物の外周部や隅部の柱脚は，柱を取り巻くようにU字形やL字形の補強筋を配置し，柱が外側へ移動しようとするのを拘束する。

**(b) 根巻形式**　図(b)のように，基礎にベースプレートをアンカーボルトで固定し，柱下部を柱径の2.5倍以上の高さまで鉄筋コンクリートで巻く。このときのアンカーボルトは，柱を立ち上げて骨組を形づくるのを支える程度でよい。柱の周囲は，埋込形式と同様に鉄筋を配置する。鉄筋コンクリートの頂部はせん断補強筋と同等の鉄筋を密に配置し，力の伝達を確実にする。

**(c) 露出形式**　図(c)のように，柱の下部に溶接したベースプレートを，コンクリートに埋め込んだアンカーボルトで固定する。アンカーボルトは二重ナットにするなど，ナットの戻り止めを施す。

　骨組が水平力を受けたとき，柱脚はさまざまな力を受ける。このときに，ベースプレートは変形しないような厚さをもったものを用いる。アンカーボルトは，引き抜かれないように図4(a)のようにコンクリートへの定着長さをじゅうぶんにとったり，図(b)のように定着金物❶を用いたりする。また，アンカーボルトのねじ部は，ねじのない部分に比べて断面積が小さく弱点になりやすいので，ねじ部で破断しないような強さをもつものを用いる。

❶ 定着金物には，ベースプレート，アンカーボルトを含めた製品がある。施工しやすいことから多く用いられている。

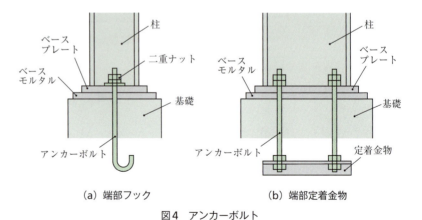

図4　アンカーボルト

■ 節末問題 ■

**1.** 柱脚の形式を三つあげ，それぞれの特徴をまとめなさい。

# 5節 骨組

鋼構造が地震力や風圧力に対して安全であるためには，骨組をどのように構成するのであろうか。ここでは，骨組の構成方法の種類と骨組を構成する部材の形状・配置・接合方法やそれらに生じる力について学ぶ。

## 1 骨組の構成

基本的な骨組は，ラーメン構造とブレース構造である。これらは，部材と部材が交わる節点の形式と，それぞれの部材に生じる力が異なるところに特徴がある。

### 1 ラーメン構造の骨組

図1のようなラーメン構造は，柱・梁で構成され，柱と梁の節点は，荷重を受けても変形しないように堅固に組み立てる。

屋根面や床面は，水平にブレースを入れたり，鉄筋コンクリートのスラブ❶を設けたりして，荷重を受けても変形しない構造にする。

❶ →p.156

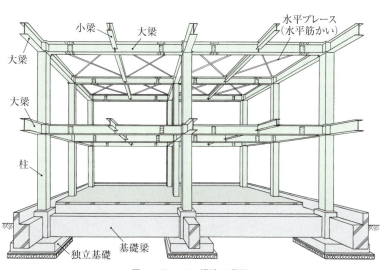

図1 ラーメン構造の骨組

### 2 ブレース構造を用いた骨組

この構造では，桁行方向をブレース構造，梁間方向をラーメン構造にすることが一般的である。

(a) トラス梁を用いた骨組　図2は，工場やアリーナなどの柱のない大空間を必要とする建築物の骨組である。大空間のために長大な梁

❶ ➡p.238
❷ ➡p.242

を用いるが，大断面の単一材❶を用いると自重が大きくなるので，軽量化をはかるためにトラス梁❷を用いることがある。

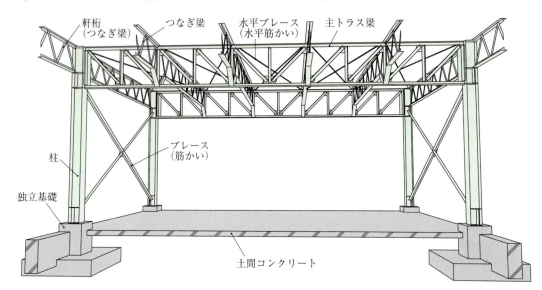

図2　トラス梁を用いた骨組

　この構造は，荷重による変形が大きいため，桁行方向には，柱と桁で囲まれた四角形の対角線上にブレースを配置し，水平力の大きさにより筋かいの断面形状や数を決める。また，屋根面には水平ブレースを設ける。

(b) 山形ラーメンを用いた骨組　　図3のような山形ラーメンは，設計・施工が簡単なので，工場や体育館など大きな空間が必要な建築物の骨組に用いられる。

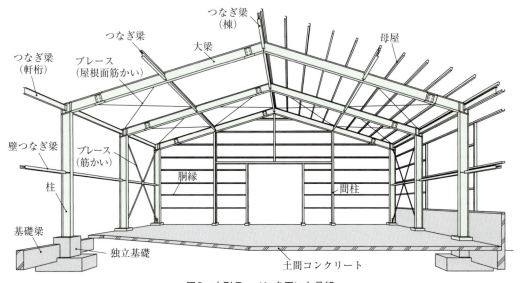

図3　山形ラーメンを用いた骨組

(c) **ブレース**　ブレース（筋かい）には，図4(a)のような棒鋼や図(b)のような形鋼を用いるが，おもに引張力に働く部材になる。ブレースは，平面的につり合いよく配置する。

(d) **間柱・耐風梁**　柱間隔の大きい箇所では，仕上材を取り付けるための骨組として間柱❶を設ける。外周壁で大きな風圧力を受けて変形するおそれのある箇所や壁が高い場合には，壁の中間部に耐風梁を設ける。

❶ ➡p.237

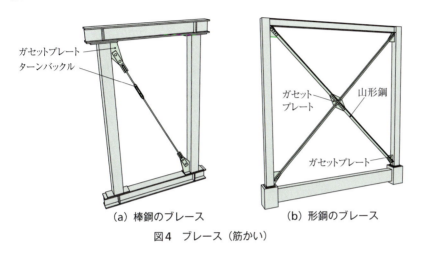

図4　ブレース（筋かい）

問1　ラーメン構造とブレース構造の骨組の特徴をまとめなさい。

## 2　骨組の部材

骨組の部材は，形状により単一材と組立材に分けられ，生じる力により引張材や圧縮材，曲げ材に分けられる。これらは，用いられる場所により柱や梁などとよばれる。

**1　単一材と組立材**　図5のように部材として形鋼や鋼管をそのまま用いたものを**単一材**，図6のように形鋼や鋼板を組み立てて部材としたものを**組立材**という。

単一材は構造の単純化ができ，組立の手間を省くことができるが，工場生産された既製の形状のものを用いるので，大きさには限度がある。

組立材は加工に手間はかかるが，部材を任意の断面や形状にすることができる。組立材には，図6(a)のようにウェブ全面が鋼板でできた充腹形と，図(b)のようにウェブ全面が鋼板で満たされていない非充腹形がある。

第5節　骨組　231

(a) H形鋼

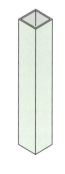
(b) 角形鋼管

図5 単一材

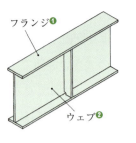
(a) 鋼板の溶接

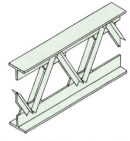
(b) CT形鋼❸と山形鋼の溶接

図6 組立材

❶ ➡p.238
❷ ➡p.238
❸ H形鋼を半分にした形状の材。カットティともよぶ。

## 2 生じる力と部材

部材には、さまざまな力が作用するので、部材には軸方向力、曲げモーメント、せん断力などが生じる。生じる力により、引張材、圧縮材、曲げ材とよばれる。

**(a) 引張材** 引張材は、引張力が鋼材の強さを超えると破断する。このとき、引張材に図7のようなボルト孔などの断面欠損があると、部材としての耐力は低下するので注意する。

**(b) 圧縮材** 柱などの圧縮材は、図8(a)のような部材の一部が変形する局部座屈❹や、図(b)のような部材全体が湾曲して変形する曲げ座屈❺が生じると、急激に耐力が減少する。

❹ local buckling
❺ flexural buckling

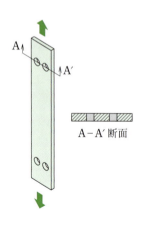

図7 引張材の断面欠損

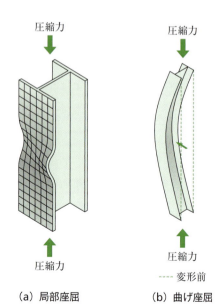
(a) 局部座屈　(b) 曲げ座屈

図8 圧縮材の座屈

(c) 曲げ材　梁などの曲げ材は，梁せいが大きいほど，曲げモーメントに抵抗でき，たわみも小さくなる。しかし，幅に対してせいをあまり大きくすると，図9のように，梁全体が横にたわみながらねじれて湾曲する横座屈[1]や局部座屈が生じるおそれがある。

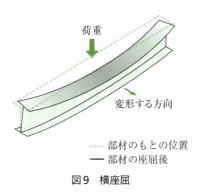

図9　横座屈

[1] lateral buckling

## 3　柱

柱には，軸方向力が生じるとともに，曲げモーメントやせん断力も生じる。とくに地震力や風圧力を受けると，大きな曲げモーメントが生じる。柱には，表1のように単一材の単一柱と組立柱とがある。

表1　柱の分類

柱 ── 単一柱……H形鋼柱・角形鋼管柱・鋼管柱
　　 └─ 組立柱……プレート柱・トラス柱・ラチス柱

### 1　部材の形状

図10(a)のように，H形鋼・角形鋼管・鋼管などが単一柱として用いられる。単一柱は大きさに限度があるので，大きな力が作用する場合は，組立柱を用いる。図(b)のように，厚い鋼板を溶接して任意の断面に組み立

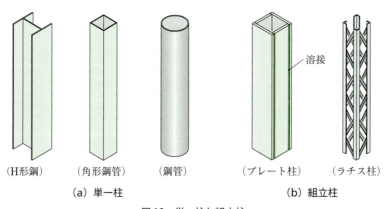

(a) 単一柱　　　　　　　　(b) 組立柱
図10　単一柱と組立柱

てたものをプレート柱といい，高層建築物や大スパンの建築物の柱として多く用いられる。鋼材量を少なくするためには，トラス柱やラチス柱などを用いる。

## 2 柱の配置

図11のように，原則として平面上の格子の交点に柱を配置するが，なるべく均等間隔にして，特定の柱に力が集中しないようにする。

X方向，Y方向ともに均等間隔に配置する建築物では図(a)のようにする。この場合，柱は角形鋼管など断面に方向性❶がないものを使用することが多い。

アリーナや工場のように大空間を必要とする建築物では，図(b)のようにY方向の柱間隔が広くなるのでX方向の柱間隔を狭くして，柱1本あたりが負担する力が過大にならないようにする。この場合，柱をH形断面にすることがある。H形断面は方向性があるので，曲げに強い方向を柱間隔が広い方向に合わせ，ラーメンを構成しやすくする。曲げに弱い断面が並ぶX方向は，柱に曲げの力が作用しないようにブレースを入れることが多い。

❶ 正方形や円形の断面の部材が，曲げの力を受けたとき，加わる力の向きが異なっても抵抗力は変わらないので，断面に方向性がないという。これに対し，H形断面の部材は，力の向きによる抵抗力が異なるため，断面に方向性があるという。H形鋼の部材を配置する場合，断面の方向に注意が必要である（図12）。

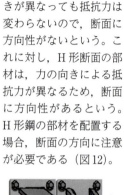

図12 断面による強さの違い

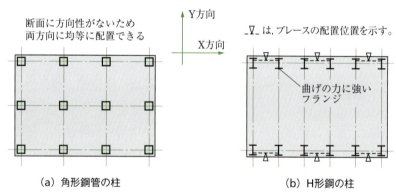

(a) 角形鋼管の柱　　　　(b) H形鋼の柱

図11 柱の配置

## 3 接合部

柱は，運搬上のつごうで建築物の2～3階に相当する長さ以内のものを，一つの部材として工場で製作する。このため，2～3階以上の建築物では，柱を延長するために継手を設けることが多い。

柱と梁の仕口は，工場で接合されることが多いが，現場で接合される場合もある。

**(a) 継手** 継手は，図13のようにする。継手の位置は，部材に生じる力の小さい位置にするとよいが，施工しやすいように，2～3階おきに床上1m程度の位置に設ける。

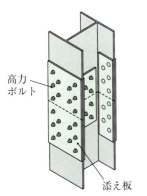
（a）H形鋼の柱を高力ボルトで接合

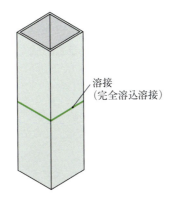
（b）角形鋼管の柱を溶接で接合

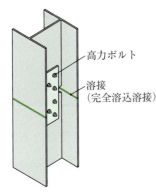
（c）H形鋼の柱を溶接と高力ボルトで接合

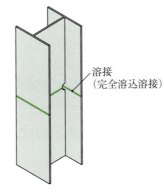
（d）H形鋼の柱を溶接で接合

図13　柱の継手

**(b) 柱と梁の仕口** ラーメン構造の柱と梁の仕口は，仕口に取り付く各部材からの力が集中する部分となる。この力を滑らかに伝達させ，仕口に変形を生じさせないようにするため，梁のフランジの延長上に**ダイアフラム**❶を設けるなどの補強をする。

・**角形鋼管の柱と梁との仕口**　図14のような方法がある。いずれも，工場で梁の一部であるブラケットを柱に溶接し，現場で梁と接合する。これらには，ダイアフラムを設ける位置により，次の①～③の形式がある。

❶ diaphragm

①**通しダイアフラム形式**　図14(a)のように，柱の一部の上下にダイアフラムを溶接し，それに柱と梁を接合する。

②**内ダイアフラム形式**　図(b)のように，あらかじめ柱の内部にダイアフラムを溶接しておき，梁のフランジをダイアフラムに合わせて柱の外側から接合する。

③**外ダイアフラム形式**　図(c)のように，柱の外周にダイアフラムを設ける。

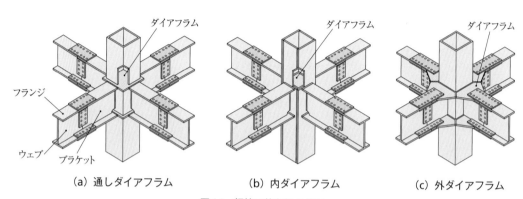

(a) 通しダイアフラム　　(b) 内ダイアフラム　　(c) 外ダイアフラム

図14　鋼管の柱と梁の仕口

- **H形鋼の柱と梁との仕口**　次の①～③に示す方法がある。

  ① 図15(a)のように，工場で梁の一部を柱に溶接し，それを現場に搬入し，高力ボルトを用いて梁と接合する。

  ② 図(b)のように，梁のウェブを高力ボルトで柱と接合し，そののち，梁のフランジと柱を溶接する。

  ③ 図(c)のように，高力ボルトだけで接合する。

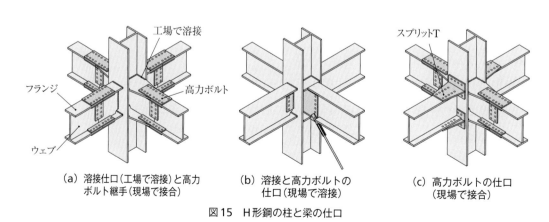

(a) 溶接仕口(工場で溶接)と高力ボルト継手(現場で接合)　　(b) 溶接と高力ボルトの仕口(現場で溶接)　　(c) 高力ボルトの仕口(現場で接合)

図15　H形鋼の柱と梁の仕口

## ノンダイアフラム形式

　この形式は，図16のように柱と梁の仕口に厚肉の鋼管や角形鋼管の柱を用いて，H形鋼の梁を接合することで，ダイアフラムが不要になり，加工と組立が容易になる。また，この溶接作業では，アーク溶接ロボット（図17）が導入され，溶接作業の省力化や品質の安定化などの合理化が図られている。

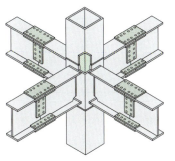

(a) 仕口の全体図　　(b) 仕口の断面図

図16　ノンダイアフラム形式

図17　アーク溶接ロボット

## 4　間　柱

　柱の間隔が広いなど，柱だけでは壁仕上材の下地を支えることができないときには，柱と柱の間に図18のような間柱を設ける。

　これ以外に，p.230図3のようにラーメン構造とブレース構造を混用した建築物では妻壁面に柱が配置されないことが多いので，耐風梁など主要な部材を支えるために間柱を設ける場合がある。

　間柱には，H形鋼や角形鋼管を用いることが多いが，ラチス柱など組立柱を用いる場合もある。

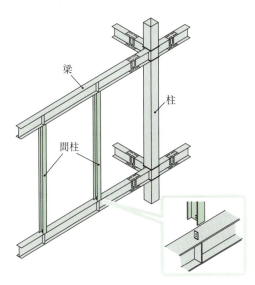

図18　間　柱

## 4 梁

梁には，柱と柱の間にかけ渡す大梁と，大梁と大梁の間にかけ渡す小梁とがある。これらには，表1に示すように，単一材（形鋼）をそのまま用いた単一梁（形鋼梁）と，形鋼や鋼板を組み合わせた組立梁とがある。

表1　梁の分類

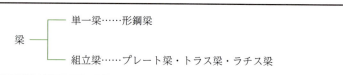

### 1 梁の形状

梁には，曲げモーメントとせん断力が生じる。これらの力に抵抗するには，梁はH形断面が有利になる。

**(a) 梁の各部と働き**　H形断面の梁は，図19のようにフランジとウェブから構成され，必要に応じてスチフナーを設ける。

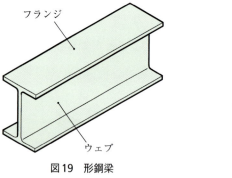

図19　形鋼梁　　　　　　　　　図20　ウェブの座屈

- **フランジ**　曲げモーメントをおもに負担する部分をいい，梁の上下に平行に配置される。曲げモーメントが大きいほど，断面積やフランジ間の距離を大きくとる。
- **ウェブ**　せん断力をおもに負担する部分をいい，フランジをつなぐように直角に配置する。構造計算上，薄くてもすむ場合でも，過度に薄くすると局部座屈が生じる。また，施工中の損傷やさびによる断面の減少を考慮して，厚さは6mm以上とする。
- **スチフナー**　図20のようなウェブの座屈を防止するためにスチフナーを設ける。図21(a)のように，梁の中間部で座屈のおそれのある部分や，図(b)のように梁の断面が変化する箇所に溶接して取り付ける。

小梁の取付け部など荷重が集中的に作用する部分に取付けたものを荷重点スチフナーという。

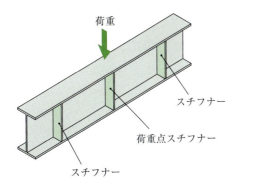
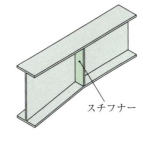

(a) 荷重点スチフナー　　　(b) 梁の断面が変化する箇所

図21　スチフナー

**(b) 形鋼梁とプレート梁**　工場生産のH形鋼を必要な形状に加工したものを形鋼梁，鋼板を切断し必要な形状に組み立てたものをプレート梁という。

これらの断面形状は，曲げモーメントの大きさや，たわみの限度により決める。たわみが大きいと，床が振動するなど障害が起きやすいので，両端が支持されている梁では，たわみはスパンの$\frac{1}{300}$以下になるようにする。

梁せいはスパンの$\frac{1}{15}$程度以上とするので，断面の大きさに限度がある形鋼梁では，使用できるスパンに限度がある。このため，スパンや荷重が大きい場合にはプレート梁を用いる。

**・プレート梁**　図22(a)のようなプレート梁は，鋼板の幅や厚さを変えることにより，任意の大きさの断面にすることができる。梁には全長に渡って同じ大きさの曲げモーメントが生じないので，曲げモーメントの変化に合わせて，梁の途中で断面を変えることもある。このとき，断面の急激な変化を避けるため，図(b)のように厚いほうの鋼板の端部を削る。

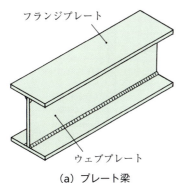

(a) プレート梁　　　(b) フランジの厚さが変わる場合

図22　プレート梁

**問 1** H形鋼の梁のフランジとウェブは，それぞれどのような力を受けもつか答えなさい。

## 2 梁の配置

梁には，図23のように柱と柱の間にかけ渡す大梁と，大梁と大梁の間にかけ渡す小梁がある。

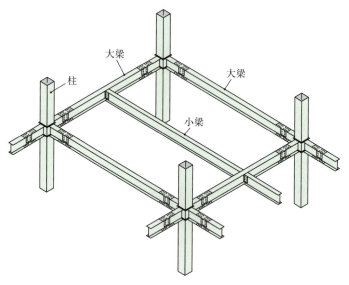

図23 大梁と小梁

**(a) 大梁** 柱の外径より梁のフランジ幅は狭いことが多いので，梁は柱の外径の範囲に接合できる。建築物の中央部では図24(a)のように柱の中心と梁の中心をそろえることが多い。外周部では図(b)のように柱の外縁に梁のフランジの外縁を合わせることが多い。これは，内部空間を大きくすることや，外部仕上面に柱形を出さないようにするためである。

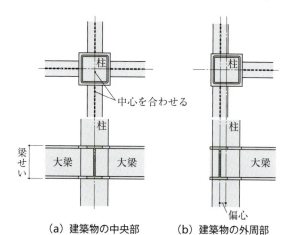

(a) 建築物の中央部　　(b) 建築物の外周部

図24 大梁の配置

(b) **小梁**　小梁は床を支え，床の荷重を大梁に伝達させる働きをする。大梁で囲まれた範囲を分割するように小梁を配置し，配置間隔は床の荷重の大きさにより決める。このほか，デッキプレートやALCパネルの床を使用する場合には，それぞれの材で決められる適切な位置に小梁を配置することもある。

また，階段やエレベーターなどを設置するため床に開口ができる場合には，その周囲にも小梁を設ける。

## 3　接合部

梁の接合部には継手と仕口がある。これらは，接合部で力を無理なく完全に伝達し，かつ，変形の連続性を確保するように構成する。

鋼構造では，柱と梁の一部を工場で接合して現場に搬入し，それと梁を接合することが多い。このため，梁の継手は多く用いられる。仕口は，大梁と小梁の接合部や，柱と梁の接合部[1]に用いられる。

❶ ➡p.235

(a) **継手**　形鋼梁やプレート梁は，添え板を用いて図25のように接合する。継手は現場で接合することが多く，高力ボルト接合が多く用いられる。

継手は安全性を高めるため，部材に生じる力が小さな位置に設ける。運搬上のつごうで位置を決めることもあるが，構造設計により安全を確かめておく。

安全性と経済性の向上，設計や施工における技術的な簡略化を目的として，接合部を標準化したSCSS-H97（鉄骨構造標準接合部）[2]がある。これはH形鋼の継手に用いられ，図26に示すように鋼材の強さや部材断面に応じたフランジやウェブの高力ボルトの位置や添え板の大きさの標準を示している。これに従えば，接合部は母材の有効断面と同等の強さをもつことになり，接合部の連続性が確保される。

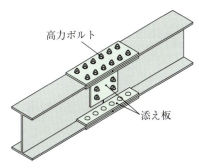

図25　梁の継手

❷　鉄骨構造標準接合部委員会編

表2に代表的な標準接合部の例を示す。標準接合部の継手は，柱の継手にも使用できる。

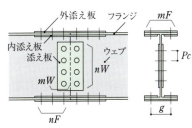

図26　H形鋼の高力ボルト接合

表2 代表的な標準接合部の例（標準継手SN400） [mm]

| 梁断面寸法 | 使用高力ボルト | フランジ ボルト数 $nF \times mF$ | フランジ ゲージ $g$ | フランジ 外添え板 厚×長さ | フランジ 内添え板 厚×幅 | ウェブ ボルト数 $nW \times mW$ | ウェブ ピッチ $Pc$ | ウェブ 添え板寸法（両面同サイズ） |
|---|---|---|---|---|---|---|---|---|
| 300×150×6.5×9 | F10T S10T M20 | 2×2 | 90 | 9×290 | 9×60 | 2×1 | 120 | 6×200×170 |
| 350×175×7×11 | | 2×2 | 105 | 9×290 | 9×70 | 3×1 | 90 | 6×260×170 |
| 400×200×8×13 | | 3×2 | 120 | 9×410 | 9×80 | 4×1 | 60 | 9×260×170 |
| 450×200×9×14 | | 3×2 | 120 | 12×410 | 12×80 | 5×1 | 60 | 9×320×170 |
| 500×200×10×16 | | 3×2 | 120 | 12×410 | 12×80 | 5×1 | 60 | 9×320×170 |

注．外添え板の幅は母材のフランジ幅とする．内添え板の長さは外添え板の長さと同じとする．

**(b) 大梁と小梁の仕口**

図27のように，小梁を大梁の側面に，高力ボルト接合で取り付けることが多く，フランジは接合しないことが多い．

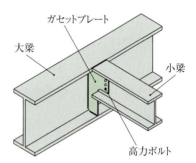

図27 大梁と小梁の仕口

## 4 トラス梁とラチス梁

図28のように，断面の小さな部材で三角形を構成し，それを組み合わせた梁をトラス梁❶，ラチス梁❷という．トラス梁はスパンの大きな場合，ラチス梁はスパンの小さい場合に用いられる．

これらは，部材断面の重心を通る線が，図(a)のように節点で1点に合うように組み立てなければならない．しかし，小規模のものでは，図(b)のように1点で合わない偏心接合となることがある．

**(a) トラス梁** トラス梁には，図(a)のような，上弦材と下弦材が平行なトラスが用いられる．これは，プレート梁のフランジにあたる弦材と，ウェブにあたるウェブ材（斜材・鉛直材），ガセットプレートを用いて組み立てる．この梁に作用する曲げモーメントとせん断力は，それぞれ弦材・ウェブ材に軸方向力として生じるので，部材は引張材または圧縮材となる．

**(b) ラチス梁** 図(b)のようにラチス梁は，トラス梁とほぼ同様な形状をしている．部材に生じる力も同様である．ラチス梁はトラス梁と厳密に区別はできないが，ウェブ部分にラチス材として平鋼を用いたものをラチス梁ということが多い．

❶ trussed girder
❷ lattice girder

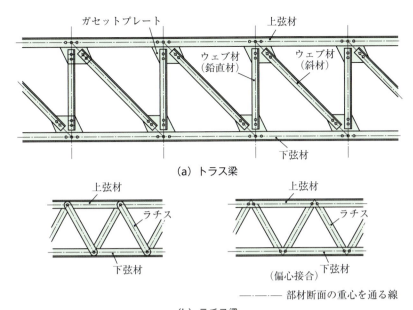

(a) トラス梁

(b) ラチス梁

図28 トラス梁とラチス梁

## 5 床

1階の床は、土間コンクリート打ちが多い。2階以上の床では、コンクリートやALCパネルの床にすることが多い。

### 1 デッキプレートによる床

耐火性のすぐれたコンクリートの床にする場合には、薄い鋼板を折り曲げ、剛性を高めたデッキプレート[1]を型枠にしてコンクリートを打ち込むことが多い。デッキプレートは、高所における作業の安全性、施工の簡単さ、工期の短縮に役立つことから多く用いられている。

[1] JIS G 3352:2014 参照。

デッキプレートは次のような種類があるので、要求される性能に合わせて用いる。

**(a) 合成スラブ用デッキプレート** コンクリートとの付着をよくするために、図29(a)のように折曲げを多くしたデッキプレートを用いる。コンクリートが硬化すると、コンクリートとデッキプレートが一体化し、曲げに抵抗する。コンクリートと梁のずれを防ぐために頭付きスタッド[2]などを用いる。鉄筋はとくに必要としないが、コンクリートのひび割れ防止のために溶接金網を配置する。

[2] JIS B 1198:2011 参照。

**(b) デッキ構造床用デッキプレート** 図(b)のように、デッキプレートの強度で床にかかる荷重を支える。溶接金網を入れたコンクリート

は仕上材になる。この形式は，直下の骨組に水平にブレースを設ける。

**(c) デッキ型枠スラブ用デッキプレート**　図(c)のような断面のものや，図(d)のような平らなデッキプレートの上にコンクリートを打ち込むものがある。どちらも，鉄筋コンクリートの床にするとき，型枠として用いる。図(c)はデッキプレートの溝に鉄筋を配し，ひび割れ防止用に溶接金網を入れる。図(d)は鉄筋コンクリート構造のスラブと同様に配筋する。これらは，合成スラブ用と同じ目的で頭付きスタッドを用いる。

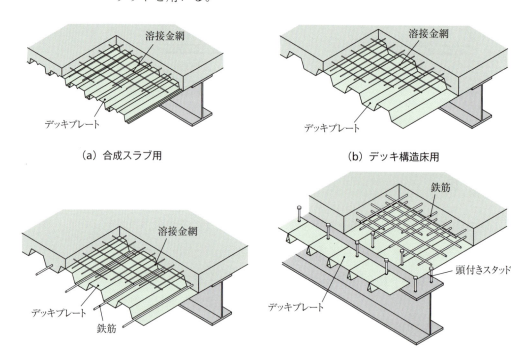

図29　デッキプレート

**問 2**　床にデッキプレートがよく用いられる。その理由を調べなさい。

## 2　ALCパネルの床

ALCパネルの床は，図30のようにALCパネルを梁の上にすえ付けたものである。すえ付けには平らな面が必要だが，梁の上には高力ボルトの端部や添え板が突出する。このため，かさ上げ鋼材などを敷いた上にALCパネルをすえ付けることが多い。ALCパネルは，床以外に壁や屋根にも用いられるが，用途に適したものを用いる。ALCパネルの床では，図31のように，水平面にブレースを入れる。

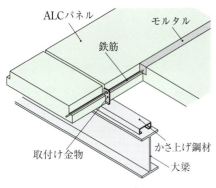

図30 ALCパネル

図31 ALCパネルの床の例（下から見た図）

## 6 階段

　鋼製の階段は，不燃かつ軽量であり，構造が簡単で，工場製作ができる。このため，さまざまなデザインが可能で，屋内階段のほか屋外階段にも多く用いられている。鋼製の階段のおもな形式には，直階段のほかに，図32のような折返し階段やらせん階段がある。

　折返し階段や直階段の側桁には鋼板や溝形鋼が用いられる。踏板には，しま鋼板[1]や鋼板の上にモルタルや軽量コンクリートなどを打ち込んだものが用いられる。モルタルなどを使用した場合は，ひび割れ防止用に鉄筋や溶接金網を入れておく。

　らせん階段は中心柱に踏板を取り付けたもので，鋼製の階段ならではの形式として用いられる。

[1] 滑り止めのために表面にしま模様の凹凸をつけた鋼板。

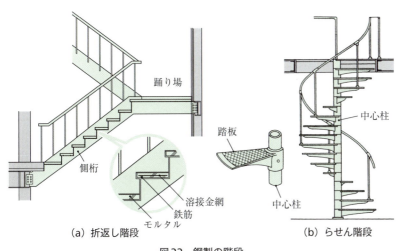

(a) 折返し階段　　(b) らせん階段

図32 鋼製の階段

第5節　骨組　**245**

## 7 耐火被覆

鋼は熱が加わると強度が低下する。建築物の規模・用途や建設場所の防火規制によっては、主要な骨組を保護するために耐火被覆を施さなければならない[1]。

❶ 建築基準法施行令第70条，同施行令第107条，建設省告示第1929号参照。

鋼構造のおもな耐火被覆の方法を図33に示す。

**(a) 吹付け** 図(a)のように、柱や梁などの部材にロックウールなどの鉱物質繊維や軽量モルタルなどを、直接、吹き付ける方法で、複雑な形状に対応でき、施工が速い。

**(b) 張付け** 図(b)のように、柱や梁などの部材にケイ酸カルシウム板やALCパネルなどを張り付ける方法で、耐火被覆と仕上げを兼ねることができる。

**(c) 塗付け** 図(c)のように鋼材に、鉄網を取り付け、それにモルタルや軽量モルタルを塗り付ける。複雑な形状に対応しやすいが、手間がかかる。

このほか，図(d)のように、コンクリート床・ALCパネル・プレキャストコンクリートパネルなど耐火性能の高い材を壁や床に用いたとき

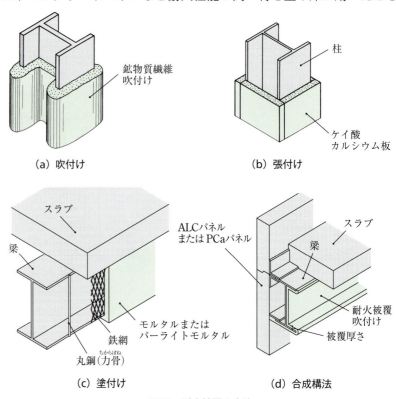

図33 耐火被覆の方法

は，室内側で鋼材が露出した部分のみ（a）〜（c）の耐火被覆を施す合成構法がある。火災で高温になると，発泡して耐火性を発揮する耐火塗料を塗る方法もある。また，鋼材としてFR鋼❶を使用し，耐火被覆を削減または省略する方法もある。

❶ fire resistant steel
FR鋼とは耐火性能にすぐれた鋼材のことで，高温の状態でも耐力が低下しにくい。

**問 3** 鋼構造の建築物においてどのような場合に耐火被覆を用いなければならないか答えなさい。

## 8　耐震・耐風計画

鋼構造は耐震だけでなく耐風についても検討する。とくに工場など自重が軽い低層の建築物では，地震力より風圧力の影響が大きくなることがあるので注意する。地震力や風圧力には骨組を強固にすることで抵抗するのを原則とするが，制振技術を用いることもある。

**（a）制振**　地震や強風のエネルギーを吸収する装置であるダンパーを建築物に組み込み，地震や強風により建築物が損傷しないようにする。ダンパーには，図34(a)のようなブレース型ダンパーや図(b)のような間柱型ダンパー，図(c)のような壁型ダンパーなどがあり，必要とする箇所にバランスよく配置する。これらは，階ごとにダンパーを組

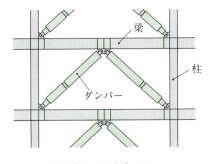

（a）ブレース型ダンパー

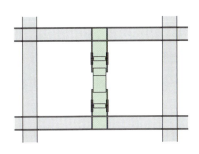

（b）間柱型ダンパー

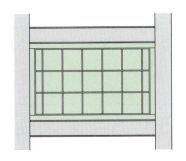

（c）壁型ダンパー

図34　層間ダンパー

込むことから，層間ダンパーともいう。このほか，図35のように建築物の上部におもりを配置し，地震や強風で揺れると，おもりを逆方向に揺らしてエネルギーを吸収するマスダンパーもある。ただし，この形式はおもりの重さに限界があるので，大きな揺れには対応できないことがある。この形式はコンピュータ制御されるものが多く，風の揺れには対応しやすい。

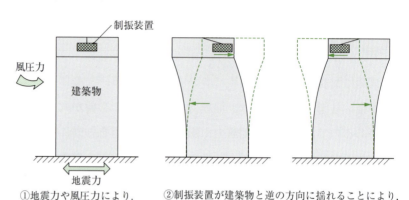

図35　マスダンパー

❶ ➡ p.161
❷ ➡ p.161

**(b) 耐震補強**　　旧耐震基準❶でつくられた既存建築物は，耐震診断❷を行い現行の基準に適合しない場合は耐震補強をする。耐震補強には，骨組の強度や粘り強さを向上させたり，制振技術を取り入れたりするなどの方法がある。

・**強度の向上**　　柱や梁に鋼板を溶接するなど部材断面を増加させ，ブレースの増設や柱脚を補強する。

・**粘り強さの向上**　　柱と梁の仕口を鋼板で補強する。柱や梁などの部材には，局部座屈を防止するようにスチフナーを増設したり板厚を増したりする補強を行う。また，曲げ座屈や横座屈を防ぐように，部材の横方向への動きを拘束する部材を増設する。

・**制震**　　既存の壁や開口部を改修して，制振ブレースをバランスよく設置する。

■ 節末問題 ■

**1.** スチフナーは，何のために設けられるか答えなさい。
**2.** 梁や柱の継手は，どのような位置に設けられるか答えなさい。
**3.** 制振に用いられる装置には，どのような装置があるか調べなさい。

# 6節 仕上げ

鋼構造においても，木構造や鉄筋コンクリート構造とほぼ同様な仕上げが施される。鋼構造の特徴である不燃性を生かして，耐火性を高めるためには，どのような仕上げにすればよいのだろうか。ここでは，外部仕上げと開口部について学ぶ。

## 1 外部仕上げ

外部仕上げには，防水性や耐火性が求められる。また，長期間にわたり，それぞれの性能を維持する耐久性も求められる。

### 1 屋根仕上げ

鋼構造の屋根は，各種の仕上材が用いられ，勾配をつけたり，曲面にしたり，水平にしたりするなどさまざま形状がとられる。

勾配のついた屋根では，金属板・波形スレート・屋根用折板などが用いられる。曲面にするときには金属板，陸屋根ではALCパネルや鉄筋コンクリートの屋根スラブに防水を施す。

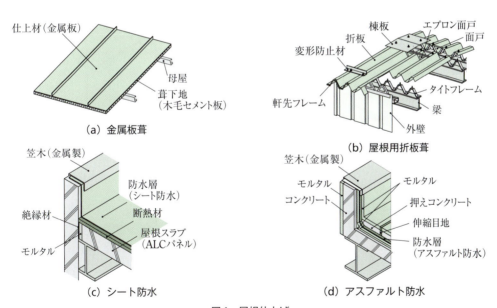

図1 屋根仕上げ

(a) **金属板** 図1(a)のように葺下地を取り付け，金属板を固定する。金属板は，塗装溶融亜鉛めっき鋼板だけでなくアルミニウム合金板やステンレス鋼板なども用いられる。

(b) **屋根用折板**❶ 図(b)のように，仕上材の寸法に合わせて配置さ

❶ JIS A 6514：1995 参照。

第6節 仕上げ **249**

れた梁に取付け金具を取り付け，固定ボルトで緊結する。

(c) **ALCパネル・鉄筋コンクリート**　図(c), (d)のように，鉄筋コンクリート構造と同様にシート防水やアスファルト防水などを施す。

## 2　外壁仕上げ

仕上材には，金属板や窯業系サイディング，ALCパネル，カーテンウォールなどが用いられる。仕上材に応じて，金属製の下地骨組を設ける。

❶ ⇒p.86

(a) **金属板・窯業系サイディング**❶　図2(a)のように，柱や間柱に山形鋼やリップ溝形鋼の胴縁を取り付ける。それに，金属板や窯業系サイディングをビスや取付け金物で固定する。

(b) **ALCパネル**　図(b)のように，パネル内部に設置したアンカーに固定用金物を取り付け，それを上下の梁に設けた定規アングル（山形鋼）に溶接などで固定するロッキング構法が多く用いられている。パネルが回転可能な接合となり，骨組の変形に対しパネルが一枚ごとに微小回転するため，地震などの横揺れに追随することができる。

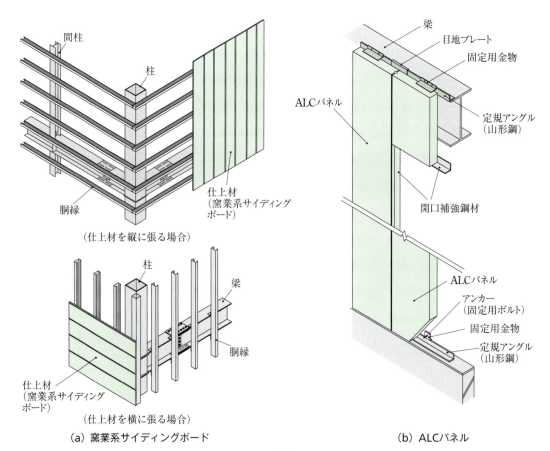

(a) 窯業系サイディングボード　　(b) ALCパネル

図2　外壁仕上げ

**(c) カーテンウォール**　ここでは外周部の非耐力壁で仕上材として取り付ける壁をカーテンウォールという。主要な構成材料によりプレキャストコンクリートカーテンウォール，メタルカーテンウォール，ガラスカーテンウォールなどがある。

カーテンウォールは，おもに大規模な建築物の壁面に用いられ，地震や風による揺れと変形に追随することのできる外装である。また，気密性や遮音性がよく，取付けが簡単で工期が短縮しやすいので多く用いられる。

構造方式により図3(a)のようにマリオン方式（方立方式）と図(b)のようにパネル方式がある。マリオン方式は，方立を取付け金物で骨組に固定し，それにサッシやパネルをはめ込む。パネル方式は，壁と開口部が一体になったパネルを，取付け金物で骨組に取り付ける。パネル方式では，カーテンウォールを強く固定しすぎると，地震のときなどに起こる骨組の変形にカーテンウォールが追随できず，破損することがある。

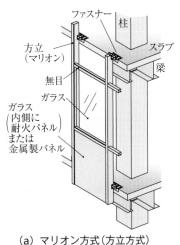
(a) マリオン方式（方立方式）

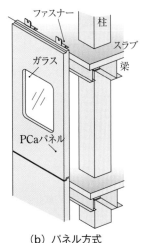
(b) パネル方式

(c) ガラスカーテンウォールを使用した建築物の例

図3　カーテンウォール

## 3　断熱

屋根や外周壁，土間床に断熱材を配置する。屋根をコンクリートのスラブにした場合や土間床は鉄筋コンクリート構造と同じような方法をとる。

**(a) 屋根の断熱**　金属系の屋根材は熱を伝えやすいため，しっかりと断熱する。断熱には，図4(a)のように木毛セメント板や硬質の発泡プラスチック断熱材などボード状のものを下地材の上に敷き込み，そ

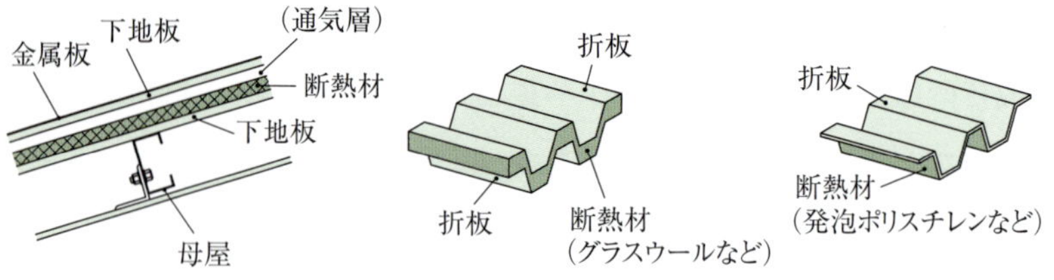

図4　金属板葺屋根の断熱
（a）断熱材の敷込み　（b）断熱材のはさみ込み　（c）断熱材の接着

の上に屋根材を葺く方法がある。このほか，屋根用折板では，図(b)のように折板を二重にして間に断熱材を挟み込んだり，図(c)のように折板の室内側に断熱材を接着した製品を用いたりする。

**(b) 外周壁の断熱**　図5(a)のような充填断熱は施工が容易である。しかし，充填断熱では構法により図(c)のように，鋼製部材により断熱材が分断されることがある。この場合，鋼材は熱伝導率が高い材料であるため，それらの部分を通して，熱が伝わる熱橋（ヒートブリッジ）ができる。その対策には，図(a)のように，鋼製部材の周囲に断熱材を配置する断熱補強が必要になる。

図(b)のような外張断熱は，断熱層が構造体全体をおおうため，熱橋部分がなく断熱効果が高い。しかし，充填断熱に比べ，断熱材を入れる空間を支持材などでつくるため，工事に手間がかかる。また，複雑な形の建築物では，施工が難しい。

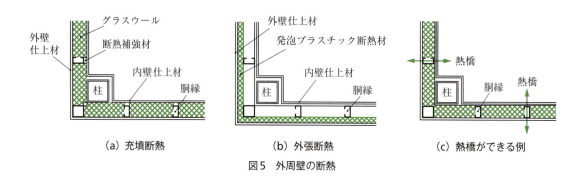

（a）充填断熱　（b）外張断熱　（c）熱橋ができる例
図5　外周壁の断熱

## 2 開口部

　図6のように,外周壁の開口部にはアルミニウム合金製や鋼製などの金属製建具が用いられる。これらは,鋼製の窓まぐさや窓台に堅固に取り付ける。建具枠などと外部仕上材の間には,すきまができないようにシーリングを施す。

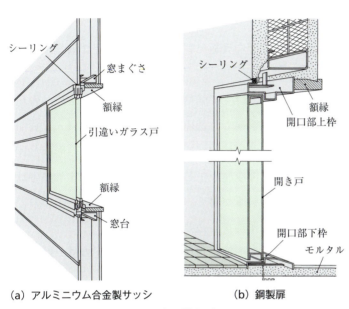

(a) アルミニウム合金製サッシ　　(b) 鋼製扉

図6　金属製開口部

■ 節末問題 ■

1. ALCパネルは,外壁にどのように割り付けるのか,考えなさい。
2. 外壁にカーテンウォールがよく用いられる理由を考えなさい。

# 7節 軽量鋼構造と鋼管構造

鋼構造のプレファブ構法には軽量鋼構造が多い。また，大きな空間の建築物には鋼管構造が用いられている。それぞれの構造は，どのような特徴をもっているのだろうか。ここでは，それぞれのあらましを学ぶ。

## 1 軽量鋼構造

図1のような，主要な骨組に軽量形鋼を用いた3階建以下の鋼構造を**軽量鋼構造**❶という。

軽量形鋼の特徴は，軽くて強いことである。このため，骨組が軽くなり，運搬・組立も容易で，基礎も簡単になり，材料・工費が節約できる。しかし，材厚が幅に比べて薄いため，ふつうの形鋼と比較すると部材にねじれや局部座屈が生じやすく，力が集中する部分は弱点になりやすい。また，材厚が薄く，さびの影響を受けやすいので，塗装や亜鉛めっきなどで保護する必要がある。

骨組の部材には，角形鋼管やリップ溝形鋼などの単一材，軽量形鋼などを組み合わせた組立材が用いられる。

接合は，溶接や高力ボルト・ボルトによる接合が多い。工場加工される部材では溶接，現場接合では高力ボルトによることが多い。ボル

❶ light-gauge steel construction

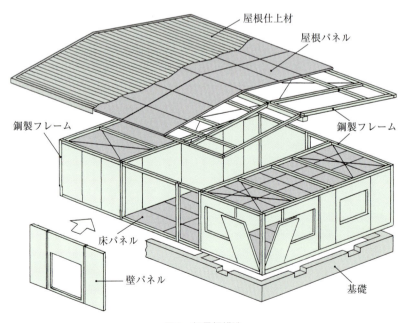

図1 軽量鋼構造

トは軽微な部分に用いる。

　この構造は、住宅や仮設建築物など鋼構造のプレファブ構法によく用いられている。鋼構造のプレファブ構法には、次に示す図2のような種類がある。

(a) **パネル形式**　　鋼製枠の中に筋かいを入れたパネル（ブレース付パネル）や、鋼製枠を面材で補強したパネル（スキンパネル）を組み立てる。パネルとパネルは、間に鋼製フレームを入れて接合する。

(b) **軸組・パネル併用形式**　　柱・梁を設け、要所にブレース付パネルやスキンパネルを入れる。

(c) **ユニット形式**　　柱・梁のラーメンで箱状にユニットをつくり、それを連結し必要な大きさにする。筋かいやブレース付パネルを入れることもある。

(a) パネル形式　　　(b) 軸組・パネル併用形式　　　(c) ユニット形式

図2　鋼構造のプレファブ構法の形式

**問 1**　軽量形鋼を形鋼と比べて、長所と短所を調べなさい。

### スチールハウス

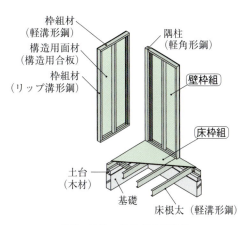

図3　スチールハウスの構成

　薄板軽量形鋼造は、厚さ0.4mm以上、2.3mm未満の薄板軽量形鋼を構造材料に用いる構法である。この構法を戸建住宅や共同住宅の躯体に使用したものを、スチールハウスという。

　スチールハウスは、図3のように、壁枠組や床枠組を組み立てた構造で、p.116図1の木造枠組壁構法とほぼ同じ構造形式である。壁や床の枠組は、厚さ1mm前後の薄板軽量形鋼の枠組材に、構造用合板やせっこうボードなどの構造用面材を打ち付けたものを用いる。

　鋼材が薄いことから現場で切断加工や接合を簡単に行うことができ、工期は短くてすむ。再生利用しやすい鋼材を多く用いることにより、環境への負荷を抑えた構造になる。

第7節　軽量鋼構造と鋼管構造　　255

## 2 鋼管構造

円形中空断面の鋼材を用いた鋼構造を**鋼管構造**❶という。鋼管は，軸方向に圧縮力を受けたときに座屈しにくく，断面に方向性がない。この特徴を生かして，図4のように立体トラスを構成したり，ラーメン構造の柱に用いたりする。図5は，建築物の柱に用いられた例である。

❶ steel tubular structure

図4　立体トラス

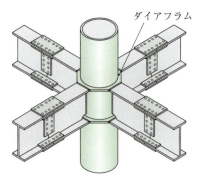

(a) 柱を鋼管，梁をH形鋼にした骨組

(b) 鋼管の柱

図5　鋼管構造

**(a) 材料と部材**　主要な構造部材には，一般構造用炭素鋼鋼管・建築構造用炭素鋼鋼管を用いる。鋼管部材は，内部にさびが発生するのを防ぐために，鋼管の端部を密閉することを原則とする。

**(b) 接合**　図6(a)のように継手はおもに溶接で，完全溶込溶接とする。管径が異なる鋼管を継ぐときには図(b)のようなテーパー管を用いる。また，高力ボルトを用いた継手もある。

仕口は，図(c)のように溶接によるほか，高力ボルトも用いられる。高力ボルト接合では，図(d)のように主管にガセットプレートを溶接しておき，支管の端部を加工して接合する。立体トラスでは，溶接のほか，各種の接合金物を用いて接合する。

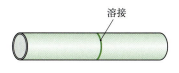
(a) 溶接の継手（同じ管径）

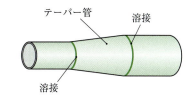
(b) 溶接の継手（異なった管径）

(c) 溶接の仕口

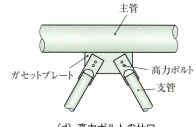
(d) 高力ボルトの仕口

図6　鋼管構造の接合部

### 節末問題

1. 鋼管構造の建築物をさがし，鋼管がどのように用いられているかを調べなさい。
2. 立体トラスを用いた屋根の部材の構成と接合部について調べなさい。

## Practice 章末問題

● **1.** 次の文中の（　　　）内に適切なことばを記入して、文を完成しなさい。
  (1) SN400とは、（　①　）用圧延鋼材で、（　②　）の下限値が400 N/mm²のものをいう。
  (2) 高力ボルト接合には、（　③　）接合、（　④　）接合があるが、特殊な場合として支圧接合もある。
  (3) ラーメン構造の梁に生じる力は（　⑤　）と（　⑥　）である。このため、これらに有利なH形断面の部材が用いられる。柱には、梁に生じる力以外に（　⑦　）も生じる。

● **2.** 次の文章のうち、正しいものには○を、誤っているものには×を［　］内に記入しなさい。
  ［　］(1) 鋼の強さや硬さは、炭素の含有量により変化する。
  ［　］(2) 完全溶込溶接の溶接部は、接合される材と同じまたはそれ以上の強さをもつ。
  ［　］(3) 溶接は、高力ボルト接合と比べて、施工の良否による影響を受けにくい。
  ［　］(4) 梁の継手部分は、安全性を高めるため、部材に生じる力の大きな位置に設ける。
  ［　］(5) スチフナーは、H形鋼におけるウェブの座屈を防ぐために用いる。

● **3.** 図1の①〜⑥の名称を右の（　　　）内にそれぞれ記入しなさい。

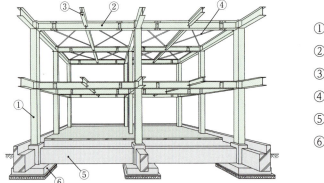

① （　　　　　　）
② （　　　　　　）
③ （　　　　　　）
④ （　　　　　　）
⑤ （　　　　　　）
⑥ （　　　　　　）

図1　ラーメン構造

● **Let's Try**

おもな建築構造は、木構造・鉄筋コンクリート構造・鋼構造である。自分が学んだ小学校の校舎を3階建で計画するならば、次の①〜③のどの構造を選択するか考えてみよう。

選択した構造ごとにグループに分かれ、検討したことをまとめ、発表してみよう。また、みんなの意見を参考にして、自分の考えをまとめてみよう。

　①木構造
　②鉄筋コンクリート構造
　③鋼構造

# 第5章 合成構造

## Introduction

　合成構造は，異なる種類の材料を組み合わせ，部材または躯体とする構造である。適する材料を適する位置に用いる合理的な構造で，比較的，小さな部材の組み合わせでも，じゅうぶんな強さをもつ建築物をつくることができる。

　この構造は，鉄骨骨組を石やれんが，鉄筋コンクリートで包む構法として20世紀のはじめに欧米よりわが国に伝わった。やがて，鉄筋コンクリートで包んだ構法の耐震性の高さがわかり，構造理論や施工技術が発達し，合成構造の一つである鉄骨鉄筋コンクリート構造として定着した。こんにちでは，大空間と高層化が同時に実現できるようになるなど建築物の構造は多様化し，合成構造の建築物が増えている。

　ここでは，合成構造のしくみと，代表的な構造である鉄骨鉄筋コンクリート構造やコンクリート充填鋼管構造の概要について学ぶ。

Chapter 5

# 1節 構造のあらまし

合成構造とは，どのようなものなのだろうか。ここでは，合成構造の概要を学ぶ。

## 1 合成構造の建築物

❶ composite structure

**合成構造**❶は，鋼材とコンクリートまたは鉄筋コンクリートを合理的に配置して，材料を効率よく使用する構造で，建築物の部材や躯体に用いる。

部材に用いる場合を**合成部材**といい，柱は合成柱，梁は合成梁，スラブは合成床とよばれる。このうち合成梁や合成床は，おもに鋼構造

❷ ➡p.262

や鉄骨鉄筋コンクリート構造❷に用いる。

躯体の主要な部分に，多くの合成部材を用いたものを合成構造の建築物といい，鉄骨鉄筋コンクリート構造やコンクリート充填鋼管構

❸ ➡p.265

造❸などがある。

## 2 合成部材

合成部材には，合成柱，合成梁，合成床などがある。いずれも鋼材は引張力，コンクリートは圧縮力が生じるところに配置する。

**(a) 合成柱**　図1(a)の鋼製の柱の中にコンクリートを打ち込む構法や，図(b)の鋼製の柱を鉄筋コンクリートで包む構法があり，どちらも粘り強く，強度の高い柱となる。

**(b) 合成梁**　鋼製の梁と鉄筋コンクリートのスラブを頭付きスタッドで一体化させ，曲げへの抵抗力を高める図2(a)のような合成梁は，比較的，小断面で大スパンを支持できる。図(b)は鉄骨鉄筋コンクリート構造に用いられるもので，高強度で粘り強い梁になる。

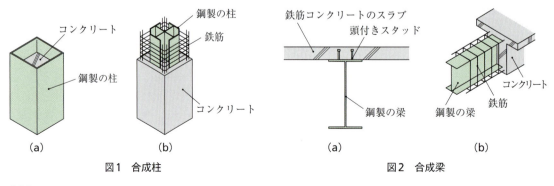

図1　合成柱　　　　　　　　　　　　図2　合成梁

**(c) 合成床** 図3のように，鋼製のデッキプレートとコンクリートを一体化させ，スラブにしたものを合成床という。デッキプレートが引張力を負担するので，スラブに鉄筋は必要ない。ただし，コンクリートのひび割れ防止のために鉄筋を配置することが多い。

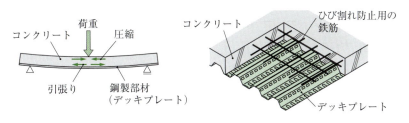

(a) 合成床のしくみ　　(b) デッキプレートを用いたスラブ

図3　合成床

❶ mixed structure

### 建築物の多様化と混合構造

　建築物のおもな構造形式は，木構造，鉄筋コンクリート構造，鋼構造である。このほか，鉄骨鉄筋コンクリート構造，コンクリート充填鋼管構造などがある。多様な建築物が増えているこんにちでは，これらのおもな構造を単独で用いずに複数の構造を組み合わせて躯体をつくることがある。これを**混合構造**❶という。構造を組み合わせることにより，比較的，少ない材料でも建築物に耐力をもたせることができ，工期の短縮が可能になるなど，合理的な構造となる。

　混合構造には，図4のように部材により構造を変える**部材の混合**と，図5のように平面の部分，あるいは高さ方向により構造を変える**構造システムの混合**がある。

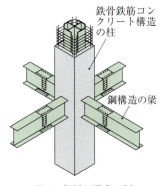

図4　部材の混合の例

梁を軽量化することにより，大スパンや高層の建築物などに適した躯体が構成できる。

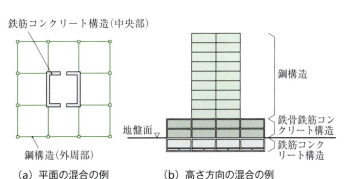

(a) 平面の混合の例　　(b) 高さ方向の混合の例

図5　構造システムの混合

図(a)は，中央部の鉄筋コンクリート構造に地震力などの水平力をほとんど負担させる建築物の例で，外周部の鋼構造は比較的，小断面の部材で構成できる。

図(b)は，地下階を水圧や土圧に抵抗しやすい鉄筋コンクリート構造，高層階は躯体を軽量化しやすい鋼構造にした例である。中間に鉄骨鉄筋コンクリート構造の階をはさみ，力の伝達を滑らかにする。

第1節　構造のあらまし

# Chapter 5  鉄骨鉄筋コンクリート構造

鉄骨鉄筋コンクリート構造にはどのような特徴があるのだろうか。ここでは，構造の特徴，材料，および躯体の概要を学ぶ。

## 1 構造の特徴

図1，2のように，鋼製の柱や梁のまわりに鉄筋を配置して，コンクリートで固めた構造を**鉄骨鉄筋コンクリート構造**[1]という。原則として，引張力を鋼材，圧縮力をコンクリートと鋼材が負担する。

この構造は，次のような特徴を生かして高層や大規模な建築物の躯体，とくに共同住宅や事務所建築によく用いられる。

[1] steel reinforced concrete structure：頭文字から，SRC 構造または SRC 造ともいう。

**長所**
① 躯体が粘り強く，耐震性にすぐれた構造になる。
② 鋼製の柱や梁をおおうコンクリートが耐火被覆になり，耐火性にすぐれた躯体になる。
③ 外力を受けたときの変形が小さく，居住性がよい。
④ 柱や梁が小断面にできるため，内部の有効空間を広くできる。

**短所**
① 2種類の構造の合成のため構造が複雑になり，工期も長くなる。
② 建築費が高価である。

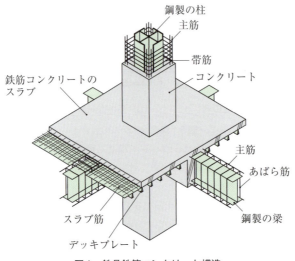

図1 鉄骨鉄筋コンクリート構造

図2 鋼製の柱と鉄筋の例

## 2 柱と梁の構造用材料

構造用材料には，構造用鋼材・鉄筋・コンクリートが用いられる。

**(a) 構造用鋼材** 鋼構造で用いられる構造用鋼材と同様の品質や形状のものが用いられる。ただし，軽量形鋼は用いない。

**(b) 鉄筋** 鉄筋コンクリート構造で用いる鉄筋と同様な規格の鉄筋を用いる。溶接金網を，スラブ筋に用いることもある。

**(c) コンクリート** 普通コンクリートおよび軽量コンクリートの1種または2種を用いる。

## 3 躯体

鋼構造と鉄筋コンクリート構造を合成した図3のような躯体になる。

**(a) 柱** 鋼製の柱・主筋・帯筋・コンクリートにより構成される。鋼製の柱は，図4(a)のような断面のものを用いることが多い。

**(b) 梁** 鋼製の梁・主筋・あばら筋・コンクリートにより構成される。鋼製の梁は，図(b)のようなH形断面のものを用いることが多い。

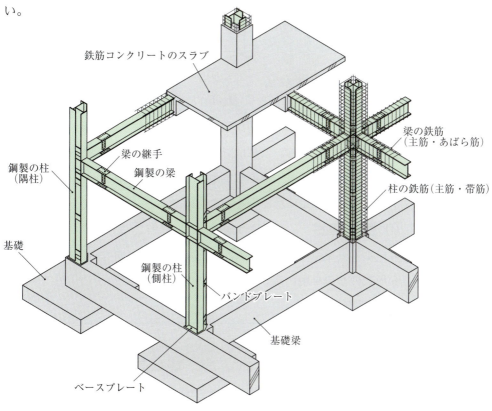

図3 躯体

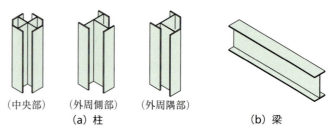

(中央部)　(外周側部)　(外周隅部)
(a) 柱　　　　　　　　　　(b) 梁

図4　柱と梁の鋼製部材の例

**(c) 柱・梁の鉄筋**　主筋はD13以上，帯筋やあばら筋はD10以上を用いる。帯筋やあばら筋は，次のような働きをするので，鉄筋量や配置に注意する。

①コンクリートのせん断補強　　②内部コンクリートの拘束
③主筋の座屈防止　　　　　　　④鋼製の柱や梁の局部座屈の防止

**(d) 柱・梁の接合部**　図5のように接合部は，ほかの部分に比べて構造が複雑になりやすい。あまり複雑になると，コンクリートがすみずみまでいき渡りにくくなるので，なるべく簡単な構造にする。

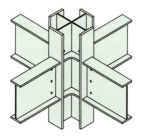 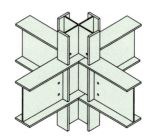

(a) 柱貫通形式　　　　　　　(b) 梁貫通形式

図5　鋼製の柱と梁の接合部

**(e) 柱・梁の継手**　構造用鋼材の継手と，鉄筋の継手が同一箇所にならないようにする。これは，弱点になりやすい継手を分散させて安全性を高めるためと，継手が集中して複雑な構造になり，コンクリートがいき渡りにくくなるのを防ぐためである。

❶ ➡p.227
❷ ➡p.149

**(f) 柱脚・基礎**　鋼製柱は鋼構造と同様❶に，ベースプレートとアンカーボルトを用いて固定する。基礎は，鉄筋コンクリート構造と同様❷な形式のものを用いる。

▪ 節末問題 ▪

**1.** 鉄骨鉄筋コンクリート構造はどのような用途のものが多いか，身近な建築物について調べなさい。また，調べた建築物は構造の特徴をどのように生かしているかまとめなさい。

# 3節 コンクリート充填鋼管構造

Chapter 5

コンクリート充填鋼管構造にはどのような特徴があるのだろうか。ここでは，構造の特徴，材料，および躯体の概要を学ぶ。

## 1 構造の特徴

図1のように，鋼管の内部にコンクリートを充填し，それを柱に用いた構造を**コンクリート充填鋼管構造**❶という。引張力を鋼管が負担し，圧縮力を鋼管とコンクリートが負担する。

コンクリートは強い圧縮力を受けると，力の向きと直角な方向に膨らんで壊れ，急激に耐力を失う。この構造では，柱が強い圧縮力を受けても，鋼管がコンクリートの膨らみを押さえて，コンクリートの急激な破壊を防ぐことができる。

このとき，圧縮力を受ける鋼管は，内部にコンクリートが密実に充填されていると，急激な破壊につながる局部座屈を防ぐことができる。

したがって，コンクリートと鋼管はともに急激な破壊がおさえられ，粘り強い柱になる。また，鋼管に充填されたコンクリートは圧縮への抵抗力が増すことから，柱の強度は高くなる。

この構造のおもな特徴を次に示す。

**長所**
① 柱の断面を小さくでき，耐火被覆を薄くできる❷ことから，内部の有効空間は広くなる。
② 柱が高強度で粘り強いので，耐震性にすぐれた構造になる。
③ 柱の型枠が不要になることにより，工期を短縮できるとともに，環境への負荷も低減できる。

**短所**
① 充填するコンクリートにすき間があると構造的な弱点になることから，コンクリートの打込みには高い技術❸が求められる。
② 柱と梁の接合部が複雑になり，鋼材の加工と組立に手間がかかる。

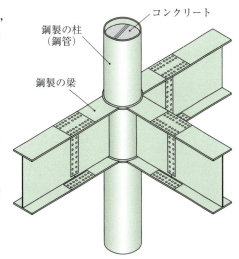

図1 コンクリート充填鋼管構造

❶ concrete filled steel tubular structure：頭文字から CFT 構造ともいう。

❷ 熱容量が大きなコンクリートを充填することにより，火熱で鋼管が急激に高温になるのを抑えることができ，鋼構造の耐火被覆に比べ半分程度の厚さですむ。

❸ 鋼管の下部に設けた圧入口から高流動コンクリートをポンプで圧入する方法が多い。空気を巻き込まないようにするほか，圧力により鋼管が変形しないようにする。

第3節 コンクリート充填鋼管構造　**265**

## 2 柱の構造用材料

柱は，構造用鋼材とコンクリートで構成する。

**(a) 構造用鋼材**　角形鋼管や鋼管が使用され，板厚12mm以上のものを用いる。板厚と，幅や径には図2のような制限がある。490N級[1]以上の高強度な構造用鋼材の使用例が多い。

❶ STK490やSTKN490のように引張強さの下限値が490 N/mm²の各種の構造用鋼材をいう。

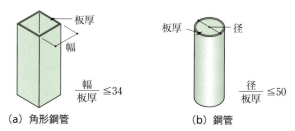

図2　板厚の制限

**(b) コンクリート**　設計基準強度 24 N/mm² 以上のものを使用する。コンクリートを密実に打ち込むために高流動コンクリート，柱の強度を高めるために高強度コンクリートを用いることが多い。

## 3 躯体

図3のように，柱は合成部材であるコンクリートを充填した鋼管を用いる。梁とスラブは鋼構造と同様な部材構成が多い。

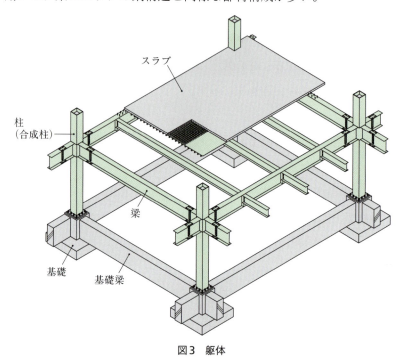

図3　躯体

(a) **柱・梁・スラブ**　柱は図2のような角形鋼管または鋼管を用いる。柱や梁などの鋼製部材を現場で組み立てたあと，コンクリートを打ち込む。

梁は，鋼構造と同様なH形断面の鋼材を使用する。スラブは，デッキプレートとコンクリートまたは鉄筋コンクリートを組み合わせた構造が一般的である。梁とスラブは，頭付きスタッドを用いて一体化させる合成梁が多い。

これらの方法をとると，コンクリートを用いてもほとんど型枠を使用しないで躯体をつくることができる。

(b) **柱と梁の接合部**　鋼構造とほぼ同様な形式❶の通しダイアフラム形式，内ダイアフラム形式，外ダイアフラム形式で接合部を構成する。鋼構造の形式との違いは，コンクリートを連続して充塡するため，柱の内部を貫通する孔が必要なことにある。図4(a)のようなダイアフラムを鋼管の内部に配置する形式では，ダイアフラムに鋼管中空部の断面の15%以上にあたる孔をあけておく。図(b)の外ダイアフラム形式は鋼管の内部に鋼材がないので，孔について考慮する必要はない。

❶ ➡p.236

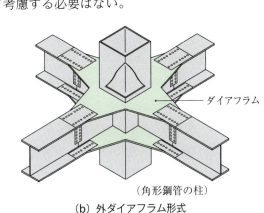

(a) 通しダイアフラム形式　　(b) 外ダイアフラム形式

図4　柱と梁の接合部

(c) **継手**　柱の鋼管の継手は溶接による。このとき，すでに打ち込んだコンクリートより30cm以上離れた位置で溶接する。鋼製の梁の継手は高力ボルトが多い。

(d) **柱脚・基礎**　柱脚は，鋼管の柱を用いた鋼構造と同様な形式❷である。基礎は，鉄筋コンクリート構造と同様な形式❸を用いる。

❷ ➡p.227
❸ ➡p.149

■ 節末問題 ■

**1.** コンクリート充塡鋼管構造は，粘り強い構造とされるが，その理由を答えなさい。また，どのような建築物に用いられているか調べなさい。

## Practice 章末問題

- **1.** 次の文中の（　　）内に適切なことばを記入して，文を完成させなさい。
  (1) 合成部材では，鋼材が（　①　）力，コンクリートが（　②　）力を効率よく負担できるところに配置する。
  (2) （　③　）を混合させたり，構造システムを混合させたものを（　④　）構造といい，高層で大空間をもつような多様化した建築物の構造に用いられる。
  (3) 英語表記の頭文字から，鉄骨鉄筋コンクリート構造は（　⑤　）構造，コンクリート充填鋼管構造は（　⑥　）構造ともいう。

- **2.** 次は鉄骨鉄筋コンクリート構造に関する文章である。正しい内容のものには○，誤っている内容のものには×を［　］の中に記入しなさい。
  ［　］(1) 軽量形鋼など鋼構造で用いられるものと同様な構造用鋼材が躯体に用いられる。
  ［　］(2) 躯体のコンクリートは，普通コンクリートや軽量コンクリートの1種または2種が用いられる。
  ［　］(3) 柱や梁の主筋はD10以上のものを用いる。
  ［　］(4) 構造用鋼材と鉄筋の継手は同一箇所にならないようにする。

- **3.** 次はコンクリート充填鋼管構造に関する文章である。正しい内容のものには○，誤っている内容のものには×を［　］の中に記入しなさい。
  ［　］(1) 鋼構造より耐火被覆を薄くできる。
  ［　］(2) 同じ規模の建築物では，鋼構造より柱の断面を小さくできる。
  ［　］(3) 使用する鋼管に厚さの制限はない。
  ［　］(4) 通しダイアフラム形式の柱と梁の接合部は，鋼構造とまったく同じ形式でよい。

- **Let's Try**

合成構造の材料は，鋼材やコンクリート，または鉄筋コンクリートで，これらを組み合わせた構造がほとんどである。これ以外に，どのような材料の組み合わせが考えられるか，みんなでアイディアを出し合ってみよう。

## ■ 索引

### あ

| | |
|---|---|
| アーク溶接 | 220 |
| アスファルト防水 | 176 |
| 校倉造り | 25 |
| 圧縮応力度 | 138 |
| 圧縮強度 | 137 |
| 圧縮材 | 232 |
| 圧縮筋かい | 50 |
| 圧縮力 | 16 |
| 圧密 | 41 |
| あばら筋 | 162, 169 |
| 雨押え | 92 |
| 雨仕舞 | 61 |
| 雨戸 | 93 |
| アルカリ骨材反応 | 140 |

### い

| | |
|---|---|
| 異形鉄筋 | 127 |
| 石張り | 179, 183 |
| 板壁 | 86 |
| 板目 | 30 |
| 板床 | 97 |
| 一文字葺 | 81 |
| 入側縁 | 113 |

### う

| | |
|---|---|
| ウェブ | 238 |
| 薄塗壁 | 101 |
| 打上天井 | 104 |
| 内ダイアフラム形式 | 236 |
| 内どい | 84 |
| 内法なげし | 103 |
| 打放し | 177 |
| 内開き | 90 |
| 腕木ひさし | 83 |
| 裏当て金 | 222 |
| 裏はつり | 222 |

### え

| | |
|---|---|
| ALCパネル | 244, 250 |
| 液状化現象 | 41 |
| エキスパンションジョイント | 160 |
| 塩化物イオン量 | 141 |
| 縁側 | 113 |
| 縁端距離 | 219 |
| 鉛直荷重 | 15 |
| 縁束 | 114 |
| エンドタブ | 222 |

### お

| | |
|---|---|
| 大壁 | 46 |
| 大梁 | 240 |
| 大引 | 69, 70 |
| 押入 | 112 |
| 踊り場 | 75 |
| 帯筋 | 162, 171 |
| 親子扉 | 90 |
| 折置組 | 62 |

### か

| | |
|---|---|
| カーテンウォール | 157, 251 |
| カーペット | 99 |
| カーペット張り | 183 |
| 開口部 | 12, 89, 188, 253 |
| 外周軸組 | 45 |
| 階段 | 12, 74, 158, 189, 245 |
| 外部仕上げ | 12, 76 |
| 外壁 | 85, 177 |
| 外壁仕上げ | 250 |
| 角形鋼管 | 235 |
| 隠し釘打ち | 110 |
| 額縁 | 108 |
| 重ね継手 | 167, 221 |
| 形鋼 | 211 |
| 形鋼梁 | 239 |
| 片開き | 90 |
| 合掌 | 66 |
| 角継手 | 221 |
| かぶり厚さ | 165 |
| 壁 | 157, 174 |
| 壁式構造 | 14, 126 |
| 壁式鉄筋コンクリート構造 | 191 |
| 壁式プレキャスト鉄筋コンクリート構造 | 193 |
| 壁枠組 | 119 |
| 上降伏点 | 210 |
| かもい | 110 |
| ガラス | 94 |
| 臥梁 | 195 |
| 側桁階段 | 75 |
| 瓦座 | 80 |
| 瓦桟 | 80 |
| 瓦葺 | 78 |
| 瓦棒葺 | 81 |
| 乾式タイル張り工法 | 87 |
| 乾式二重床 | 183 |
| 含水率 | 31 |
| 完全溶込溶接 | 222 |

### き

| | |
|---|---|
| 木裏 | 30 |
| 木表 | 30 |
| 機械式定着 | 165 |
| 機械的性質 | 209 |
| 機械的接合方法 | 215 |
| 気乾含水率 | 31 |
| 基礎 | 41, 149, 168, 226 |
| 基礎スラブ | 149 |
| 木取り | 29 |
| 凝結 | 130 |
| 強度 | 130 |
| 京ろ組 | 62 |
| 切り目縁 | 114 |
| 金属製建具 | 91 |
| 金属板 | 250 |
| 金属板張り | 87 |
| 金属板葺 | 80 |

### く

| | |
|---|---|
| 杭基礎 | 150 |
| 釘 | 118 |
| くさび | 37 |
| 躯体 | 11, 126 |
| 管柱 | 48 |
| くつずり | 109 |
| 組立材 | 231 |
| くれ縁 | 113 |
| 黒皮 | 211 |

### け

| | |
|---|---|
| け上げ | 75 |
| 計画調合 | 144 |
| 軽量形鋼 | 212 |
| 軽量鋼構造 | 254 |
| 軽量骨材 | 132 |
| ゲージライン | 219 |
| け込み板 | 75 |
| 桁 | 52 |
| 建築構造 | 5 |
| 建築物 | 4 |
| 建築用コンクリートブロック | 195 |

### こ

| | |
|---|---|
| 鋼 | 208 |
| 硬化 | 130 |
| 鋼管 | 213 |
| 鋼管構造 | 256 |
| 鋼杭 | 152 |
| 孔径 | 219 |
| 鋼構造 | 13, 205 |
| 鋼材 | 205 |
| 剛心 | 56 |
| 合成構造 | 13, 260 |
| 合成スラブ用デッキプレート | 243 |
| 鋼製建具 | 91 |
| 合成柱 | 260 |
| 合成梁 | 260 |
| 合成部材 | 260 |
| 合成床 | 261 |
| 剛接合 | 126 |
| 構造形式 | 24 |
| 構造用鋼材 | 211 |
| 構造用面材 | 118 |
| 勾配 | 61 |
| 合板 | 34 |
| 鋼板 | 212 |
| 降伏点 | 209, 210 |
| 高分子系材料塗 | 182 |
| 広葉樹 | 27 |
| 高力ボルト | 194, 215, 216 |
| 格天井 | 106 |
| コールドジョイント | 135 |
| 小壁 | 99 |
| 木口 | 30 |
| 腰壁 | 99 |
| 骨材 | 132 |
| こはぜ掛け | 81 |
| 小梁 | 241 |
| 小屋組 | 60 |
| 小屋束 | 61 |
| 小屋梁 | 52, 61 |
| 小屋方づえ | 66 |
| コルク張り床 | 98 |
| 転ばし床 | 184 |
| コンクリート | 129 |
| コンクリート打放し仕上げ | 177 |
| コンクリート杭 | 152 |
| コンクリート直均し | 181 |
| コンクリート充填鋼管構造 | 265 |
| コンクリート製品 | 146 |
| 混合構造 | 261 |
| 混和剤 | 136 |
| 混和剤量 | 144 |

### さ

| | |
|---|---|
| 細骨材 | 132 |
| サイディング壁 | 86 |
| 在来軸組構法 | 24 |
| 材齢 | 130 |
| さお縁天井 | 105 |
| 座屈 | 162, 232, 238 |
| ささら桁階段 | 75 |
| さすり面 | 109 |
| さび | 211 |
| 皿敷居 | 92 |
| さるぼお天井 | 106 |

索引 **269**

## し

- 仕上げ……………………… 12
- シート防水 ………………… 177
- シーリング材 ……………… 179
- 敷居 ………………………… 109
- 敷桁 ………………………… 66
- 地業 ………………………… 42
- 軸組 ………………………… 45
- 仕口 …………………… 37, 38
- 軸方向力 …………………… 16
- 支持杭 ……………………… 151
- JIS形高力ボルト ………… 217
- 下見板張り ………………… 86
- しっくい壁 ………………… 101
- 師部 ………………………… 29
- 下降伏点 …………………… 210
- 重心 …………………… 56, 159
- 集成材 ……………………… 35
- 住宅屋根用化粧スレート葺
  …………………………… 82
- 主筋 …………… 162, 169, 170
- 樹皮 ………………………… 29
- 書院 ………………………… 112
- 真壁 ………………………… 46
- 心材 ………………………… 29
- 心去り材 …………………… 30
- 人造石塗 …………………… 182
- 真束 ………………………… 66
- 真束小屋組 ……………… 65, 66
- 心持ち材 …………………… 30
- 針葉樹 ……………………… 27

## す

- す …………………………… 135
- 髄 …………………………… 29
- 水硬性 ……………………… 130
- 水平力 ……………………… 15
- 水和熱 ……………………… 130
- スカラップ ………………… 221
- 筋かい ………………… 45, 49
- 図心 ………………………… 171
- スチフナー ………………… 238
- ステンレス鋼 ……………… 209
- ステンレス鋼製建具 ……… 91
- 砂・砂利地業 ……………… 42
- 滑り止め …………………… 189
- 墨だし ……………………… 42
- 隅肉溶接 …………………… 223
- スラブ ………………… 126, 156
- スランプ …………………… 134

## せ

- 製材 ………………………… 29
- 制振 ………………………… 247
- 制震 ………………………… 160
- 設計基準強度 ……………… 138
- 接合金物 ……… 37, 39, 57, 118
- Zマーク …………………… 39
- セメント …………………… 130
- 背割り ……………………… 49
- 栓 …………………………… 37
- 繊維板 ……………………… 35
- 繊維飽和点 ………………… 31
- せん断補強筋 ……………… 162
- せん断力 …………………… 16
- 線膨張係数 …………… 139, 209
- 前面隅肉溶接 ……………… 223

## そ

- 造作 …………………… 101, 187
- 側面隅肉溶接 ……………… 223
- 粗骨材 ……………………… 132
- 塑性 ………………………… 210
- 外ダイアフラム形式 ……… 236
- 外どい ……………………… 84
- 外開き ……………………… 90
- そば軒 ……………………… 77

## た

- ダイアフラム ……………… 235
- 耐火被覆 …………………… 246
- 耐震 ………………………… 159
- 耐震診断 …………………… 161
- 耐震・耐風計画 …………… 247
- 耐震補強 ……… 58, 161, 248
- 耐風梁 ……………………… 231
- 耐力 …………………… 157, 217
- 耐力壁
  …………… 54, 157, 174, 192, 196
- タイル ………………… 99, 183
- タイル張り …………… 87, 178
- 畳敷き床 …………………… 98
- 畳寄せ ……………………… 102
- 建具 ………………………… 89
- 建具金物 …………………… 95
- たてどい …………………… 85
- だぼ ………………………… 37
- 単一材 ……………………… 231
- 単位容積質量 ……………… 133
- 短期荷重 …………………… 15
- 単床 ………………………… 72
- 弾性 ………………………… 210
- 炭素鋼 ……………………… 208
- 断熱 ……… 88, 176, 180, 251
- 単板 ………………………… 34

## ち

- 地層 ………………………… 40
- 地耐力 ……………………… 41
- 地盤 ………………………… 40
- 柱脚 ………………………… 227
- 中性化 ………………… 140, 165
- 長期荷重 …………………… 15
- 調合 ………………………… 141
- 調合管理強度 ……………… 142
- 調合強度 …………………… 143
- 直接基礎 …………………… 149

## つ

- 対束小屋組 ………………… 65
- ツーバイフォー構法 ……… 116
- 束石 ………………………… 44
- 束立て小屋組 ………… 61, 62
- 突合せ継手 ………………… 221
- 継手 …………… 37, 167, 235, 241
- つけかもい ………………… 102
- 付書院 ……………………… 112
- 土壁 ………………………… 101
- 妻 …………………………… 45
- 妻板戸袋 …………………… 93
- 吊木 ………………………… 103
- 吊子 ………………………… 81

## て

- 定着 ………………………… 163
- T継手 ……………………… 221
- 出書院 ……………………… 112
- 手すり ………………… 75, 189
- デッキプレート …………… 243
- 鉄筋 ………………………… 127
- 鉄筋格子 …………………… 128
- 鉄筋コンクリート ………… 125
- 鉄筋コンクリート構造
  …………………………… 13, 125
- 鉄骨鉄筋コンクリート構造
  …………………………… 262
- 出窓 ………………………… 92
- 天井 …………………… 103, 185
- 天井回り縁 ………………… 102
- 天端 ………………………… 44

## と

- 戸当り ……………………… 107
- とい ………………………… 84
- 投影定着長さ ……………… 164
- 胴差 ………………………… 51
- 通しダイアフラム形式 …… 236
- 銅板 ………………………… 80
- 通し柱 ……………………… 48
- 独立基礎 ……………… 44, 150
- 床の間 ……………………… 111
- 床脇 ………………………… 112
- 塗装 ………………………… 178
- 塗装ステンレス鋼板 ……… 81
- 塗装溶融亜鉛めっき鋼板
  …………………………… 80
- 土台 ………………………… 47
- 戸袋 ………………………… 93
- 塗膜防水 …………………… 177
- トラス梁 ……………… 229, 242
- トルシア形高力ボルト …… 217

## な

- 内部仕上げ ………………… 12
- 内壁 …………………… 99, 184
- 中ひ端 ……………………… 110
- なげし ……………………… 103
- 生コンクリート …………… 144
- 軟鋼 ………………………… 209

## に

- 二重床 ……………………… 183
- 日本瓦葺 …………………… 80

## ぬ

- 貫 …………………………… 53
- 塗壁 …………………… 88, 100
- 塗仕上げ ……… 178, 181, 185
- 塗床 ………………………… 99
- ぬれ縁 ……………………… 114

## ね

- 根切り ……………………… 42
- ねじれ振動 …………… 55, 159
- 根太 …………………… 69, 70
- 根太床 ………………… 71, 72
- 熱伝導率 …………………… 209
- 熱容量 ……………………… 180
- 練混ぜ水 …………………… 131
- 粘土瓦 ……………………… 79
- 年輪 ………………………… 29

## の

- 軒 …………………………… 77
- 軒裏 ………………………… 82
- 軒どい ……………………… 84
- 野縁 ………………………… 103
- 登りよど …………………… 78

## は

- パーティクルボード ……… 36
- 配筋 ………………………… 162
- 配合 ………………………… 141
- 配付け垂木 ………………… 64
- はいどい …………………… 85
- はく離 ……………………… 166
- 箱目地下見板張り ………… 86
- はさみ束 …………………… 66
- 柱 …………… 48, 154, 170, 233

| | | | |
|---|---|---|---|
| 破断点 …………… 210 | 複床 ………………… 71 | 間仕切軸組 ………… 45 | **ゆ** |
| 鼻隠 ……………… 77 | 部材 ………………… 11 | まちほぞ ………… 110 | 融点 ……………… 209 |
| 鼻母屋 …………… 66 | 付着 ……………… 162 | 間柱 ……… 53, 231, 237 | 床 ……… 68, 97, 181, 243 |
| 幅木 ……………… 102 | 普通骨材 ………… 132 | 豆板 ……………… 135 | 床組 ……………… 68 |
| 破風板 …………… 77 | フック …………… 163 | 丸太組構法 ………… 25 | 床スラブ ………… 172 |
| 羽目板張り ……… 86 | 不燃材料 ………… 139 | **み** | 床束 …………… 69, 70 |
| はめ殺し ………… 90 | 部分溶込溶接 …… 223 | 見込寸法 ………… 110 | 床枠組 …………… 119 |
| 梁 ……… 52, 155, 169, 238 | 踏板 ……………… 75 | 水返し …………… 92 | **よ** |
| 張り壁 ………… 86, 100 | 踏面 ………… 75, 189 | 水切り …………… 92 | 窯業系サイディング … 250 |
| 張仕上げ …… 178, 182, 185 | フランジ ………… 238 | 水セメント比 … 138, 143 | 洋小屋 ………… 61, 65 |
| 張付け仕上床 …… 98 | フリーアクセスフロア … 183 | 水たれ勾配 ……… 92 | 溶接 ……………… 220 |
| 梁間 ……………… 52 | ブリーディング … 134, 135 | 密度 ……………… 209 | 溶接金網 ………… 128 |
| 梁床 ……………… 71 | ブレース ………… 231 | **む** | 溶接記号 ………… 224 |
| ハンチ …………… 156 | ブレース構造 … 14, 206, 229 | 棟木 ……………… 62 | 溶接金属 ………… 220 |
| 半なげし ………… 103 | プレート梁 ……… 239 | 棟 ………………… 45 | 溶接欠陥 ………… 225 |
| **ひ** | プレキャストパネル … 193 | 無目 ……………… 108 | 溶接継手 ………… 221 |
| 火打土台 ………… 47 | プレスセメント瓦 … 79 | **め** | 溶接閉鎖形帯筋 … 161 |
| 火打梁 ………… 52, 66 | プレストレス …… 199 | 目地 ……………… 86 | 溶着金属 ………… 220 |
| 控壁 ……………… 198 | プレストレストコンクリート構造 …………… 199 | 召合せ …………… 107 | 溶融亜鉛めっき鋼板 … 80 |
| 引違い …………… 90 | プレテンション方式 … 200 | 目透し張り天井 … 105 | 横栓 ……………… 110 |
| ひさし …………… 83 | フローリングブロック張り …………… 183 | メタルラス ……… 88 | 寄せ木張り ……… 97 |
| ひずみ度 …… 138, 209 | 分離 ……………… 135 | 目違い入れ ……… 110 | 呼び強度 ………… 145 |
| 非耐力壁 …… 157, 174 | **へ** | 免震 ……………… 160 | 呼びどい ………… 85 |
| 引掛桟瓦 ………… 80 | 併用壁 …………… 46 | 面戸板 …………… 77 | **ら** |
| ピッチ …………… 219 | べた基礎 ……… 43, 150 | 面取り …………… 49 | ラーメン構造 …… 14, 126, 206, 229 |
| 引張応力度 ……… 209 | 辺材 ……………… 29 | メンブレン防水 … 176 | ラチス梁 ………… 242 |
| 引張材 …………… 232 | **ほ** | **も** | **り** |
| 引張筋かい ……… 50 | 防火構造 ………… 83 | 杢 ………………… 30 | リブ ……………… 127 |
| 引張強さ …… 209, 210 | 棒鋼 ……………… 213 | 木構造 ………… 13, 23 | **れ** |
| 引張鉄筋 ………… 172 | 防食 ……………… 211 | 木質系プレファブ構法 … 25 | レイタンス ……… 135 |
| 引張力 …………… 16 | 防水 ……………… 179 | 木製建具 …… 91, 107 | レディーミクストコンクリート ……………… 144 |
| 必要定着長さ …… 163 | 方づえ …………… 66 | 木造枠組壁構法 … 25, 116 | れんが …………… 183 |
| 必要付着長さ …… 167 | 補強コンクリートブロック構造 …………… 198 | 木部 ……………… 29 | れんが張り ……… 178 |
| ビニル張り床 …… 98 | 母材 ……………… 220 | 木理 ……………… 30 | 連続基礎 ………… 150 |
| ビニル床シート … 183 | ポストテンション方式 … 200 | 物入れ …………… 113 | **ろ** |
| ビニル床タイル … 183 | ほぞ ……………… 38 | 母屋 ……………… 62 | ログハウス ……… 25 |
| 平 ………………… 45 | 骨組 …………… 11, 229 | モルタル ………… 129 | ろく梁 …………… 66 |
| 平板葺 …………… 81 | ボルト接合 ……… 218 | モルタル塗 … 178, 181 | ろくびさし ……… 83 |
| 平瓦 ……………… 78 | 本なげし ………… 103 | **や** | 陸屋根 …………… 176 |
| 平鋼 ……………… 212 | **ま** | 冶金的接合方法 … 215 | **わ** |
| 平書院 …………… 112 | 曲げ材 …………… 233 | 役瓦 ……………… 78 | ワーカビリティー … 134 |
| 比例限度 ………… 210 | 曲げ補強筋 ……… 193 | 屋根 ………… 60, 76 | 枠組材 …………… 117 |
| 広小舞 …………… 78 | 曲げモーメント … 16 | 屋根仕上げ ……… 249 | 和小屋 …………… 61 |
| 品質基準強度 …… 142 | 摩擦杭 …………… 151 | 屋根葺材料 ……… 78 | 割石地業 ………… 42 |
| **ふ** | 摩擦接合 ………… 215 | 山形ラーメン …… 230 | |
| 風化 ……………… 130 | 摩擦力 …………… 41 | ヤング係数 ……… 210 | |
| フーチング ……… 149 | 柾目 ……………… 30 | | |
| 葺下地 …………… 78 | | | |
| 吹付け …………… 177 | | | |
| 腐朽 ……………… 33 | | | |
| 吹寄せさお縁天井 … 106 | | | |

**問題解答** p.133問3. 1.68 kg/L　　p.144問8. 33 N/mm$^2$　　p.193問1. 4,3,2階：1200 cm, 1階：1500 cm

●本書の関連データがwebサイトからダウンロードできます。
本書を検索してください。

■監修

東京大学名誉教授
桑村　仁

■編修

泉　隆一
折原弘義
元九州職業能力開発大学校准教授
川上修司
黒﨑利之
樋口元朗
柳原正人

実教出版株式会社

写真提供・協力──猪村彰，㈱エスシー・プレコン，オイレス工業㈱，トヨタホーム㈱，積水ハウス㈱，大和ハウス工業㈱，前田建設工業㈱，積水化学工業㈱，太田市美術館・図書館，一般社団法人日本鉄鋼連盟，PIXTA（ピクスタ），㈱アフロ，樋口元朗

表紙デザイン──エッジ・デザインオフィス
本文基本デザイン──難波邦夫

First Stageシリーズ　　　　2024年　9月30日　初版第1刷発行

# 新訂建築構造概論

Ⓒ著作者　桑村　仁
　　　　　ほか7名（別記）
●発行者　実教出版株式会社
　　　　　代表者　小田良次
　　　　　東京都千代田区五番町5
●印刷者　中央印刷株式会社
　　　　　代表者　日岐浩和
　　　　　東京都豊島区高松1-10-2

●発行所　実教出版株式会社
　　　　　〒102-8377　東京都千代田区五番町5
　　　　　電話〈営業〉(03)3238-7765
　　　　　　　〈企画開発〉(03)3238-7751
　　　　　　　〈総務〉(03)3238-7700
　　　　　https://www.jikkyo.co.jp

無断複写・転載を禁ず　Printed in Japan　　　　ISBN978-4-407-36468-2

# 鋼構造の構成例

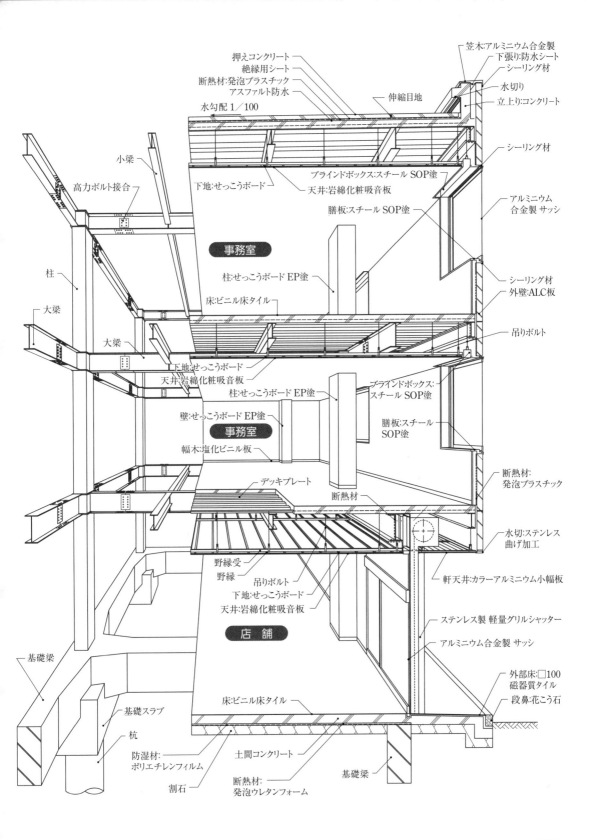

# 鉄筋コンクリート構造の構成例

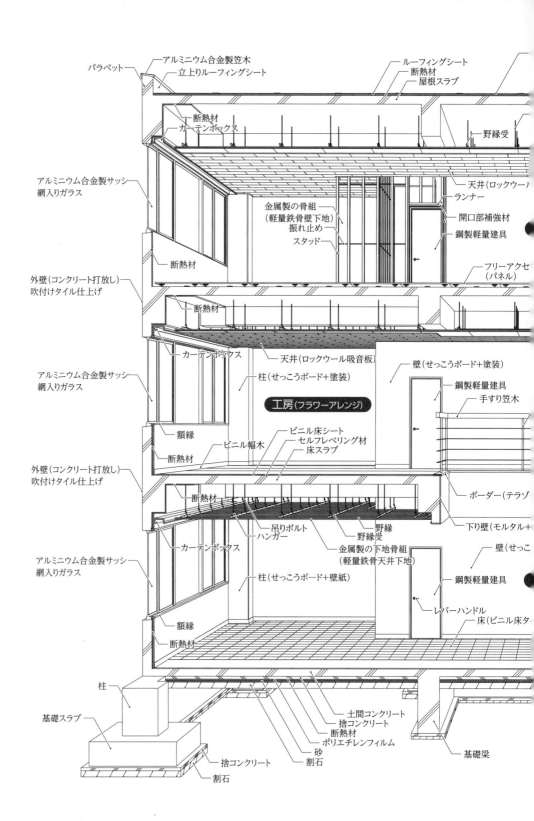